제2판

영유아 건강교육

문혁준 · 권희경 · 김민정· 김상희 · 김정희 · 김혜금
김혜연 · 안효진 · 이경옥 · 이희선 · 최윤희

창지사

머리말

최근 급격한 사회 변화 및 여성의 사회 경제적 참여 증가로 인해 어린 연령부터 어린이집에 입소하는 영아의 비율이 높아지고 있으며, 영아를 포함한 유아들이 보육·교육기관에서 머무는 시간이 과거에 비해 상대적으로 길어졌다. 이러한 현상은 영유아의 건강을 유지하는 데 필요한 지식이나 기술, 태도를 바르게 형성하기 위한 건강교육프로그램이 영유아교육기관에서 매우 중요함을 시사하며, 영유아를 지도하는 교사들의 책임이 막중함을 의미한다.

영유아기의 신체적 건강과 발달은 인간 성장 발달의 기초를 형성하고, 이후 발달의 방향을 제시해 준다는 점에서 아주 중요하다고 볼 수 있다. 영유아의 건강은 신체적인 성숙이나 성장뿐만 아니라 신체 기본 운동 능력, 적절한 영양 섭취와 조절, 휴식, 청결 및 위생, 규칙적인 생활 습관이 형성되고 정신 건강이 유지되며, 안전에 대한 올바른 인식과 대처능력을 형성함으로써 가능한 것이다.

본서는 대학에서 아동학, 유아교육학, 보육학, 아동복지학 등 영유아를 공부하는 학생들에게 전공서로 사용될 뿐만 아니라 현장에서 영유아를 지도하고 있는 교직원이 건강과 관련된 주제를 다룰 때 유용한 지침서로 사용할 수 있도록 내용을 계획하였다.

영유아 건강교육은 방대한 내용이지만 본서는 한 학기 강의계획에 맞춰 목차를 구성하였으며, 강의 및 연구 경력뿐만 아니라 실제적 현장 경험을 두루 갖춘 저자들에 의해 공동 집필되었다. 각 장의 제목은 다음과 같다. 1장 영유아 건강교육의 이해, 2장 보육 · 교육과정에서의 건강교육, 3장 0~1세의 건강교육, 4장 만 2세의 건강교육, 5장 만 3, 4, 5세의 건강교육, 6장 영유아의 질병과 감염성 질환, 7장 영유아 정신건강, 8장 영유아 건강 평가, 9장 영유아 응급처치, 10장 영유아 건강교육을 위한 환경 구성, 11장 영유아의 건강과 가정, 지역사회와의 연계이다.

본서의 초판을 내고 수년이 흐른 지금, 개정 표준보육과정과 누리과정을 적용하여 제2판을 발행하게 되었다. 이후로도 계속 부족한 부분을 보완해 나갈 것을 약속드리며, 많은 격려와 충고를 부탁드린다.

마지막으로 어려운 여건에서도 기꺼이 출판을 맡아 수고해 주신 창지사의 노고에 진심으로 감사드린다.

2020년 8월

저자 일동

차 례

제5장 만 3, 4, 5세의 건강교육

제6장 영유아의 질병과 감염성 질환

제7장 영유아 정신건강

제8장 영유아 건강 평가

제9장 영유아 응급처치

제11장 영유아 건강과 가정, 지역사회와의 연계

부록 유아흡연예방교육

제 1 장

영유아 건강교육의 이해

본 장에서는 건강의 개념과 영유아 건강의 결정요소를 알아보고 이 시기 건강교육의 중요성에 대해 살펴보았다. 구체적으로는 영유아기 건강이 성인기까지의 건강에 미치는 영향에 대해 고찰함으로써 영유아기 건강관리의 중요성에 대해 이해하며 영유아기를 건강하게 지낼 수 있도록 내용을 구성하였다.

01 건강의 개념

'건강은 모든 국민이 마땅히 누려야 할 기본적인 권리'라고 헌법에 규정하고 있다. 이처럼 기본적인 권리에 해당하는 건강은 그 어원에 있어서 '완전한' '상처 없이 치유된' '온전한'의 의미를 담고 있으며 '완전한, 전체'의 의미인 whole에서 시작되어 hale로, 다시 health로 변형되었다(Artikel, 1974). 최근 들어 건강의 정의는 단지 질병이 없는 상태에서 보다 높은 수준의 신체적, 정신적, 사회적, 영적으로 완전히 안녕한 상태로 그 의미가 확장되었다.

일반적으로 건강은 신체적, 정서적, 사회적, 정신적, 직업적 차원(Miller, Telljohann, & Symons, 1996)에서 정의하거나, 생리적, 심리적, 사회적, 정신적 요소들이 상호 연관된 복합적인 차원(Cornacchia, Olsen, & Nickerson, 1988)으로 정의되어 왔다. Sigerist(1941)는 건강한 사람은 신체적, 정신적으로 균형을 이루고 사회에 잘 적응하는 사람으로 단순히 병이 없는 것이 아니라 삶에 대한 긍정적이고 즐거운 태도를 지닌다고 보았다. WHO(1948)는 건강을 신체적, 정신적, 그리고 사회적으로 완전한 안녕 상태로 정의하고, 좋은 건강은 안녕의 다른 모든 측면에 가장 높이 도달하는 데 필요한 조건이라고 보았다. 그러나 이러한 정의는 질병이 없는 상태를 건강이라고 보기 때문에 매우 이상적인 주장이라고 할 수 있다. 건강은 행복과 혼용되는데 어느 누구도 완벽하게 행복한 사람은 없는 것처럼 완벽하게 건강한 사람도 없다고 할 수 있다. 즉, 완벽한 안녕으로 건강을 정의하는 것은 실제로 건강한 사람은 아무도 없다는 의미로 볼 수 있다(Bellieni & Buonocore, 2009). 따라서 건강의 의미에 대한 질문은 계속되어 왔다.

건강에 대해 조작적으로 측정할 수 있는 정확한 개념화를 위한 노력이 진행되면서 1970~80년대에는 건강의 개념은 안녕의 구성요인이기는 하지만 안녕과 동일한 것은 아니라는 인식으로 수정되었다. 즉, 인간은 행복이나 안녕을 성취하기 위해 건강해야 하므로 건강은 내재적으로 평가할 수 있는 인식이며 실용적인 측면에서 안녕과는 다른 차원에서 강조되어야 한다고 보았다(Brock,

2002). Salomon, Mathers, Chatterji, Sadana, Üstün과 Murray(2003)는 건강은 안녕과는 구별되는 개념으로 안녕의 중요한 구인이며 인간의 정신과 신체의 상태를 포함하므로 건강에 대한 측정은 신체와 정신의 기능을 측정하는 것이어야 한다고 보고 건강의 영역을 〈그림 1-1〉과 같이 제시하였다.

〈그림 1-1〉 건강 영역

그런데 인간은 개인의 신체적·경제적 측면뿐만 아니라 사회·경제적인 측면, 즉 GNP, 교육자원의 이용가능성, 지역사회의 생활환경 및 정치 구조 등이 영향을 미친다(Kar, 1993). 건강을 증진하기 위해서 교육, 산업, 농업 등과 같은 인간의 모든 활동 영역이 건강 시스템에 포함되어야 하며 사회, 경제, 환경 및 개인의 건강 생활습관 등이 개선되어야 한다(WHO, 2000). 따라서 건강은 앞에서 언급한 모든 영역을 포괄적으로 접근하는 다원적인 개념으로 이해될 수 있을 것이다.

02 영유아 건강의 결정 요소

건강한 영유아는 연령에 맞는 정상적인 성장과 성숙이 이루어지고 치료를 요하는 질병 없이 건강하며 활발하고 능동적으로 활동함으로써 정신발달이 순조롭게 일어난다. 또한 부모, 교사, 또래, 이웃 등 주변사람들과 바람직한 상호작용을 하며 사회생활을 할 수 있다. 이처럼 일상생활의 유지와 개인의 성장에 있어서 건강은 매우 필수적인 요소인데, 건강은 부모로부터 이어받은 생물학적 유전인자와 성장 환경의 여러 요소들 사이에서 진행되는 상호작용에 의해 결정된다.

유전과 환경의 두 요인은 서로 역동적이며 복합적으로 작용하므로 어느 한 요인이 어떻게 또는 얼마만큼 영향을 미친다고 정확히 설명할 수는 없다. 그러나 영유아의 건강을 관리하는 부모나 교사는 건강상태가 시기나 조건에 따라 달라질 수 있는 역동적인 상황이라는 것을 인식하고 건강에 영향을 미치는 요인들을 알아둠으로써 영유아의 건강을 유지하고 향상시키는 자료로 활용해야 한다(김일옥, 최경순, 2007).

영유아의 건강에 영향을 미치는 유전적 요인과 환경적 요인에 대해 구체적으로 살펴보면 다음과 같다.

1) 유전적 요인

수정 시 부모에게서 받게 되는 여러 가지 유전인자들은 영유아의 신체적·정신적 기초를 형성하는 특성을 결정짓는 역할을 한다. 건강 또한 그 중 하나로 부모로부터 어떤 체질을 물려받게 되는데 특히 심장질환, 암, 당뇨병 또는 특정 정신질환 등은 유전적 요인과 깊은 관계가 있다. 따라서 가족력조사 등의 방법을 통해 유전적 조건을 찾아냄으로써 건강에 영향을 미칠 수 있는 요인들을 예견하여 사전에 예방하거나 조기 치료를 할 수 있다. 유전은 영유아의 성장과 발달, 잠재적 건강을 결정지으며 이는 부모로부터 영유아에게 전달되는 독특한 특성으로 볼 수 있다. 이러한 유전적 요소는 심장병, 암, 당뇨병, 알레르기, 또는 정신건강과 같은 특정 질병의 가능성을 예측하고 조기발견하여 질병의 영향을 최소화 할 수 있다.

••• 생각해 보기

[건강] 고혈압 유전된다… 50년 추적 끝에 확인!

미국 존스홉킨스대학 연구팀은 부모가 고혈압 환자인 사람을 대상으로 50년 동안 고혈압이 발생했는지 조사했다. 그 결과 부모가 모두 고혈압인 사람은 부모가 정상혈압인 사람에 비해 40세 이전에 고혈압이 될 가능성이 4배 높은 것으로 나타났다. 특히 부모 모두 55세 이전에 고혈압이 된 자녀의 경우 그렇지 않은 사람보다 고혈압 위험이 7배 높았고, 부모가 젊은 나이에 고혈압을 앓은 사람은 35세 이전에 고혈압이 될 가능성이 그렇지 않은 사람보다 20배나 높은 것으로 조사됐다. 연구팀은 부모가 고혈압인 사람은 장기적인 혈압 측정을 통해 고혈압을 예방해야 한다고 충고했다.

출처: 2008-03-28, SBS NEWS.

2) 환경적 요인

유전이 한 개인의 건강을 결정짓는 중요한 요소라면 환경은 개인이 갖는 신체적, 사회적, 경제적, 문화적 요소이며, 한 개인의 사고방식과 행동양식에 영향을 주는 요소이다. 유전인자에 의해 건강의 기초가 형성되는 것이라면 환경적 요인들에 의해서는 주어진 기초 위에 건강이 지속적으로 심신을 유지·발달시킨다고 할 수 있다. 또한 유전적으로 이미 형성된 심신의 기초가 환경적 요인에 의해 변화할 수도 있다. 즉, 환경은 개인의 육체적, 정신적, 행동양식에 영향을 미치며 결국 개인의 유전적 가능성이 실현될 수 있도록 돕는다(Chadesworth, 2000).

영유아의 건강에 영향을 주는 환경적 요인은 여러 가지로 분류할 수 있으나 대개는 영양, 수면과 휴식, 위생적인 환경과 생활습관, 정기적 건강진단 및 질병의 조기발견과 치료, 치아 건강관리, 적절한 운동과 정서적 안정 등으로 나누어 볼 수 있다.

••• 생각해 보기

[건강] 장수의 비밀 "유전보다 생활습관"

많은 사람들이 생각하는 것처럼 부모의 모든 특징이 자녀에게 유전되는 것은 아니다. 특히 수명은 유전과 큰 관계가 없다는 연구결과가 나왔다. 최근 서던 덴마크 대학 연구팀은 1870년부터 1910년 사이에 덴마크, 핀란드, 스위스에서 태어나고 성별이 같은 10,251쌍의 쌍둥이를 추적했다. 그런데 거의 대부분의 쌍둥이들은 사망연도가 크게 차이가 났다. 또한 여자 쌍둥이들의 경우 한 명이 100세까지 살면 다른 한 명도 100세까지 살 확률은 단 4%였다. 고혈압, 당뇨 등의 질병도 유전자의 요인이 강하게 작용하고 키의 경우 70% 이상 자녀에게 유전된다는 보고도 있다. 하지만 명심해야 할 점은 유전적인 요인보다 환경적인 요인이 훨씬 크게 관여한다는 것이다. 체중, 성격, 적성 등이 바로 그것인데 주변 환경과 생활습관을 개선하려는 자기의지만 있다면 나쁜 유전자를 물려받더라도 충분히 극복할 수 있다는 것이 전문가들의 설명이다.

출처: 2006-09-21, SBS NEWS.

(1) 영양

영유아기는 개인에게 평생 건강의 기초가 되는 중요한 시기이나 동시에 건강관리에 가장 취약한 시기이기도 하다(문현경, 박송이, 백희영, 1999). 영유아에게 과체중이나 비만 혹은 영양실조와 같은 불균형 현상이 나타나지 않도록 평상시 음식섭취에 유의하도록 지도해야 하며, 어린 시절의 체격발달은 성인이 된 후의 체격에도 많은 영향을 미치므로 적당한 체격을 유지하도록 지도하는 것이 요구된다. 영아기는 제1의 급성장기이며, 유아기는 신체의 성장뿐만 아니라 활동량이 크게 늘어난다. 또한 에너지와 영양소 필요량이 증가되는 시기이며, 음식 선택 능력이 생기고 식품 기호도가 확실해지는 등 점차 식습관이 형성된다(이연숙, 임현숙, 안홍석, 장남수, 2003).

그런데 영유아기의 영양은 정상적인 성장과 발달뿐만 아니라 빈혈, 성장지연, 저영양 등 영양관련 건강문제와 지능발달, 비만, 충치와 후에 만성질병을 예방하는 데도 지대한 영향을 미친다(구재옥, 1999). 따라서 이 시기에 정상적인 성장과 발달을 위하여 충분한 영양을 공급하는 것은 무엇보다 중요한데, 이때 형성된 식습관은 영유아의 건강과 체력에 영향을 미칠 뿐만 아니라 성격이나 정서적, 지적발달, 사회생활, 대인관계, 가치관 형성에 영향을 준다.

영유아기는 신체의 성장·발육이 왕성하게 일어나며 단위체중당 소모되는 영양소 열량이 성인에 비해 훨씬 높다. 이는 영유아들의 신체가 성장하고, 활발하게 몸을 움직이며, 인지발달과 정서발달에 소요되는 영향이 더 필요하기 때문이다. 이때 필요한 영양이 충분히 공급되지 않으면 영양장애 또는 영양결핍이 될 수 있고 여러 가지 질병에 노출되기 쉬운데 아침을 불규칙하게 먹거나 취침 전에 패스트푸드 음식을 섭취하는 영유아가 늘어가고 있어 큰 문제점으로 지적된다(이순례, 조인숙, 2004).

영유아기의 부적절한 영양관리는 신체적인 성장과 발달뿐만 아니라 정신적인 성장과 발달에도 영향을 주며 특히 식사습관의 형성에 영향을 주게 된다. 또한 영유아기의 적절한 영양섭취는 영유아의 면역능력의 증진 및 정상적인 성장발육에 매우 중요한 요소이다(조미숙, 2000). 영유아들의 균형 잡힌 영양섭취를 위해서 보건복지부에서는 매 5년마다 우리나라 국민에게 필요한 적절한 영양권장량을 결정하고 있다. 모든 영유아에게 일률적인 영양권장량을 적용시키기보다는 이를 참고로 개개 영유아의 체표면적과 발육상태, 활동량 등을 고려하여 영양권장량을 결정하는 것이 바람직하다.

〈사진 1-1〉 영아 간식 시간

〈사진 1-2〉 유아 급식 시간

(2) 수면과 휴식

수면은 피로를 회복하고 에너지를 재충전하는 데 필요한 생리적인 기제로 인간 삶의 $\frac{1}{3}$을 차지하면서 생명 유지에 필수적인 부분 중의 하나이다. 영유아의 수면 문제는 가족의 삶, 어머니의 피로감, 우울, 양육스트레스와 관련이 있고, 영유아 학대에까지 영향을 미친다(이경숙, 박미현, 박진아, 2008).

충분하게 숙면을 취하는 것은 성인에게 뿐만 아니라 영유아에게도 건강을 유지하는 데 기초 조건이며, 개개의 영유아에게 필요한 수면시간이나 숙면의 정도는 개인차가 있다. 그러나 일반적으로 2~3세 영아의 경우 하루 낮잠시간을 포함하여 12~15시간, 4~5세 유아는 10~12시간의 수면이 필요한 것으로 알려져 있다. 그러나 우리나라 영유아의 수면시간은 대체로 부족한 것으로 보고되고 있다. 수원시 영유아 건강행태조사(김영희, 김혜금, 박애경, 2009)의 결과에 의하면, 수원시에 거주하는 영유아의 일주일 동안의 평균 수면시간은 약 9시간 37분이었고 부모들은 이러한 수면시간이 충분하다고 보았다. 저녁 8시부터 다음 날 오전 7시까지의 범위에서 10~12시간 정도 수면을 취할 수 있는 환경이 영유아의 신체적 건강에 매우 중요하므로(이정숙, 김성재, 2009), 10시간이 채 되지 않는 영유아의 수면시간은 부모들의 인식과는 달리 그리 충분하지 않다고 할 수 있다.

영유아는 수면의 구조가 안정되어 있지 않고 계속 발달하는 과정에 있으며 성인보다 많은 시간을 수면으로 보내기 때문에 영유아의 수면은 성인의 수면보다 더 중요한 의미를 갖는다. 또한 영유아의 수면은 뇌와 정신 및 신체발육에도 중요한 영향을 끼치며, 잠이 방해되었을 때는 그 시기에 발육할 수 있는 부분에 장애가 생기게 되므로(이정숙, 안윤영, 2001) 충분하지 않은 수면시간은 영유아의 성장과 발육에 부정적인 영향을 미칠 수 있다.

〈사진 1-3〉 영아 수면 시간

〈사진 1-4〉 유아 수면 시간

••• 생각해 보기

잠 못 이루는 아이, 심장에 문제 생긴다
심장 흥분상태 계속… 자율신경 조절 기능 떨어져

밤에 잠들고 싶어도 잠 못 이루는 어린이는 심장이 더 흥분된 상태에 놓이기 쉬워 결국 심장에 문제가 생긴다는 연구 결과가 나왔다. 미국 펜실베이니아대 두안핑 랴오 박사팀은 초등학생 612명을 대상으로 수면 패턴과 심장 박동을 측정 조사했다. 관찰 결과, 불면증이 있는 어린이들은 심장의 자율신경 조절에 문제가 있는 것으로 나타났다. 이들은 교감 신경, 즉 흥분 상태로 심장 리듬이 활성화되는 경향을 보였다. 심장 리듬에 대한 불면증 어린이의 부교감 신경 조정 능력은 3~5% 가량 떨어졌다. 연구팀은 수면 장애를 측정하는 표준화된 방식인 '수면다원검사'로 이들의 수면 패턴을 관찰했다. 잠이 지속되는 시간, 잠이 들기까지 어려움을 겪는가 여부, 자는 중간에 깨어나는 횟수 등을 기록했다. 또한 심장 박동에 관여하는 교감과 부교감 신경 사이의 균형도 함께 측정했다. 심장 자율신경계의 균형은 심장이 양호한 상태를 유지하는 데 필요하다. 랴오 박사는 "불면증 어린이의 심장은 보통 어린이보다 흥분되어 있는 상태"라며 "수면이 부족하면 어릴 때부터 심장 기능에 문제가 생길 수 있다"라고 밝혔다. 그는 또 잠자기 전 TV를 보거나 문자 메시지를 보내기 위해 깨어나는 등의 행동이 건강한 수면에 악영향을 미친다고 주장했다.

출처: 코메디닷컴(http://www.kormedi.com) 2010년 3월 4일 인출함.

(3) 위생적인 환경과 생활습관

건강하고 위생적인 실내·외 환경은 영유아의 건강에 중요한 영향을 미친다. 주변의 환경오염은 주로 인공 합성 화학 물질 및 중금속, 방사성 물질 등으로 인한 오염의 결과라고 할 수 있다. 건강을 유지하기 위해서는 생활하는 데 꼭 필요한 경우가 아니면 방향제, 섬유유연제, 소독제, 가구 광택제 등의 유해물질 사용을 피하거나, 살충제, 바퀴벌레약, 합성세제 등 꼭 필요하다고 생각되더라도 다른 대체물질이 없는지 찾아보고 사용을 자제해야 한다. 또한 좀 비싸더라도 안전한 먹거리를 이용하고 특히 난방기구나 취사도구를 사용할 때 환기에 신경을 쓰고 규칙적인 운동, 명상, 복식호흡 등 몸의 활력을 증강시킬 수 있는 실천 행동을 생활화하는 것이 필요하다(이진아, 2000).

깨끗한 환경을 유지하고 자신의 몸을 깨끗이 하는 습관을 기르는 것은 건강을 유지하기 위한 중요한 요인이다. 깨끗한 가정환경, 충분히 넓은 공간, 개방된 공간, 통풍과 환기, 적절한 온도와 습도 유지 등이 위생적인 환경의 조건에 포함된다. 영유아가 계절이나 날씨에 맞는 깨끗한 의복을 입고, 몸과 손을 깨끗이 닦으며, 손톱을 깨끗이 깎는 것 등의 습관을 기르는 것도 질병의 감염으로부터 영유아를 보호해 준다.

〈사진 1-5〉 영아 손 씻기

〈사진 1-6〉 유아 손 씻기

(4) 정기적 건강진단 및 건강문제의 조기발견과 치료

건강을 유지하기 위해서 질병이 생기지 않게 예방하는 것이 가장 중요하지만 정기적인 건강진단을 받는 것도 중요하다. 정기적 건강진단을 통해 눈으로 파악할 수 없는 질병이나 선천성 기형 등을 조기에 진단할 수 있을 뿐만 아니라, 각 영유아의 성장과 발육이 정상적으로 이루어지고 있는지를 알아볼 수 있다. 정기적인 건강진단에는 일반적으로 몸무게, 키, 머리둘레 등을 측정하는 체력검사와 시력검사, 청력검사, 피검사, 전문의(소아과, 이비인후과, 안과, 치과 등)에 의한 진단 등을 실시하는 체질검사도 포함되어야 한다.

우리나라 영유아보육법 제31조(건강관리 및 응급조치)의 1에 '어린이집의 원장은 영유아와 보육교직원에 대하여 정기적으로 건강진단을 실시하고, 영유아의 건강진단 실시 여부를 제29조의 2에 따른 어린이집 생활기록부에 기록하여 관리하는 등 건강관리를 하여야 한다. 다만, 보호자가 별도로 건강검진을 실시하고 그 검진결과 통보서를 제출한 영유아에 대해서는 건강진단을 생략할 수 있다.'고 규정하고 있다.

〈사진 1-7〉 키 측정

〈사진 1-8〉 몸무게 측정

(5) 치아 건강관리

치아는 음식물을 통하여 영양을 섭취할 수 있도록 음식물을 잘게 부수어 주는 중요한 역할을 하는 기관으로써, 건강을 유지하기 위해서는 건강한 치아를 가지고 있어야 한다. 이를 위해 평소에 이를 잘 닦는 습관을 갖게 하여 충치가 생기지 않도록 미리 예방하여야 하며, 질병이 없더라도 정기적인 검진을 받아 치아관리를 해 주어야 한다.

영유아기에 형성된 구강건강습관은 일생 동안의 구강건강을 좌우하고 특히 유아기에 발생하는 유치우식증은 유치 조기상실의 원인이 되고 나아가 후속영구치에 영향을 미치며 부정교합 발생의 원인이 되기도 하므로 이에 대한 예방과 관리가 필요하다.

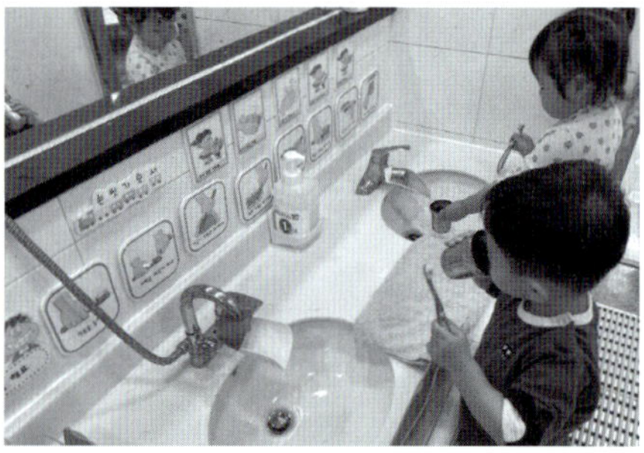

〈사진 1-9〉 영아 이 닦기

〈사진 1-10〉 유아 이 닦기

(6) 적절한 운동과 정서적 안정

규칙적인 운동은 누구에게나 건강을 유지하기 위해 중요한 요인이 된다. 운동을 통해 생명을 유지하는 데 중요한 기관인 심장과 폐를 튼튼하게 할 수 있고, 신체 각 부분의 고른 발달과 적응을 도와주기 때문에 영유아에게도 중요하다. 또한 성인과 마찬가지로 영유아도 신체적으로 뿐만 아니라 정신적으로 편안한 환경에서 살아야 건강하게 자랄 수 있으며, 정서적으로 불안한 환경이나 심한 스트레스 상황에 놓이게 되면 여러 가지 신체질환 및 정신질환에 걸릴 수 있다. 특히 영아는 자신을 돌보아주는 반응적이고 민감한 양육자와 맺게 되는 정서적 유대관계인 애착을 형성하면서 심리적, 신체적 영양을 공급받고 건강한 발육이 가능하며 정서적으로 안정되며 건강한 생활을 할 수 있다. 영유아를 돌보는 교사는 가능하면 바뀌지 않는 것이 좋으며, 영유아의 정서에 민감하고 반응적인 태도를 지녀야 한다.

〈사진 1-11〉 영아 신체 활동

〈사진 1-12〉 유아 신체 활동

3) 건강교육의 중요성

영유아기에는 신체적·정서적·인지적 모든 요소가 기본적으로 발달하는 단계이므로 성장과 발달의 과업성취가 무엇보다도 중요하다. 영유아기에 수행하고 넘어가야 되는 발달과업을 적절하게 수행하지 못하였을 경우 그 다음 단계의 발달이 지연되거나 이루어지지 못하게 되어 영유아기에 수행하여야 할 발달은 물론 성인기까지 부정적인 영향을 미친다. 영유아기의 건강 잠재력의 배양은 한 사회 인구집단의 건강 잠재력과 재생산에 영향을 미쳐 차세대 국민건강과도 직결되므로(한경자, 2001), 영유아의 '건강한 출발(Healthy Start in Life)'을 보장하기 위한 사회적 책임이 강조되고 있다.

특히 우리나라는 합계출산율(여성 1명이 평생 낳을 것으로 예상되는 자녀수)이 2005년 1.08명으로 최저 수준으로 내려간 뒤 2015년 1.24명으로 회복되었으나 2017년 1.05명으로 재차 하락하고 2018년과 2019년에는 각각 0.98명, 0.92명을 기록해서 2년 연속 OECD 32개국 중 유일하게 합계출산율이 0명대인 국가가 되었다(통계청, 2020). 인구 급감에 따라 인적 자본을 확보하기 위한 건강의 중요성이 더욱 부각되고 있으며 정부는 영유아기 건강관리의 중요성을 인식하고 2005년에 영유아를 위한 건강증진사업을 전개하였다(보건복지부, 2008). 이후 2007년에는 '국민건강보험법' 및 '의료급여법'에 의한 영유아 건강검진으로 실시되고 있다(황나미, 2008).

건강에 대한 사회적 관심과 지원도 중요하지만 개인의 건강관리에 대한 인식과 실천이 건강한 생활에 필수적이다. 건강관리는 자신의 건강에 대한 통제를 증가시키고 자신의 건강을 향상시킬 수 있는 능력을 갖도록 하는 일련의 과정이나(WHO, 1984). 그러므로 영유아기 건강관리는 영유아의 건강유지 및 건강능력의 극대화를 도모하는 것이라고 할 수 있다. 영유아는 성인과 달리 면역력이 낮아 감염성 질환에 대한 예방접종 및 조기 대처, 사고예방 등에 주의해야 하며(황나미, 2008), 적절한 영양섭취 및 비만예방, 안전, 치아위생, 감염병 관리 및 예방접종, 휴식과 수면, 운동 등의 건강관리에 유의해야 한다(Urbano, 1992).

한편으로 영유아는 스스로 건강문제를 확인하고 능동적으로 대처하거나 자신의 생활습관이나 환경을 변화시켜서 건강수준을 향상시키는 바람직한 건강증진행동을 할 수 없기 때문에 영유아를 돌보는 부모 및 성인 보육자는 영유아를 대상으로 건강교육을 실시해야 한다(박은혜, 김혜금, 남궁선혜, 2005; Pender, Walker, Sechist, & Frank-Stromborg, 1990). 건강교육을 통해 영유아는 심신을 조화롭게 발달시켜 건전한 인간으로서의 기초를 튼튼히 할 수 있으며 외부의 장애를 받지 않고 바람직한 발육이 이루어질 수 있다.

영유아기 건강교육은 영유아가 의존적인 상태에서 독립적인 존재로 성장과 발달하는 개체라는 인식을 갖고 접근해야 한다. 이러한 인식을 기초로 영유아 건강교육의 내용은 다음과 같이 구성될 수 있다. 영유아기 건강교육의 내용은 첫째, 영양과 건강의 관계를 인식시키고 건강한 식습관을 가질 수 있도록 식생활 교육이 이루어져야 한다. 둘째, 영유아기에 걸리기 쉬운 감염성 질환에 대해 이해시킴으로써 일상생활에서 이를 예방할 수 있는 실천을 할 수 있도록 한다.

셋째, 영유아에게 발생할 수 있는 안전사고의 원인을 바르게 이해하고 이를 예방할 수 있는 안전한 행동지침을 실천하도록 한다. 넷째, 몸이 아플 때 이를 성인에게 표현하여 적절한 도움을 받을 수 있도록 지도하고 정기건강검진의 중요성을 인식시키도록 한다. 마지막으로 영유아에게 안전하고 쾌적한 환경을 제공해 주어 즐겁게 일상생활을 할 수 있도록 지원해 주어야 한다.

제 2 장

보육 · 교육과정에서의 건강교육

영유아기는 모든 생활습관 및 가치관이 형성되는 시기임을 고려할 때, 이 시기에 건강을 유지하고 개선할 수 있는 생활습관과 태도를 형성하는 일은 무엇보다 중요하다. 영유아기에 형성된 몸과 마음의 건강은 행복한 삶의 기초가 되며, 평생 동안 생활 전반에 걸쳐 영향을 미친다는 점에서 영유아교육기관에서의 건강교육은 중요한 의미를 갖는다. 따라서 본 장에서는 영유아기 건강교육의 중요성과 함께 제4차 어린이집 표준보육과정(0~2세)과 2019 개정 누리과정(3~5세)에서의 영유아 건강교육에 대한 내용을 제시하였다.

01 영유아기 건강교육의 의의

영유아의 신체발달은 우리 사회의 급속한 성장과 변화로 인한 사회적 환경의 변화와 생활수준의 향상으로 과거와는 다른 양상을 보이고 있다. 즉, 대다수의 영유아들은 차량을 이용하여 등·하원하며, TV나 비디오의 시청과 전자오락 및 컴퓨터 게임을 하는 시간의 증가로 몸을 움직이는 시간이 줄어들고 있다(박대근, 2004). 뿐만 아니라 학부모의 학업에 대한 기대 또한 유아들이 실외에서 뛰놀 수 있는 시간을 줄이고 있다(교육과학기술부, 2008). 그 결과, 영유아들은 대근육활동을 포함한 신체활동 시간을 충분히 갖지 못하고 있으며, 운동 부족으로 인해 영유아의 기초 체력의 저하가 나타나고 있다(교육인적자원부, 2005). 이에 대해 교육부에서는 최근 사회문제화되고 있는 학생들의 비만 증가와 체력 저하 현상을 해결하고자 학교 체육 혁신 방안으로 '학생건강체력평가방식'을 도입하였다. 이 방식은 종전의 운동능력 검사에서 벗어나 건강 체력을 기를 수 있도록 한 것이 특징이다. 이는 영유아기에 적절하고 지속적인 신체활동을 통해 신체발육과 체력 증진, 질병에 대한 저항력을 길러 몸과 마음의 조화로운 발달의 기회가 되어야 한다는 영유아 건강교육에도 의미 있는 시사점을 주고 있다.

최근의 식생활의 변화는 영유아들의 건강에 영향을 주고 있다. 영유아기부터 기름진 음식을 과잉 섭취하는 영유아들이 많아졌으며 이로 인해 영유아의 비만이 심각하다. 이외에도 편식 및 과식이나 불규칙적인 식사로 인해 영유아의 건강에 대한 우려가 높다. 또한 식사 예절이나 식사도구 사용법에 대한 지식이 부족한 것도 최근 영유아들에게 두드러지는 현상이다. 이에 대해 영유아를 양육하거나 교육하는 부모와 교사들이 영유아에게 균형 잡힌 식생활에 대한 적절한 안내를 하여, 바른 식생활 습관을 형성하도록 하는 것이 중요하다. 영유아의 식습관은 신체적 건강뿐만 아니라 정신적 건강과도 깊은 관련이 있다. 균형 잡힌 식습관을 통한 적절한 영양 공급은 신체의 기능적인 성장에도 영향을 미치며(정영혜, 2005), 식습관이 좋을수록 정서적인 안정성과 활동성, 사회성, 책임성이 우수하다. 즉, 식습관은 단순히 음식을 섭취하는 것만을 뜻하는 것이 아니며, 영유아의 생활 태도와 습관, 신체적·정신적 건강 등에 걸쳐 매우 큰 영향을 준다는 것이다.

건강은 육체적인 측면뿐만 아니라 정신적, 사회적 측면을 포함하는 보다 포괄적인 의미에서 바람직한 안녕 상태를 말한다. 이는 건강의 개념이 질병 발생 후 대처하는 의미로 사용되던 과거와는 달리 질병 발생을 사전에 예방하고 건강 상태를 유지하는 예방적인 의미에서 영유아의 건강교육이 강조되고 있음을 시사한다.

영유아기는 모든 생활습관 및 가치관이 형성되는 시기임을 고려할 때, 이 시기에 건강을 유지하고 개선할 수 있는 생활습관과 태도를 형성하는 일은 무엇보다 중요하다. 영유아기에 형성된 몸과 마음의 건강은 행복한 삶의 기초가 되며, 평생 동안 생활 전반에 걸쳐 영향을 미친다는 점에서 영유아기 건강교육은 중요한 의미를 갖는다. 이러한 관점에서 볼 때 영유아기부터 신체적, 정신적으로 건강한 삶을 살아갈 수 있는 기초적인 능력 및 태도를 기르는 것이 필요하다.

02 영유아교육기관에서의 건강교육

1) 제4차 표준보육과정(0~2세)과 건강교육

2020년 9월부터 제4차 어린이집 표준보육과정이 시행되며 0~5세 영유아를 위한 국가수준의 보육과정이다. 4차 표준보육과정은 국가수준의 보육과정으로 영유아 중심, 놀이 중심을 강조하고 있다. 건강교육과 관련된 표준보육과정의 인간상은 '건강한 사람'이며, 관련된 목표는 '자신의 소중함을 알고 건강하고 안전한 환경에서 즐겁게 생활한다.'이다. 표준보육과정에서 건강교육 관련 영역은 0~1세 보육과정과 2세 보육과정의 기본생활 영역이다.

(1) 0~1세 보육과정 기본생활 영역

0~1세 보육과정 기본생활 영역의 목표는 '건강하고 안전한 일상생활을 경험한다.'이며 건강교육과 관련된 하위목표는 '건강한 일상생활을 경험한다.'이다. '건강하게 생활하기' 내용범주는 '도움을 받아 몸을 깨끗이 한다.', '음식을 즐겁게 먹는다.', '하루 일과를 편안하게 경험한다.', '배변 의사를 표현한다.'의 4가지 내용으로 구성되어 있다.

〈표 2-1〉 0~1세 보육과정 기본생활 영역의 '건강하게 생활하기' 내용범주와 내용

내용범주	내용
건강하게 생활하기	• 도움을 받아 몸을 깨끗이 한다. • 음식을 즐겁게 먹는다. • 하루 일과를 편안하게 경험한다. • 배변 의사를 표현한다.

(2) 2세 보육과정 기본생활 영역

2세 보육과정 기본생활 영역의 목표는 '건강하고 안전한 생활습관의 기초를 형성한다.'이며, 건강교육과 관련된 하위목표는 '건강한 생활습관의 기초를 형성한다.'이다. '건강하게 생활하기' 내용범주의 내용은 '자신의 몸을 깨끗이 해 본다.', '음식에 관심을 가지고 즐겁게 먹는다.', '하루 일과를 즐겁게 경험한다.', '건강한 배변 습관을 갖는다.'의 4가지 내용으로 구성되어 있다.

〈표 2-2〉 2세 보육과정 기본생활 영역의 '건강하게 생활하기' 내용범주와 내용

내용범주	내용
건강하게 생활하기	• 자신의 몸을 깨끗이 해 본다. • 음식에 관심을 가지고 즐겁게 먹는다. • 하루 일과를 즐겁게 경험한다. • 건강한 배변 습관을 갖는다.

(3) 0~1세 보육과정과 2세 보육과정 비교

0~1세 보육과정과 2세 보육과정은 '건강한 사람'이라는 인간상 아래 건강한 생활을 영위하기 위한 하위 목표를 0~1세는 '건강한 일상생활을 경험한다.'로 설정하였고, 2세는 '건강한 생활 습관의 기초를 형성한다.'로 수립하였다. 0~1세 영아기부터 건강한 일상생활을 경험하도록 하고 이를 바탕으로 건강한 생활 습관의 기초를 다지도록 연령별 목표 수준을 구분하되 연계되도록 제시되어 있다. 영아의 발달과 성장에 맞추어 수준별 목표 수준을 달성해 나갈 수 있도록 구성되어 있다. 공통적으로 건강교육 관련 내용은 일상생활을 강조하고 있어 영아의 생활 세계와 밀접하게 관련된 경험 속 실천의 중요성이 더욱 높아졌다고 할 수 있다.

'건강하게 생활하기' 내용범주의 내용을 살펴보면 0~1세 보육과정은 청결, 식사, 배변과 관련하여 긍정적인 경험을 하여 편안한 하루 일과를 경험하도록 구성하고 있다. 2세 보육과정도 청결, 식사, 배변과 관련한 경험을 긍정적으로 경험하되 영아가 보다 주도적인 과정으로 경험할 수 있는 내용을 제시하였다.

구체적으로 살펴보면 청결과 관련된 내용은 0~1세 보육과정에서 '도움을 받아 몸을 깨끗이 한다.'이며, 2세 보육과정에서는 '자신의 몸을 깨끗이 해 본다.'로 제시되어 있다. 0~1세에서는 몸을 깨끗이 하는 경험을 강조하고 2세 보육과정에서는 스스로 시도해 보면서 습관의 기초를 형성하는 데 중점을 두고 있음을 알 수 있다. 식사와 관련한 내용은 0~1세 보육과정에서 '음식을 즐겁게 먹는다.'로 식사가 즐거움을 주는 시간과 경험이 되도록 하고 있으며 2세 보육과정에서는 '음식에 관심을 가지고 즐겁게 먹는다.'로 제시되어 영아가 식사를 즐거운 경험으로 인식할 뿐만 아니라 보다 적극적인 태도로 음식에 관심을 갖도록 하여 긍정적인 생활 습관의 기초를 다지도록 구성되어 있음을 알 수 있다. 하루 일과와 관련한 내용을 살펴보면, 0~1세 보육과정에서는 '하루 일과를 편안하게 경험한다.'이며 영아가 일과 속에서 편안함을 느낄 수 있도록 하는 데 중점을 두었으며, 2세 보육과정에서는 '하루 일과를 즐겁게 경험한다.'로 영아가 유아교육기관에서 심리적 안정과 정신 건강의 기초가 되는 정서 상태를 유지하고 경험할 수 있도록 내용을 제시하고 있다. 마지막으로 배변과 관련하여 0~1세 보육과정에서는 '배변 의사를 표현한다.'는 내용을 제시하고 있으며 2세 보육과정에서는 '건강한 배변 습관을 갖는다.'로 내용을 구성하고 있어 하루 일과 속에서 건강한 리듬과 습관을 형성하는 데 중점을 두고 있음을 알 수 있다.

〈표 2-3〉 0~1세와 2세 보육과정 '건강하게 생활하기' 내용범주와 내용 비교

내용범주	내용	
	0~1세	2세
건강하게 생활하기	• 도움을 받아 몸을 깨끗이 한다.	• 자신의 몸을 깨끗이 해 본다.
	• 음식을 즐겁게 먹는다.	• 음식에 관심을 가지고 즐겁게 먹는다.
	• 하루 일과를 편안하게 경험한다.	• 하루 일과를 즐겁게 경험한다.
	• 배변 의사를 표현한다.	• 건강한 배변 습관을 갖는다.

2) 2019 개정 누리과정(3~5세)과 건강교육

2019년 개정 누리과정은 유아가 중심이 되는 놀이 위주의 교육과정으로 개편하기 위한 노력의 일환으로 2019년 7월 고시, 2020년 3월부터 시행되었다. 2019 개정 누리과정은 국가수준의 교육과정이자 유아교육과 보육의 공통과정으로 유아·놀이 중심 교육과정을 기초로 하고 있다. 건강교육과 관련된 누리과정의 인간상은 '건강한 사람'으로 몸과 마음이 고루 발달하여 스스로 건강함을 유지하며 안정적이고 안전한 생활을 하는 사람을 의미한다(교육부, 보건복지부, 2019). 이를 위하여 '자신의 소중함을 알고, 건강하고 안전한 생활 습관을 기른다.'를 목표로 유아가 놀이를 통해 심신의 건강, 조화로운 발달을 이룰 수 있도록 누리과정에서 지향하는 바를 제시하였다.

누리과정에서 건강교육과 관련된 영역은 신체운동·건강 영역으로 놀이를 중심으로 다양한 신체활동을 경험하고, 즐거움을 느끼며, 청결, 위생, 식사와 휴식과 같은 일상생활을 건강하게 영위할 수 있는 기본 습관을 기르고, 일상과 놀

이에서 안전하게 생활하는 방법을 익히고 실천할 수 있는 내용으로 구성되어 있다.

신체운동·건강 영역의 목표는 '실내외에서 신체활동을 즐기고, 건강하고 안전한 생활을 한다.'이며 건강하고 안전한 생활을 위한 습관을 기르는 것을 3가지로 나누어 ① 신체활동에 즐겁게 참여한다, ② 건강한 생활습관을 기른다, ③ 안전한 생활습관을 기른다로 제시하였다. 이 중 건강교육과 관련된 '건강한 습관을 기른다.'에 나타난 내용을 구체적으로 살펴보고자 한다.

'건강하게 생활하기'는 식사와 휴식, 질병 예방과 청결 관련 기본 생활 습관과 관련된 내용을 포함하고 있다. 유아들의 건강교육을 위한 구체적 내용으로 '건강하게 생활하기'의 전체적인 내용범주와 내용을 제시하면 〈표 2-4〉과 같다.

〈표 2-4〉 누리과정의 건강하게 생활하기 내용범주와 내용

내용범주	내용
건강하게 생활하기	• 자신의 몸과 주변을 깨끗이 한다. • 몸에 좋은 음식에 관심을 가지고 바른 태도로 즐겁게 먹는다. • 하루 일과에서 적당한 휴식을 취한다. • 질병을 예방하는 방법을 알고 실천한다.

2019 개정 누리과정은 적극적인 의미의 유아 권리로서 전인적인 발달과 행복을 추구할 권리를 존중하도록 명시되어 있다. 유아가 몸과 마음의 건강을 바탕으로 자율성을 신장하도록 하는 개정 누리과정의 건강교육 관련 내용범주와 내용은 유아가 일상생활과 하루 일과에서의 청결, 식사, 휴식, 질병예방을 실천하도록 제시하고 있다. 청결과 관련된 내용은 '자신의 몸과 주변을 깨끗이 한다.'이며 하루 일과 중 손 씻기와 이 닦기 등을 실천하고 적절한 방법으로 수행하고, 주변을 정리하고 깨끗이 할 수 있도록 하는 내용이다.

식사와 관련해서는 '몸에 좋은 음식에 관심을 가지고 바른 태도로 즐겁게 먹는다.'이며, 유아가 몸을 건강하게 하는 음식에 관심을 갖고 음식을 소중히 여기도록 하는 내용을 담고 있다. 유아가 제자리에 앉아서 골고루 식사를 하는 등 식

사할 때 지켜야 할 사항을 알고 지키면서 식사시간을 즐겁게 보내도록 하는 내용을 포함하고 있다.

하루 일과와 관련한 내용으로 '하루 일과에서 적당한 휴식을 취한다.'는 스스로 자신의 상태를 인식하고 상황에 따라 적절히 휴식을 취할 수 있도록 하는 내용을 담고 있다. 몸이 아프거나, 피로, 많은 움직임 등 유아가 다양한 상황에서 휴식이 필요함을 인식하고 자율적으로 휴식을 취할 수 있도록 하는 내용을 담고 있다.

질병 예방과 관련한 내용은 '질병을 예방하는 방법을 알고 실천한다.'로 질병의 위험으로부터 건강을 유지할 수 있는 생활 습관을 알고 지키도록 하는 내용을 담고 있다. 날씨와 상황에 알맞은 옷을 입고, 정해진 시간에 자고 일어나는 등 건강을 유지하도록 돕는 기본 생활 습관을 기초로 질병의 위험으로부터 스스로를 보호할 수 있는 다양한 방법을 실천하도록 하는 내용이 제시되어 있다.

(3) 4차 어린이집 표준보육과정(0~1세, 2세)과 개정 누리과정(3~5세) 비교

〈표 2-5〉 표준보육과정(0~1세, 2세)과 누리과정(3~5세) '건강하게 생활하기' 내용 비교

내용 범주	내용		
	0~1세 보육과정	2세 보육과정	3~5세 누리과정
건강하게 생활하기	도움을 받아 몸을 깨끗이 한다.	자신의 몸을 깨끗이 해 본다.	자신의 몸과 주변을 깨끗이 한다.
	음식을 즐겁게 먹는다.	음식에 관심을 가지고 즐겁게 먹는다.	몸에 좋은 음식에 관심을 가지고 바른 태도로 즐겁게 먹는다.
	하루 일과를 편안하게 경험한다.	하루 일과를 즐겁게 경험한다.	하루 일과에서 적당한 휴식을 취한다.
	배변 의사를 표현한다.	건강한 배변 습관을 갖는다.	질병을 예방하는 방법을 알고 실천한다.

4차 어린이집 표준보육과정(0~2세)과 개정 누리과정(3~5세)은 '건강한 사람'이라는 인간상 아래 건강한 생활을 영위하기 위한 하위 목표를 각 연령별 보육과정과 교육과정에 맞추어 수립하였다. 0~1세는 '건강한 일상생활을 경험한다.'로, 2세는 '건강한 생활 습관의 기초를 형성한다.'이며, 3~5세는 '건강한 생활 습관을 기른다.'로 제시되어 있다. 시기별 내용은 동일한 내용범주 하에서 영아기부터 건강한 일상생활 경험을 쌓아나가면서 습관의 기초를 형성하고, 유아기에 이르면서 건강한 생활 습관을 다지는 과정으로 긴밀하게 연계되어 있다.

'건강하게 생활하기'의 내용은 공통적으로 하루 일과의 흐름에 따른 생활에서 건강을 유지하고 질병을 예방할 수 있도록 청결, 식사, 배변, 휴식과 관련하여 구성되어 있다. 유아기에서 강조하는 내용은 누리과정에서 추구하는 바와 같이 자율성과 주도성에 기초하여 건강한 생활 습관을 스스로 실천할 수 있도록 '하루 일과에서 적당한 휴식을 취한다.', '질병을 예방하는 방법을 알고 실천한다.'와 같이 진술되어 있다. 긍정적인 경험 이후에 스스로 실천하면서 건강한 습관을 기르는 것을 보육과정과 유기적으로 연계하여 구성하고 있다.

표준보육과정과 누리과정은 국가수준의 보육, 교육과정으로 목표와 내용범주, 내용에 있어서 추구하는 인간상을 기초로 유기적으로 연계된 목표와 내용을 수립하여 영유아가 일관된 기조의 교육과 보육을 경험함으로써 몸과 마음이 건강한 습관을 기를 수 있도록 구성되었다. 보육과정과 교육과정에 기초할 때 영유아의 건강교육은 일상생활 속에서 자연스럽게 이루어지되 긍정적인 경험이 지속적으로 축적되고 주도적이고 자율적으로 건강한 생활 습관이 형성될 수 있도록 이루어져야 할 것이다.

제3장

0~1세의 건강교육

영아기에 해당하는 0~1세는 인간의 삶에서 가장 극적인 변화가 일어나는 시기이다. 성인에게 의존하기만 하던 영아가 드디어 스스로 기고 앉고 서고 걸을 수 있는 신체적인 발달능력을 나타내고, 몸짓이나 미소와 울음 등을 이용하여 타인과 의사소통을 할 수 있는 지적능력을 보이며, 애착, 신뢰감, 자율성 등의 정서·사회적인 발달능력을 나타내기 시작한다. 본 장에서는 0~1세 영아의 건강교육을 위한 영양 및 섭생, 활동 및 휴식, 위생관리, 치아관리, 예방접종, 그리고 교사의 역할과 실제 활동에 대하여 살펴보았다.

01 영양 및 섭생

생후 6개월경이 되면 유치가 나게 되고 영아는 모유나 우유에 완전히 의존할 수 없어 고형식을 섭취하게 되며 점점 젖을 떼게 된다. 12개월 전후부터는 음식에 대한 기호가 결정되는데, 이 때 편식에 대한 지도를 할 필요가 있다. 또한 영아기부터 올바른 식습관을 형성하기 위해 일관된 지도를 해야 한다.

1) 0세아의 영양 및 섭생

(1) 모유 먹이기

분만 후 며칠 동안 나오는 모유를 초유라고 한다. 초유는 면역 기능을 가진 단백질을 제공해 주기 때문에 신생아의 질병에 대한 면역성을 제공하고, 태변이 잘 나오도록 도와주고 장을 튼튼하게 해주며, 분유에 비해 알레르기 반응도 적다. 모유는 신생아가 소화하기 쉬운 형태의 단백질과 지방, 유당, 비타민 D, 철 등을 함유하고 있기 때문에 아기의 음식물로 적당하다. 분유는 무기질 등의 영양소가 많지만 흡수율이 떨어져 태아의 필요를 모유만큼 채워 주지 못하며, 면역체가 없기 때문에 분유를 먹는 아기들은 모유를 먹는 아기에 비해 질병에 걸리기 쉽다.

모유의 성분

① **단백질**

모유의 아미노산은 신생아에게 가장 이상적이다. 모유에 함유된 아미노산은 아기의 성장과 발달에 필수적인 시스테인이 풍부하며 타우린은 담즙산 합성에 필요한 영양소로 모유에 풍부하다.

② **지방**

모유의 지방 함유량은 개인차가 크고 계절에 따라 큰 차이를 보이며, 모유 지방의 90%는 중성지방이다. 모유는 우유에 비해 필수 지방산 중 리놀레산과 짧은 사슬 지방산, 콜레스테롤의 함량이 높다. 모유에는 지방분해 효소를 가지고 있으며 지방산을 미토콘드리아 내로 이동시켜 주는 물질인 카르니틴이 함유되어 있다.

③ 탄수화물

모유의 주요 성분은 탄수화물인 유당이다. 유당은 산성 환경을 만들어 장내에 좋지 않은 미생물이 번식하지 못하도록 해주며, 칼슘, 인, 마그네슘의 흡수를 촉진시켜 준다. 유당의 함량은 우유보다 모유에 더 많다. 모유에는 복잡한 탄수화물을 가지고 있지는 않지만, 유아기에 전분과 포도당을 분해시키는 작용을 하는 아밀라아제를 함유하고 있어 탄수화물의 흡수를 돕는다.

④ 무기질

모유에 함유되어 있는 주요 무기질은 인, 칼륨, 칼슘, 염소, 나트륨이며 미량의 무기질은 철, 구리, 망간, 아연, 마그네슘, 알루미늄, 철이다. 총 무기질이 우유보다 낮아 모유에 들어 있는 무기질은 우유에 들어 있는 것보다 흡수가 더 잘 되기 때문에 신장의 부담이 적다. 철의 경우 모유는 50%가 흡수되고, 우유는 10%가 흡수된다.

⑤ 비타민

모유에는 건강과 좋은 영양 상태를 유지할 수 있도록 모든 비타민이 들어 있으며, 양은 개인에 따라 큰 차이가 있다. 모유에는 비타민 D의 양이 적게 들어 있기 때문에 모유를 먹는 영아들은 일조량을 적절하게 조절하고, 바깥에 자주 나갈 수 없는 경우에는 이에 대한 보충이 필요하다. 모유의 비타민 A는 산모가 섭취하는 음식물의 양과 질에 영향을 받기 때문에 과일이나 채소 등을 많이 섭취해야 한다. 비타민 E는 모유가 우유보다 함량이 많으므로, 모유를 먹는 영아의 혈청에는 비타민 E 수준이 높다. 비타민 K는 장내에서 합성되지만 태어나서 며칠 동안은 장내 정상 세균들이 생성되지 않은 상태이므로 비타민 K를 공급해 주는 것이 좋다.

(2) 인공유 먹이기

모유를 먹이는 것이 바람직하기는 하나 영아와 산모의 건강상 문제가 있거나 부득이한 이유로 모유 수유가 불가능할 경우 인공유로 영양을 대신해야 한다. 조제유의 형태는 크게 3가지가 있는데, 그 중 농축액은 동일 양의 물을 혼합하여 영아에게 줄 수 있는 것이고, 즉석 조제유는 아무런 조제과정 없이 일정 용량의 통에 들어 있어 바로 영아에게 먹일 수 있는 것이다. 분유는 가루 형태로 만들어져 있어 적절한 양의 물로 희석하여 먹이도록 되어 있다.

① 조제유의 준비

- **위생** 위생적으로 조제유를 준비하기 위해서는 조제유를 타기 전에 손을 철저히 씻어야 하고 사용되는 모든 도구는 소독하며, 분유를 탈 물은 반드시 끓여야 한다. 또한 아기가 먹다 남은 것은 버려야 하는데, 그 이유는 영아의 타액에 있는 박테리아가 유즙에 들어가 순식간에 위험한 숫자로 증식될 수 있기 때문이다. 조제분유를 탈 수 있는 온도로 식힌 물을 보온용기에 보관해 두었다가 분유에 타서 먹일 수 있다.
- **정확한 용량** 제품에 표시된 지시대로 정확하게 조제하는 것이 중요하다. 지시한 것보다 묽으면 적절량의 열량과 영양소 공급이 이루어지지 않게 되어 성장 발육을 저해하게 되고, 물을 적게 넣어서 농도가 너무 진하게 되면 소화불량이나 비만을 유발하게 되며, 단백질 농도가 높아져 신장 기능에 부담을 주게 되고, 혈액의 나트륨 농도가 올라가고 탈수증을 유발할 수 있다.
- **온도** 조제유의 온도는 손목 안쪽에 떨어뜨려 약간 따뜻한 온도가 적절하나 대부분의 영아에게는 실온과 유사한 온도면 괜찮다. 전자레인지로 조제유를 데울 경우에는 전자레인지 사용이 가능한 젖병을 이용해야 한다.

② 일반 우유

일반 우유는 6~12개월부터 먹을 수 있는데, 대개의 경우 돌이 지나서 먹이는 것을 권장하고 있다. 우유의 단백질은 소화가 어렵고, 철분을 거의 함유하고 있지 않아 우유만 하루 3컵 이상을 마시면 철분 결핍이 될 수 있다. 이는 이 시기 영아들이 철분이 함유된 음식을 충분히 먹지 않기 때문인데, 철분이 강화된 곡물식을 먹는다면 6개월에도 우유를 먹기 시작할 수 있다. 가장 좋은 것은 생후 1년 동안은 모유나 철분을 강화한 조제유를 먹이는 것이다. 그리고 2세까지는 저지방 우유나 탈지유를 먹이지 않는 것이 좋은데, 그 이유로 칼로리가 너무 적고 단백질은 너무 많아 영아에게 적합하지 않기 때문이다.

인공유보다 모유가 좋은 점

- 영양학적으로 어떤 다른 음식물보다 아기에게 우수하다.
- 세균에 감염될 염려가 없고 항상 신선하다.
- 면역성분을 함유하고 있다.
- 아기에게 알레르기가 가장 적다.
- 과다 공급시킬 염려가 적다.
- 턱과 치아 발달에 도움이 된다.
- 비용이 적게 든다.
- 엄마와 아기의 접촉으로 관계를 증진시킨다.
- 이용이 편리하다.
- 항상 이용가능하다.

출처: 최민수(2001).

(3) 이유식 먹이기

아기가 성장함에 따라 더 이상 모유로 아기에게 필요한 영양을 충분히 공급할 수 없기 때문에 적절한 때에 이유를 시작해야 한다. 보통 이유의 시기는 아기에 따라 다르겠지만 생후 5개월 정도가 되고 몸무게가 7kg 정도일 때 시작하며, 이유가 완료되는 시기는 1년이 적당하다. 이유가 너무 늦어지면 영양 부족으로 발육이 늦어질 수 있고 빈혈을 유발할 수 있다.

아기의 이유식은 야채, 과일, 고기를 갈아서 6~8개월부터 공급하고, 컵으로 제공하는 음료는 삼키는 것이 가능한 9개월 이후부터 제공하는 것이 좋다. 이유식을 제공하면서 모유의 횟수를 점점 줄여 1년쯤에는 모유의 양을 400ml 정도 되도록 하고 이유식은 반고체 음식물에서 차츰 고체 음식물로 바꾸어 나간다. 이유식은 우유를 먹이기 전에 먹도록 한다. 아기의 미각발달을 위해서 새로운 식품을 하나씩 증가시키고, 새로운 식품을 추가시킬 때는 한번 주기 시작한 음식물은 적어도 4~5일 간격을 두고 지속적으로 공급하는 것이 바람직하다. 〈표 3-1〉과 〈표 3-2〉에 개월별 이유식과 이유식 주간 식단표의 예를 각각 제시하였다.

〈표 3-1〉 개월별 이유식

구 분		4~6개월	7~9개월	10~12개월
횟수	모유나 분유 이유식	4회 1회	3회 2회	2회 3회
종류	곡류 야채류 계란 생선, 고기류 과일류	미음 거른 것 완숙 노른자 $\frac{1}{4}$개 생선가루 과즙	죽 으깬 것 완숙 $\frac{2}{3}$개 으깬 것 간 것	죽밥 잘게 자른 것 완숙 1개 잘게 다진 것 잘게 다진 것

출처: 김일옥, 최경순(2009).

〈표 3-2〉 이유식 주간 식단표의 예

		월	화	수	목	금	토
1주	초기 (4~6개월)	쌀미음	고구마 미음	단호박 미음	당근미음	브로콜리 미음	사과미음
	중기 (7~9개월)	고구마 찹쌀죽	단호박 사과메시	달걀 노른자 야채찜	닭살 감자죽	두부 당근죽	쇠고기 브로콜리죽
	후기 (10~12개월)	애호박 완두콩 진밥	버섯야채 진밥	쇠고기 덮밥	진밥 연두부 달걀찜	단호박 스프	참치살 야채진밥

		월	화	수	목	금	토
2주	초기 (4~6개월)	감자미음	애호박 미음	옥수수 미음	완두콩 미음	찹쌀미음	흑미미음
	중기 (7~9개월)	쇠고기 우유죽	시금치 바나나죽	야채죽	쇠고기 시금치	미역 현미죽	부추 콩나물죽
	후기 (10~12개월)	흰살생선 진밥	쇠고기무 진밥	감자우엉 잣진밥	김가루 흰살생선 주먹밥	닭고기 대추진밥	과일치즈 진밥

출처: 식품의약품안전청. http://www.kfda.go.kr.

2) 1세아의 영양 및 섭생

(1) 영양

12개월부터 성장속도가 느려져 체중에 비해 칼로리, 단백질, 수분의 요구가 감소하지만 조직성장과 활동이 왕성하여 단백질과 칼로리 양은 많이 요구되며, 철·칼슘·인 같은 무기질의 요구량도 여전히 높은 편이다. 15~18개월경이 되면 대부분 이유식이 완료되고 식성도 뚜렷해진다. 씹는 능력에 개인차가 있기 때문에 아무 음식이나 잘 먹는 영아가 있는가 하면 부드러운 음식만 좋아하는 영아도 있다.

18개월경에는 영양 요구량이 더 감소되어 생리적인 식욕감퇴 현상이 생긴다. 영아기는 감각능력의 발달과 자기중심적인 발달적 성향으로 까다로운 식성을 갖게 되고 편식이 나타나기 쉽다. 그러므로 이 시기에는 식사의 즐거움이나 싫어하는 음식의 조절 등에 신경을 쓰는 것이 필요하다.

(2) 식습관 지도

12개월을 전후해서는 이유가 완료되어 굳은 음식물을 먹기 시작하는데, 0세아 시기에 어떤 단계를 거쳐 이유식에 길들었는지에 따라 개인차가 있다. 이 시기의 편식은 음식물의 맛에 길들지 않았기 때문인 경우가 대부분이다. 그러므로 여러 가지 음식물에 길만 들면 곧 먹을 수 있을 것이라는 기대로 너무 강요하지 말고 천천히 적응시켜야 한다(김일옥, 최경순, 2009).

① 올바른 수저와 식기 사용

1세 영아는 식사 때마다 같은 그릇, 컵, 숟가락을 좋아한다. 이 때 사용하는 식기는 안전을 고려하여 무독성 플라스틱으로 된 것을 사용한다. 숟가락 사용이 미숙하여 음식을 흘리지만 이것은 정상적인 발달의 과정이므로 숟가락 사용의 기회를 충분히 제공하여 성취감을 느끼게 해 주어야 한다.

② 식탁에서 식사하기

1세 영아는 가족과 함께 영아용 식탁의자에 앉아 식사시간을 즐길 수 있다. 식탁에서 함께 식사하는 것은 음식을 먹는 것 외에도 대인관계의 기초적인 기술을 배울 수 있다는 점에서 중요한 의미를 갖는다. 그러므로 식사시간에 영아들을 영아용 식탁의자에 앉히고 음식을 먹게 하여 식사시간에 대한 개념을 확고히 인식시킨다. 또한 돌아다니는 영아를 쫓아다니며 음식을 입에 넣어 주지 않는다.

③ 즐겁게 식사하기

1세 영아는 영양가에 대한 고려보다는 식사의 즐거움, 식사시간의 사회적인 면과 싫어하는 음식의 조절 등에 더 비중을 두어야 한다. 음식을 선택하는 데 맛 이외의 요인에 더 영향을 받게 되는데, 가족이나 다른 친구 중 누가 어떤 음식을 거부하면 따라하는 경향을 보인다.

02 활동과 휴식

영아기의 휴식과 수면은 하루 일과에서 가장 중요한 부분 중 하나인데, 이는 신체적·심리적 활동 후에 영아의 몸을 회복시켜 주기 때문이다. 여기서는 0~1

세 동안 운동기능발달이 어떻게 이루어지는지와 휴식 및 낮잠의 특성, 놀이의 특성에 관해 살펴보고자 한다.

1) 운동기능 발달

영아는 이 시기에 다양한 사물과 사람을 관찰하려고 애쓰며, 가까이 가려고 주위의 환경을 탐색한다. 이러한 탐색과정을 통해 중추신경계와 근육, 골격 등이 성숙되고, 상황에 적절한 자세로 움직일 수 있게 되면서 머리를 쳐들고, 앉고, 뒤집고, 기고, 서고, 걷는 등의 순서를 거치면서 운동기능을 발달시켜 나간다.

구체적인 발달측면을 살펴보면 다음과 같다(최민수, 정영희, 2006).

(1) 0~12개월 운동기능 발달

① 머리조절

머리조절은 출생하면서부터 반듯이 누워 양옆으로 머리를 돌리다가 배를 바닥에 대고 엎드린 채 머리를 돌릴 수 있게 되고, 엎드린 채로 머리를 들고 안아줄 때 머리를 꼿꼿이 세우게 되며, 반듯이 누운 상태에서 머리를 쳐들 수 있을 만큼 숙달하게 된다. 1개월에는 턱을 쳐들 수 있고, 2개월에는 가슴을 펴고 어깨를 들 수 있게 된다.

② 앉기

앉기는 처음에는 누워 있는 자세에서 일어서거나 서 있는 자세에서 밑으로 내려가면서 배우게 된다. 영아들은 대략 3~4개월부터 받쳐 주는 도움을 받아 앉을 수 있고, 6개월부터 아기의자에 앉을 수 있으며, 7~8개월부터는 누군가의 부축이 없이도 혼자 앉을 수 있다.

③ 뒤집기

뒤집기는 보통 5개월 정도가 되면서부터 배에서 등 쪽으로 뒤집게 되고, 그 다음부터는 등 쪽에서 배 쪽으로 뒤집게 된다. 뒤집기를 할 수 있을 때까지 영아를 푹신푹신한 요에 눕히는 것은 숨이 막힐 염려가 있기 때문에 딱딱한 요에 눕히는 것이 바람직하다.

④ **기어다니기**

기어다니기는 영아들이 이동 동작을 시작하였음을 의미하는데, 처음에는 엎드려서 배를 바닥에 깔고 몸을 끌어당기고 발은 뒤에 질질 끌며 기어다니고, 다음에는 두 손과 두 발이 바닥에 닿게 하여 곰처럼 네 발로 기게 되며, 마지막 단계에서는 몸통을 쳐들고 손과 무릎으로 엉금엉금 기어다니게 된다. 영아들이 기어다니는 시기는 개인차에 따라 다르지만, 보통 아기들은 9~10개월이 되면 손과 무릎을 이용하여 기어다닐 수 있다.

⑤ **일어서기**

일어서기는 영아의 개인차에 따라 다르지만 잡아주면 보통 8~9개월부터는 가구를 붙잡고 혼자 설 수 있다. 또한 영아는 12개월부터는 일어서는 자세를 할 수 있고, 13~14개월 정도에는 혼자서 일어설 수 있으며, 15개월이 되면 혼자 서고 걸을 수 있고, 2세 정도가 되면 뛰거나 뒤로 걸을 수도 있다.

⑥ **걷기와 뛰기**

걷기는 혼자서 서게 된 후 1개월 이내에 첫 걸음을 내딛으면서 곧바로 바닥에 넘어지고 기어다니다가 걷기를 다시 시도하게 된다. 11개월 정도가 되면 도움을 받아 걷고, 14개월 정도가 되면 혼자서 걸을 수 있으며, 18개월 정도가 되면 부자연스럽게 뛰고, 한 손을 잡고 계단을 올라갈 수 있으며, 20개월이 되면 두 발로 모아 뛰기를 할 수 있게 된다.

⑦ **조작하기**

조작하기는 1개월에 고리를 쥐고, 2개월에 누워서 팔을 뒤로 쳐들고, 3~4개월에 손을 폈다가 주먹을 쥐고 대상을 보고 손을 뻗는다. 4~5개월에는 물건을 어설프게 쥐고, 6~7개월에는 손바닥으로 물건을 쥐고 손목을 돌리며, 7~8개월에는 손가락 움직임이 나타나고, 10~12개월에는 손가락을 사용하여 물건을 잡을 수 있으며, 15개월에는 손가락 모두를 함께 사용하여 물건을 쥘 수 있다. 그러나 도구를 이용하기 위하여 손가락을 사용하는 것은 훨씬 이후에나 가능하다. 24~30개월에는 손가락을 효과적으로 사용하고, 대소변 통제가 가능하다.

⑧ 눈과 손을 협응하기

눈과 손을 협응하기는 대개 생후 1년 동안 보는 것과 손을 움직이는 방법을 조작하면서 발달하는데, 대체로 4단계를 거친다.

1단계: 정적인 시각을 탐색한다. 출생에서 16주까지의 영아는 자신의 손을 바라보면서 많은 시간을 보낸다.

2단계: 능동적이고 반복적인 시각탐색을 한다. 17~28주까지는 눈에 보이는 것을 손으로 잡으려는 반복적인 행동을 보인다. 20주 정도가 되면 눈으로 본 사물을 잡았다가 떨어뜨리고 다시 잡으려 애쓴다.

3단계: 쥐기와 조작을 시도한다. 28~40주의 영아는 손을 뻗치는 능력과 쥐는 능력을 조절하기 위해 시각 활동을 강화시킨다. 놀잇감을 놓치면 그 놀잇감에 더욱 시선을 고정해 손을 뻗쳐 마침내 잡게 된다.

4단계: 정교화되고 확장된다. 40주부터 놀잇감을 집어서 상자 안에 넣을 수 있으며, 종이에 그림을 그리는 등 점점 더 많은 기술들을 습득한다.

(2) 12~24개월 운동기능 발달

① 12~15개월의 특징

- 뇌는 다른 부분보다 더 빨리 발달하여 출생 시의 뇌 무게는 성인의 25%, 6개월에는 50%, 1년에는 60%, 2년이 넘으면 75%, 10세가 되면 90%에 달한다.
- 가구에 기대어 서기 시작한다. 도움을 받아 걷고 서며 혼자 걷기도 한다. 서 있다가 앉기 위해 자신을 낮춘다. 공을 던진다.
- 물건을 꽉 잡을 수 있다. 2개의 블록을 쌓을 수 있다. 판에 둥근 못을 5개 정도 꽂을 수 있다. 열거나 닫는다. 물체를 상자에서 꺼낸다.

- 숟가락을 사용한다. 음악을 듣고 춤추기를 좋아한다.

② 15~18개월의 특징

- 팔과 다리가 빠르게 성장하며, 굽힌 자세나 걸음걸이를 하고, 발가락이 넓게 펴져 있다.
- 전체적인 몸 움직임을 이용하고 독립적으로 혹은 함께 손의 기능을 사용한다. 자주 엎지르면서 혼자 먹는다.
- 괄약근 통제를 부분적으로 조절한다. 성기를 가지고 노는 것을 즐기며, 침대에서 흔들어 대기도 한다. 낮잠을 하루에 1~2회 잔다.

③ 18~24개월의 특징

- 능숙한 통제력으로 숟가락을 이용해 작은 공을 던질 수 있으며, 엄지와 집게손가락으로 작은 공을 들어 올릴 수 있다.
- 책의 페이지를 넘기고, 손잡이를 돌릴 수 있다.
- 연필이나 크레용으로 자발적으로 긁적거린다. 이 때 다른 손보다 어느 한 손을 이용하여 손에 대한 선호도를 보이기 시작한다.
- 자신의 행동을 조절하는 것을 배우고, 일상생활에서 다양한 기술을 정교화시킨다. 배고픔, 갈증, 피곤함 등을 인식하고 알리기도 한다.
- 관련 근육발달로 배변훈련을 할 준비가 되므로 부모는 영아행동의 신호에 민감해야 한다.

2) 휴식 및 낮잠

영아는 보통 하루 14~18시간 잠을 자며 하루 두 번의 낮잠과 밤잠을 잔다. 수면시간은 신진대사와 관련이 깊다. 적절한 수면을 위하여 3~4개월경부터는 밤중 수유를 중단하도록 한다. 밤중에 잠에서 깨면 일으켜 안아주거나 먹이지 말고 어두운 가운데 조용히 다독거려 다시 잠을 이룰 수 있게 시도하는 것이 좋다. 생후 4개월경이 되면 영아의 중추신경계는 수면 시간을 연장시킬 수 있을 정도로 성숙되며 각성은 주로 낮 시간에, 수면은 주로 밤 시간에 이루어져 수면과 각성의 패턴이 가족들과 유사한 패턴이 된다. 영아가 성장할수록 수면 시간은 짧아지고 규칙적이게 된다(김일옥, 최경순, 2009).

1세 미만의 영아들이 낮잠을 잘 때에는 특히 유의해야 할 점들이 있는데, 잠을 재울 때 엎어서 재우면 안 되며 반드시 등을 바닥에 대고 누워서 자게 해야 한다. 요나 바닥에 까는 침구는 영아의 코가 파묻힐 정도로 푹신해서는 안 된다. 전체적으로는 딱딱하지 않고 푹신하나 표면은 매끄러워야 한다. 8개월 미만은 영아가 자는 동안 닿을 수 있는 범위의 잠자리에 동물인형이나 푹신한 베개, 두꺼운 이불 등이 있어서도 안 된다. 여러 명의 영아가 같은 방을 사용할 경우에는 영아마다 각기 다른 수면 주기를 갖고 있으므로, 빛과 소음을 효과적으로 차단해 주어야 한다.

3) 영아기 놀이

6개월까지 영아들은 감각을 자극하는 장난감, 즉 보고 듣고 빨고 만질 수 있는 놀잇감이 적절하며, 7개월 이후 영아들은 좀 더 긴 시간 동안 사물을 탐색할 수 있고 운동능력이 증가함에 따라 여러 가지 놀잇감을 탐색하기를 원하기 때문에 기술을 익히고 확대시킬 기회를 주는 놀잇감 등이 좋다(김나영, 김성원, 김정희, 석은조, 이순복, 2008). 즉, 1세 이전의 영아는 많이 안아 주고(촉각), 개월에 맞는 장난감을 주는(시각) 등 다양한 자극을 주는 것이 바람직하다. 이 시기의 영아를 위한 놀잇감은 거울, 인형, 헝겊으로 만든 동물 인형, 모빌 등의 시각적인 자료, 대근육 활동을 위해 밀고 당기는 장난감, 공, 손에 쥐는 장난감, 간단한 퍼즐, 나무블록 등의 간단한 조작을 할 수 있는 장난감이 좋다.

1세 영아들은 아직 미숙하지만 대·소근육 운동능력의 신장, 사물에 대한 적극적인 탐색 및 자신의 능력에 대한 흥미 증가, 반복적인 일상생활에 대한 흥미, 독립심 증가, 타인에 대한 인식 모방, 타인에 대한 반응 증가 등의 발달 특징을 보인다. 이 시기 영아는 이동능력이 활발해지므로 안전에 주의를 기울여야 하는데, 적절한 놀잇감은 안전하고 견고하며 예리한 모서리가 없고, 삼킬 수 없는 크기의 장난감으로 단순하고, 청결할수록 좋다. 기능놀이로서 밀거나 끌 수 있는 장난감, 공놀이, 눈과 손의 협응력이 발달하여 블록이나 종이 벽돌쌓기 놀잇감, 조작놀이를 할 수 있는 큰 상자 안에 작은 상자 넣기, 손잡이 돌리기 등의 놀잇감이 좋다.

03 위생관리

영아기에 건강과 관련한 위생관리에 긍정적인 경험을 하는 것은 이후의 생활에 중요한 영향을 미치게 된다. 따라서 교사는 배변훈련, 기저귀 갈기, 영아의 목욕 등과 관련하여 건강에 기본이 되는 생활습관의 형성을 도와야 한다.

1) 배변훈련

영아들은 스스로 대소변을 조절하기 이전에 많은 것을 배워야 한다. 사회적으로 자신에게 기대하는 것이 무엇이고, 배설을 위한 적절한 기간과 장소가 있다는 것을 알아야 한다. 또한 배설해야 할 욕구를 알려 주는 느낌에 익숙해지고, 배설을 위해서는 방출을 위한 괄약근을 수축하고 이완시키는 방법을 알아야 한다. 배변훈련이란 방광이나 항문의 괄약근 훈련을 말하는데, 정해진 시간에 정해진 장소에서 대소변을 볼 수 있게 되는 것을 말한다.

배변훈련은 개인의 성숙에 따른 준비도에 의해 많이 좌우되므로 서두르지 말고 적당한 시기를 기다리는 것이 바람직한데, 배변훈련을 늦게 시작할수록 배변통제를 더 빨리 배운다고 볼 수 있다. 일반적으로 20개월 이전보다 그 이후에 배변훈련을 시작한 영아들이 침착하게 훈련을 받아들였으며, 꾸지람을 많이 준 부모가 덜 엄격한 부모들보다 더 빨리 훈련을 마친 것은 아니었으며, 오히려 영아들에게 정서적인 스트레스를 더 많이 준다고 하였다. 여아가 남아보다 더 일찍 통제를 하였고, 출생 시 체중미달아가 정상 아이들보다 더 어려움을 겪었다(최민수, 정영희, 2006).

(1) 근육통제력 및 신경조직의 성숙

영아의 배설 기능은 처음에는 자동적이고 반사적인 기제에 의해 일어난다. 즉, 항문과 요도의 괄약근은 의식적인 조절에 의해서가 아니라 교감신경계에 의하여 자동적으로 수축된다. 배설물이 어느 정도 차게 되면 근육은 이를 밀어내기 위하여 수축되는 것이다. 그러나 중추신경계가 성숙되면서 이러한 자동적인 기제는 점차 수의적인 것으로 대치된다. 일반적으로 대부분의 영아들은 18개월에서 2세 정도가 되어야 통제력이 생기며, 개인차가 있다. 괄약근 조절은 본인의 의지에서라기보다는 신경의 성숙에 의하므로 배변훈련은 중추신경계가 성숙할 때까지 기다려야 한다. 방광조절을 이루는 신경의 성숙은 12~20개월 사이에 일어난다(조경자, 이현숙, 2004).

(2) 배변훈련의 순서

① 변기에 길들게 한다.

혼자 앉기가 확실해지는 시기(생후 8개월 전후)가 되면 가끔 변기에 앉혀 본다. 변기는 아기가 걸터앉는데 너무 크지 않아야 하며, 잡을 곳이 있어서 안정감이 있는 것이라야 한다. 앉혀 놓는 시간도 1~2분쯤 앉혀 보다가 누지 않으면 내려놓는다. 변기는 늘 지정된 장소에 두고, 교사는 “응가할까?” 또는 “쉬는 여기예요”라고 하면서 아기도 따라하게 한다. 우연히 타이밍이 맞아 떨어져서 변기에 배변했을 때는 칭찬을 아끼지 말아야 한다.

② 배변 간격을 알아 둔다.

보육실에 일람표를 준비해 두고 주의를 기울여서 아기 개개인의 소변보는 시간을 기록해 놓는다. 이렇게 1주일 이상 진행하게 되면 개인별로 소변보는 간격을 알 수 있게 되고, 간격이 비교적 길어지고 일정해지면 기저귀를 떼고 팬티로 바꾸어 입힌다.

③ **배변 간격을 알아서 변기 또는 화장실에서 누게 한다.**

배변할 시간을 고려해서 일러줌으로써 배변을 아기 스스로 자각할 수 있도록 한다. 처음 단계에는 이미 싸 놓고 가리키는데, 이것을 실패로 보고 야단쳐서는 안 된다. 배변에 대한 자각이 되기 시작한다는 증거로 보는 것이 좋다.

④ **아기의 의사표시에 의해 배변시킨다.**

배변하기 전에 의사표현을 하는 것이 너무 이르면 활동을 중단하고, 개인차를 반영하여 가능한 아기부터 시도한다.

(3) 배변훈련에 유의할 점

- 일찍 자립되기를 성급하게 기대해서는 안 된다. 교사가 조급하게 재촉하면 아기에게 불안감을 주게 되어 배변에 대한 신경질적인 반응을 일으킬 뿐만 아니라, 생활전체에 활기가 없어질 위험이 있다.
- 어린이집에서 가정과의 협력을 시도하여, 일관된 배변훈련이 되게 한다.
- 배변 기능의 성숙에는 개인차가 있으므로 아기 개개인을 개별화시켜서 지도해 가는 자세를 가지는 것이 필요하다.
- 보육실에서는 기저귀 갈기와 배변을 한 뒤 바로 치우는 것이 위생상 중요하다. 배변을 한 뒤에는 물이나 세척가능한 세제를 푼 물로 깨끗이 닦는다. 카펫 같은 깔개는 대소변이 배어 불결하게 되기 쉬우므로 가급적 깔지 않는 것이 좋으며, 깔았을 경우에는 자주 세탁을 해준다.

2) 기저귀 갈기

어린이집에서 영아의 기저귀가 젖거나 더럽혀졌을 때 기저귀를 갈아 주는 것은 하루 일과에 포함된다. 기저귀 갈기가 이루어지는 동안 교사는 이야기나 노래를 들려 주어 영아와 개별적으로 상호작용할 수 있는 좋은 시간을 만드는 것이 필요하다.

기저귀 갈기 영역의 기준과 기저귀 가는 방법은 다음과 같다(조경자, 이현숙, 2004).

(1) 기저귀 갈기 영역

- 기저귀 갈기만 이루어져야 한다.
- 음식을 다루는 곳과 되도록 멀리 떨어져 있어야 한다.
- 영아를 즉시 씻길 수 있도록 손이 닿는 곳에 물이 있어야 한다.
- 기저귀 갈이대는 평평하고 안전하며 바닥에서 약 90cm 높이가 적당하다.
- 기저귀 갈이대의 표면은 깨끗하고 방수가 되어야 하며 흠이나 틈이 없어야 한다.
- 로션과 크림, 세척도구들은 영아의 손에 닿지 않는 곳에 두어야 한다.
- 안전을 위해 경계벽을 설치하며 잠시라도 영아를 혼자 두지 말아야 한다.

(2) 기저귀 가는 방법

- 필요한 물품이 마련되어 있는지, 손이 닿는 곳에 있는지 점검한다. 기저귀 갈이대에서 기저귀를 갈아 준다면 한 손은 언제나 영아를 잡고 있어야 한다.
- 깔개를 깐다. 깔개는 방수가 잘되는 것을 사용한다.
- 영아를 눕힌다.
- 일회용 장갑을 낀다.
- 옷과 기저귀를 벗긴다. 벗긴 기저귀를 안쪽으로 접고 부착된 테이프로 감싼다.
- 발로 발판을 눌러 여는 쓰레기통에 기저귀를 버린다. 기저귀에 묻은 대변은 변기통에 버린다.
- 더러워진 옷은 봉투에 이중으로 넣어 집에 보낸다.
- 영아의 엉덩이를 씻긴다. 물휴지를 사용하는 경우, 한 번만 앞에서 뒤로 닦

는다. 더 닦을 때는 새로운 것으로 반복하여 닦는다. 특히 피부가 접히는 곳을 유의하여 닦는다. 종이타월로 두드려 말린다. 파우더는 영아가 흡입하면 위험할 수 있으므로 사용하지 않는다.

- 세척하는 데 사용한 일회용 장갑 등의 물품은 쓰레기통에 버린다.
- 손을 씻는다.
- 새 기저귀를 채우고 옷을 입힌다.
- 영아의 손을 씻긴다.
- 기저귀 갈이대에 깔았던 깔개를 치우고 표면을 닦는다. 기저귀 갈이대는 매일 소독한다.
- 손을 다시 한 번 씻으며 마무리한다.

3) 영아의 목욕

연령이 어린 영아를 씻기는 데는 세심한 주의와 기술이 요구되는데, 목욕 시 고려해야 할 점은 다음과 같다.

- 영아를 목욕시키는 것은 몸을 깨끗하게 해주는 것 이상의 의미를 지닌다. 즉, 목욕은 아기에게 애정을 전해 주는 시간이 된다. 따라서 성인은 아기에게 이야기를 하고 노래를 하는 등의 방법으로 목욕하는 시간이 즐거운 시간이 되게 해야 한다. 씻기면서 각 신체부위에 관해 이야기하는 것은 언어발달을 돕는다.
- 성인은 영아를 목욕시키기에 앞서 손을 깨끗이 씻으며, 손톱은 짧게 하고 반지나 시계, 귀걸이, 목걸이 등은 풀어 둔다.
- 아기를 목욕시킬 때, 실내온도는 23~27℃ 정도가 적당하며, 목욕물의 온도는 약 38~39℃가 적당하다. 성인의 팔꿈치나 팔목을 목욕물에 넣었을 때 기분 좋을 정도로 따뜻하면 된다. 또한 목욕하는 동안 물이 식을 수 있으므로 뜨거운 물을 보충하여 물의 온도를 중간 중간 조절한다.
- 감기 등의 질병을 앓고 있을 때, 몸에 열이 있을 때, 수유 직후 등에는 목욕을 시키지 않는 것이 좋다.

보통 출산 후 1~3시간 내에 첫 목욕을 시킨다. 탯줄이 떨어질 때까지는 물수건이나 약솜으로 목욕을 시키는 것이 좋으며, 몸통은 부분 목욕을 시키고, 소독용 알코올로 배꼽을 소독한다. 생후 약 2주가 지나면 탯줄이 떨어지게 되는데 이 때부터는 영아를 목욕통 속에서 씻긴다.

출생 후 몇 달이 지나면 영아는 물속에 있는 것에 더 많은 흥미를 느끼게 되며 이 때 쯤에는 욕조에서 목욕을 시작해도 된다. 어떤 영아는 욕조의 물이 빠져 나가는 것을 보고 두려움을 느끼므로 욕조에 대한 영아의 두려움을 예방하기 위해, 욕조의 물마개를 빼내기 전에 먼저 영아를 욕조에서 다른 장소로 옮겨 놓는 것이 좋다. 또한 어떤 영아는 머리를 감는 것에 두려움을 느낀다. 아마도 자신들에게 일어나는 일이 무엇인지 볼 수 없기 때문일 것이다. 그러므로 영아의 머리 앞쪽에 거울을 놓고 비누거품이 이는 모습을 보여 주는 것은 머리 감는 일을 즐거운 경험으로 만들 수 있다.

목욕통에서 영아를 목욕시키는 방법을 구체적으로 보면 다음과 같다(조경자, 이현숙, 2004).

① 목욕통 바닥에는 깨끗한 목욕수건이나 미끄럼 방지 깔판을 깔아 영아가 목욕 도중 미끄러지지 않도록 한다. 영아를 목욕통에 넣기 전에 기저귀만 제외하고 옷을 전부 벗긴다. 계절이나 실내온도에 따라서는 체온유지를 위하여 영아의 몸에 수건을 둘러 한 손으로는 목을, 다른 한 손으로는 엉덩이를 받쳐 안는다.

② 얼굴을 씻기고 머리를 감긴다.

눈: 영아의 머리를 한 손으로 받치고 소독된 솜을 물에 적시어 짠 다음, 눈 주위를 코 쪽에서 귀 쪽으로 닦는다. 양쪽 눈은 각각 다른 솜으로 닦으며, 이 때 눈 속을 닦아서는 안 된다.

코: 물에 적신 약솜으로 코 바깥쪽을 살짝 닦는다. 코를 닦을 때는 물이 코 안으로 들어가지 않도록 주의해야 하며, 약솜을 코 속에 넣어 닦거나 후벼서는 안 된다.

귀: 물에 적신 부드러운 목욕수건으로 귀 바깥쪽과 뒤쪽을 닦는다. 물이 귀에 들어갔다고 염려가 될 때라도 자연히 마르므로 귓구멍을 후비거나 닦아 주어서는 안 된다.

얼굴: 부드러운 목욕수건을 물에 적셔 얼굴을 닦아 준 다음 다시 부드러운 마른 수건으로 물기를 닦아 준다.

머리: 영아를 안고 한쪽 팔로 영아의 등과 머리를 받친 후, 영아의 머리를 조금씩 뒤로 젖혀 물이나 비눗물이 영아의 얼굴로 흘러내리지 않게 한다. 귀로 물이 들어가는 것을 막기 위해 엄지와 약지로 영아의 양쪽 귓불을 지그시 눌러 귀를 막는다. 그리고 난 후 머리를 적신 다음, 손바닥에 베이비 샴푸나 비누를 이용하여 거품을 내어 영아의 머리에 바르고 손을 원형으로 돌리면서 부드럽게 머리를 닦아 준다. 맑은 물이 나올 때까지 머리의 비눗물을 닦아 내고 마른 수건으로 머리를 말려 준다.

③ 기저귀와 몸을 두른 수건을 벗기고 영아를 조심스럽게 목욕통에 넣는다.
한 손을 영아의 어깨 아래에 넣으며 손가락으로는 어깨와 겨드랑이를 잡는다. 다른 손으로는 영아의 엉덩이를 받쳐 들고 손가락으로는 오른쪽 허벅지를 잡는다. 발부터 천천히 목욕통 속에 넣는다.

④ 몸을 닦는다.
한 손으로 영아의 머리와 상체를 잡고, 다른 손으로 목, 가슴, 배, 겨드랑이 등을 비누칠한 다음 깨끗한 물로 씻어 낸다. 이 때 턱밑, 겨드랑이, 가랑이 등 피부가 겹치는 곳을 잘 닦아 준다. 영아를 반대로 붙들고 등을 닦아 준다. 다음으로는 외음부를 닦아 준다. 외음부를 닦을 때는 약솜을 사용하여 앞쪽에서 뒤쪽으로 닦아 주며, 한 번 사용한 약솜은 버린다. 마지막으로 다리를 닦고 깨끗한 물로 헹구어 낸다.

⑤ 영아를 목욕통 밖으로 들어낸다.
따뜻하고 부드러운 수건에 눕히고 몸에 묻은 물기를 닦아 준 다음 깨끗한 옷을 입힌다. 머리를 빗겨 주고, 귀 바깥 부분의 물기를 잘 닦아 준다. 젖을 먹이고 재운다.

⑥ 영아의 피부는 부드러워 아무것도 바를 필요가 없으나 의사의 지시에 따라 아기용 로션이나 파우더, 오일을 바를 수 있다.

04 예방접종

영아는 출생 시에 어머니로부터 일정한 정도의 항체, 즉 병에 대한 저항력을 받아서 태어난다. 그러나 생후 약 6개월이 지나면 대부분 소실하게 되어 여러 가지 질병에 걸리기 쉬운 상태가 되기 때문에, 이러한 시기에 적절한 방법으로 면역력을 키워 주면 영아는 큰 질병 없이 지내게 된다.

1) 예방접종의 분류

- 국가필수예방접종: 국가가 진행하는 예방접종(국가는 감염병 예방접종을 통해 예방접종 대상 감염병과 예방접종의 실시 기준 및 방법을 정하고, 국민과 의료인들에게 이를 준수토록 하고 있음.)
- 기타예방접종: 국가필수예방접종 이외에 의료기관에서 접종 가능한 예방접종
- 기초접종: 최단 시간 내에 적절한 방어면역 획득을 위해 시행하는 총괄적 접종
- 추가접종: 기초접종 후 얻어진 방어면역을 장기간 유지하기 위해 일정 기간 후 재차 시행하는 접종

2) 소아 표준 예방접종표

예방접종은 대개 생백신(살아 있는 균을 약화시킨 것)과 불활성화 백신으로 나뉘며, 〈그림 3-1〉에서와 같이 분류된다.

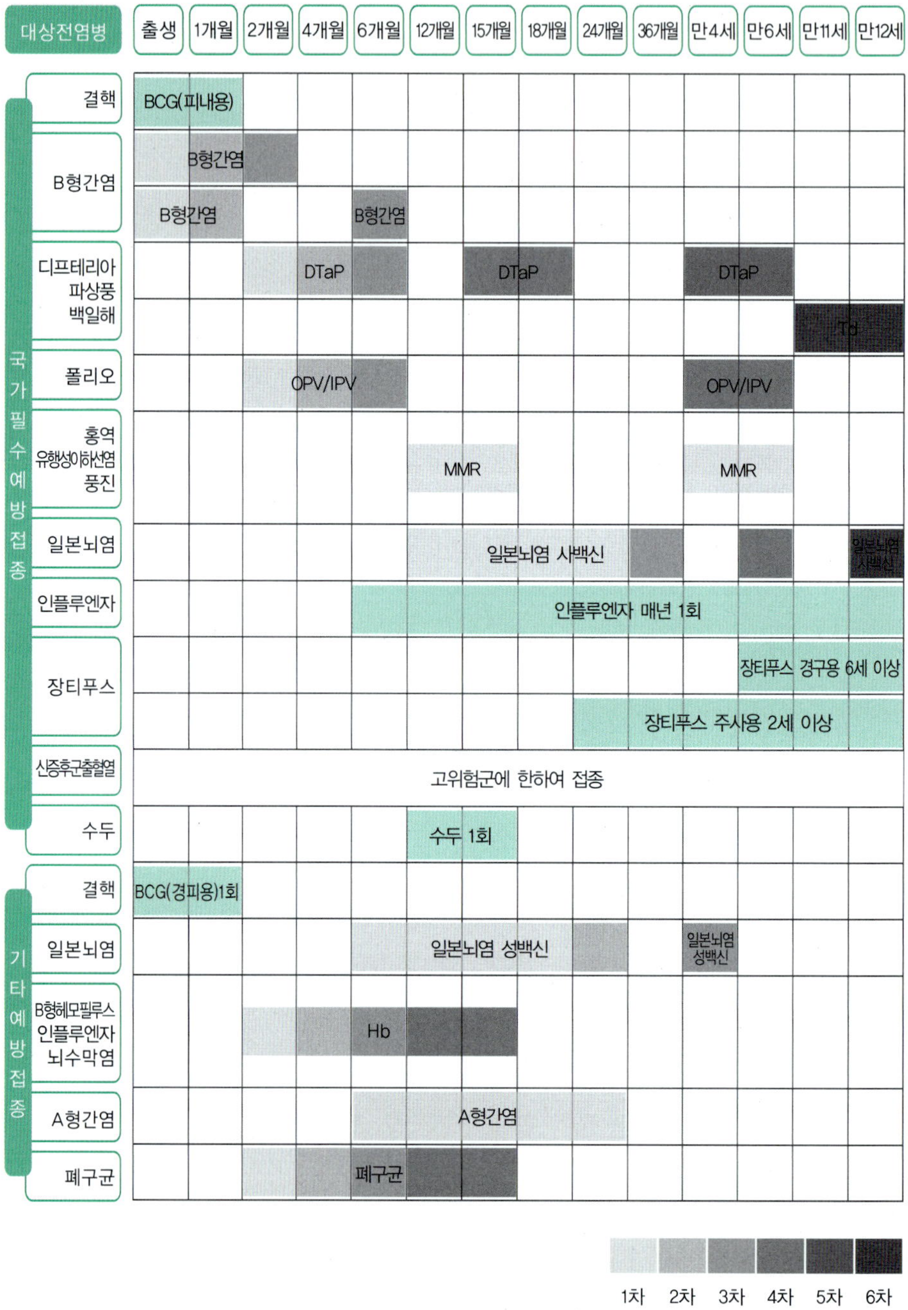

출처: 질병관리본부. http://www.cdc.go.kr.

〈그림 3-1〉 소아 표준 예방접종표

어린이 국가예방접종 지원사업 개요

① **대상**: 만 12세 이하 모든 어린이

② **지원내용**: 국가예방접종 지원백신의 예방접종 비용 전액 지원

③ **지원백신**(2020년 기준 무료접종 대상 백신 17종)

BCG(피내용), B형간염, DTaP(디프테리아/파상풍/백일해), IPV(폴리오), DTaP-IPV(디프테리아/파상풍/백일해/폴리오), MMR(홍역/유행성이하선염/풍진), 수두, 일본뇌염(생백신), 일본뇌염(사백신), Td(파상풍/디프테리아), Tdap(파상풍/디프테리아/백일해), Hib(b형 헤모필루스 인플루엔자), PCV(폐렴구균), A형간염, HPV(사람유두종바이러스 감염증), Flu(인플루엔자), DTaP-IPV/Hib(디프테리아, 파상풍, 백일해, 폴리오, b형헤모필루스인플루엔자)

출처: 예방접종도우미. http://nip.cdc.go.kr.

예방접종의 시기

① 생후 4주 이내 접종한다.

② 임산부가 HBsAg 양성인 경우에는 출생 후 12시간 이내에 백신과 B형간염인 면역글로불린(HBIG)을 동시에 주사하고, 음성인 경우에도 생후 2개월 이내에 첫 접종을 시작한다.

③ DTaP는 디프테리아, 파상풍, 백일해 혼합백신으로 총 5회 접종하며, 11~12세에 백일해를 제외한 Td로 1차 접종(기타 고위험군 성인에게 우선순위에 따라 Td접종을 권장)한다.

④ 폴리오(IPV) 3차 접종은 생후 6개월에 시행하나 18개월 이내에 접종 가능하다.

⑤ 홍역 유행 시 생후 6개월에 홍역 단독 백신(또는 MMR)으로 조기접종하며, 이 경우 생후 12개월에 다시 MMR로 접종한다.

⑥ 일본뇌염(사백신) 기초접종은 3회(1~2주 간격으로 2회 접종한 다음 12개월 후 3차 접종), 만 6세와 만 12세에 각 1회 추가 접종한다.

⑦ 인플루엔자는 고위험군을 대상으로 우선접종을 권장(6개월~9세 미만 처음 접종할 경우 1개월 간격으로 2회 접종, 이후 매년 1회 접종)한다.

⑧ 장티푸스는 추정위험군에서 선별접종하며, 접종대상자의 경우 경구용 생백신은 격일로 3~4회(6세 이상), 주사용은 1회 근육주사(2세 이상)를 실시한다.

⑨ 신증후군 출혈열은 고위험군을 대상으로 선별접종하며, 접종대상자의 경우 5개월 간격으로 2회 접종 후 12개월 후 3차 접종을 한다.

⑩ A형간염은 만 1~16세에 1회 기초접종, 기초접종 6~12개월 후 추가접종을 한다.

3) 예방접종 시 주의사항

- 접종 당일은 목욕을 시키지 말고 쉬게 해야 한다.
- 접종 후 37.5℃ 이상 열이 날 때는 해열제를 먹인다.
- 기타 심하게 보채거나 경련 등의 이상한 증상이 나타나면 소아과나 보건소 의사와 상담, 진료를 받아야 한다.

05 치아관리

영아기에 잘 형성된 치아관리의 습관은 이후 일생 동안 건강한 치아를 유지하는 데 중요한 영향을 미친다. 영아기부터 충치를 예방하고 건강한 치아를 유지하는 데 필요한 적절한 음식을 섭취하고, 올바른 이 닦기를 하며, 전문적인 치아 검진을 받을 수 있도록 해야 한다.

1) 치아의 발달

인간은 대체로 영아기에 20개의 유치가 난다. 유치의 발달은 출생 후 6~8개월부터 첫 번째 유치가 나오기 시작하여 1세쯤 되면 6개의 유치가 나온다. 그러나 유치가 나오는 시기는 개인차가 커서, 돌이 될 때까지 한 개도 나오지 않는 영아도 있다.

2) 잇몸 닦기

0~1세의 영아들에게 모유나 인공유의 수유를 한 후 부드러운 거즈로 이와 잇몸을 닦아 주어 표면에 남아 있는 당분을 제거해 주어야 한다. 거즈는 일회용으로 매회 쓰고 버리는 것이 좋으나, 부득이한 경우 영아 전용의 거즈수건을 마련해 두고 매일 살균 세탁하여 사용할 수 있다. 이가 난 이후에는 시중에 판매하는 영아용 칫솔을 사용할 수 있다.

3) 이 닦기

칫솔을 사용한 양치질은 첫 번째 어금니가 난 후부터 시작하는 것이 좋다. 이때 영아가 스스로 해보겠다고 하더라도 처음에는 교사나 부모가 적절한 방법으로 칫솔질을 시작해 주어 바른 방법을 가르쳐 주고 점차 영아들이 스스로 해 보도록 유도해 주는 것이 좋다. 이 경우 영아가 양치질을 하는 것을 지켜보고 있다가 빠뜨린 부분을 보충하여 칫솔질을 해주어야 한다.

4) 우유병 치아 부식

우유병으로 인한 치아부식은 치아를 파괴할 수 있는 조건이다. 가장 손상되기 쉬운 치아는 위 앞니이며 다른 치아들도 영향을 받을 수 있다. 영아를 달래는 도구로서 우유병을 자주 사용하는 것은 바람직하지 않은데, 낮잠시간이나 밤에 우유병을 물고 잠들게 하는 것은 치아에 심각한 해를 줄 수 있다. 그 이유는 오랫동안 액체가 치아에 고여 있기 때문이다. 만일 영아가 우유병을 물고 있다가 잠이 들면, 물수건이나 젖은 타월로 치아 표면에 남은 액체를 닦아 낸다. 충치예방을 위한 또 다른 방법으로는 아기에게 첫돌 이전에 컵으로 물을 마시는 방법을 가르치고, 항상 컵에다 주스를 주는 습관을 들이도록 하는 것이다.

06 실제

1) 교사의 역할

(1) 영양 및 섭생

교사는 0~1세아를 대상으로 식사습관 지도를 할 때 다음의 유의사항을 알아두는 것이 좋다(이태영, 황영자, 2003).

- 새로 취원해 오는 영아에게는 어린이집에서 주는 식사와 간식이 모두 낯선 음식일 뿐이다. 교사로서는 영아의 기호, 양, 먹이는 법을 한참 동안 세밀하게 관찰하는 것이 필요하다. 또한 가정에서 먹이던 방법도 어머니에게 미리 물어 알아보아야 한다.
- 이유식에서 유아식으로 옮겨가는 시기이므로 음식물의 종류도 많아지고, 좋아하고 싫어하는 음식이 생기기 마련이다. 이 시기가 편식이 되지 않게 하는 데 매우 중요하다. 식욕에서는 미각뿐만 아니라 시각도 중요한 영향을 미치므로, 모양이나 색, 양, 조리법 등에 주의를 기울일 필요가 있다.
- 숟가락 사용을 할 수 있도록, 처음에는 2개의 숟가락을 준비해서 한 개는 영아에게 주고, 한 개는 교사가 쥐고 있으면서 스스로 떠먹게도 하고 교사가 먹여 주기도 한다. 처음에는 영아가 숟가락을 두들기거나 장난감으로 가지고 놀기도 하는데, 이때 충분히 즐기게 해주어야 한다.
- 숟가락을 사용하면 음식물을 옷에 흘리거나 식탁과 바닥을 더럽히게 되므로 교사는 식탁 밑에 비닐 등을 깔아 놓고, 물수건을 준비하며, 흘린 음식물을 쓸어 담을 그릇을 준비해 둔다.
- 음식물을 씹지 않고 삼킬 수 있으므로, 교사는 영아 옆에 앉아서 "오물오물 이렇게 씹자"라고 말하며, 씹는 시늉을 하거나 실제로 씹어 먹는 모습을 보여주면 영아들도 따라서 씹게 된다.
- 대체로 12시에 점심, 이를 전후해서 하루 두 번씩 간식을 제공한다. 소화가

잘되고 영양가가 높은 다양한 음식을 마련해 준다. 개월에 따라 식사가 끝나면 스스로 정리하는 습관을 갖게 기회를 준다.

(2) 활동 및 휴식

- 어린이집에서 낮잠시간을 효율적으로 운영하기 위해서 먼저 부모와의 긴밀한 연락을 통하여 개별 영아의 생활리듬이나 수면 습관, 수면과 관련된 영아의 생활 경험을 파악한다. 또한 낮잠 자는 방이나 공간을 마련하고, 낮잠을 자려는 영아가 쉽게 잠들 수 있도록 도와주고 낮잠을 자지 않으려는 영아에게는 잠잘 것을 강요하지 않는다. 또한 낮잠을 자는 동안에도 예기치 않은 여러 상황이 발생할 수 있으므로 교사는 반드시 낮잠 자는 방을 지킨다.
- 1세가 되면 행동범위가 넓어지고 호기심이 강해지므로, 넓은 공간에서 언어나 감각, 운동발달, 음악경험을 위한 놀이 활동을 제공해야 한다. 이때 교사는 개별 영아에 대한 세심한 지도와 감독을 해야 하며, 휴식을 취할 수 있는 공간을 마련해 주어야 한다.

(3) 위생관리

- 식사 전이나 용변 후 또는 놀이가 끝나면 반드시 손이나 얼굴을 씻게 하거나 물수건으로 닦아 준다.
- 대소변 훈련은 생후 약 18개월경부터 시작할 수 있으나 개인차가 있으므로 강요하지 말고 차분하게 일관성을 유지하면서 가르쳐야 한다. 이 때 교사는 옷 벗기와 입기를 도와주고, 화장지 사용법을 가르치기 시작한다. 화장실 환경은 편안하며, 아름답고 밝게 해서 영아들이 즐거움을 느낄 수 있는 곳으로 만들어 주는 것이 필요하다.
- 성공적인 배변훈련을 위해 평소에 기저귀를 자주 갈아 주고, 이미 배변훈련이 된 다른 영아와 함께 용변을 보는 기회를 갖도록 해준다. 배변훈련에 관련된 책을 읽어 주며, 영아용 화장실이 있을 경우 화장실 사용법에 대해 이

야기해 준다. 영아에게 용변의 의사가 있다고 확실히 판단되는 경우에만 "용변기에 앉아 볼까?", "화장실 갈래?" 등의 이야기를 한다. 영아가 시도할 때마다 칭찬하고 격려한다.

- 기관에서 사용하는 세면대와 변기를 매일 소독하고 실내·외의 모든 쓰레기통은 매일 버리고 소독한다. 실내 바닥은 하루에 1회 이상 청소하고 선반, 받침대, 침대, 수도꼭지, 문 손잡이 등은 깨끗하게 닦은 후 소독액을 묻힌 걸레로 다시 닦아 준다.
- 모든 식기는 정기적으로 끓는 물에 소독하거나 자외선 소독을 실시한다. 감염병이 유행하는 여름철에는 열탕소독을 한다.
- 정기적으로 냉장고를 소독함은 물론 냉장과 냉동의 성능과 위생 상태를 점검하고 음식물의 상태를 점검한다.

(4) 예방접종

- 감염성 질병이 퍼지는 것을 막을 수 있도록 건강과 안전에 대한 예방조치를 취한다. 입에 들어가는 놀잇감은 놀이가 끝난 후 소독액으로 깨끗이 닦아 둔다.
- 최근의 예방접종까지를 포함한 영아별 개인 건강기록을 보관하여야 하며, 쉽게 찾을 수 있도록 비상시의 연락처를 교실 안 벽면 등에 비치해야 한다.

(5) 치아관리

- 충치를 유발하는 당 성분이 있는 음식이나 캐러멜, 엿, 젤리 등 치아에 달라붙기 쉬운 음식 제공을 삼가고, 어떤 종류의 음식이건 시간을 정해 두고 먹는 것이 조금씩 자주 먹는 것보다 충치유발의 가능성을 줄일 수 있으므로 규칙적인 식사시간을 갖게 한다.
- 치아에 대한 정기검진을 받게 하며, 만약에 충치가 있다면 조기에 발견하고 의료기관에서 치료를 받게 해 치아를 관리할 수 있게 한다.

2) 활동의 실제

〈실제 1〉

<table>
<tr><td>활동명</td><td colspan="3">쭉쭉 우유 먹어요.</td></tr>
<tr><td>활동목표</td><td colspan="3">선생님 품에 안겨 편안하게 우유를 먹을 수 있다.
(기본생활 〉 건강하게 생활하기 〉 음식을 즐겁게 먹는다.)</td></tr>
<tr><td>준비물</td><td colspan="3">가제수건, 우유병(분유나 모유), 수유 쿠션</td></tr>
<tr><td>활동영역</td><td>일상생활</td><td>집단구성</td><td>개별</td></tr>
<tr><td>활동방법
(1,2수준)</td><td colspan="3">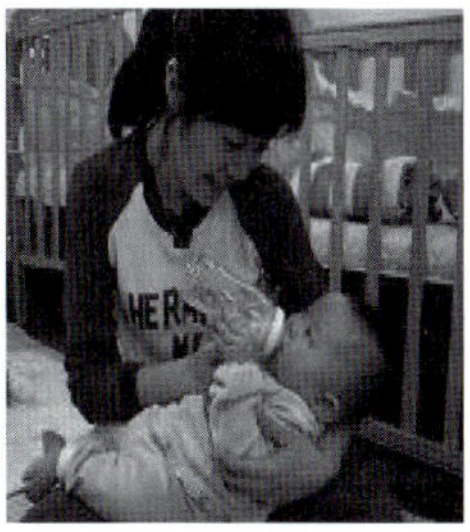
1. 영아를 편안히 안아 주고 우유병을 보여주며 이야기한다.
"우리 ○○가 우유 먹자."
"선생님이 따뜻한 우유 줄게."
2. 영아에게 수유하는 동안, 영아를 만져 주고 눈 마주치며 이야기해 준다.
"우리 ○○ 입으로 젖꼭지가 쏘옥~"<br>"○○가 우유를 잘 먹는구나."
"꿀꺽꿀꺽 소리가 나네."
"○○야, 우유가 맛있지?"
3. 수유 후 영아를 세워 안고 등을 토닥토닥 해주어 트림시켜 준다.
"와, 잘 먹었다."
"트림도 해 볼까? ○○ 등을 선생님이 토닥토닥"
"(트림 후) 와, 트림도 잘했네."

☑ 주의사항
• 적응 기간 내에 이루어지는 활동이므로 영아가 수유를 거부할 경우 시간을 두고 기다려 보도록 하며 교사와 애착을 형성한 후 이루어지도록 한다.
• 가정과 연계하여 교사는 영아의 수유 자세, 양, 간격 등의 정보를 미리 알아 둔다.
• 수유 후 남은 우유는 영아의 침이 우유 속으로 들어가 세균번식의 우려가 있으니 먹이지 않도록 한다.
• 수유 중 공기를 마시게 되어 배앓이를 할 수 있으니 수유 후 꼭 트림을 시켜 준다.</td></tr>
</table>

출처: 여성가족부(2007).

〈실제 2〉

활동명	기분 좋게 잘 잤어요.		
활동목표	낮잠 후 기분 좋게 일어날 수 있다. (기본생활 〉 건강하게 생활하기 〉 하루 일과를 편안하게 경험한다.)		
준비물	매트나 이불		
활동영역	일상생활	집단구성	개별
활동방법 (1,2수준)	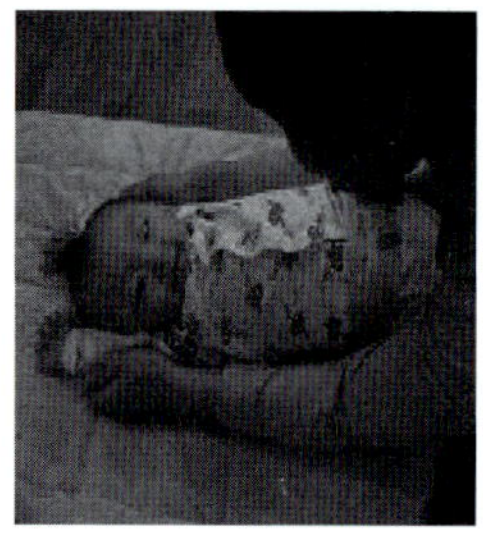 1. 영아가 낮잠에서 깨어났을 때 선생님이 영아의 눈을 마주치며 반응해 준다. "○○가 일어났네." "잘 잤니?" "○○가 기분 좋게 잘 자고 일어났구나." 2. 영아가 편안하게 누운 상태에서 온몸을 가볍게 주물러 준다. "쭈까쭈까~ 아이~ 기분 좋아." "일어나고 싶구나? 선생님이 손잡아 줄게(안아 줄게)." ☑ 주의사항 • 교사는 영아가 눈을 떴을 때 잘 보이는 곳에 있고, 영아의 울음에 대해 즉각적으로 반응함으로써 영아가 안정감을 갖도록 돕는다. • 잠자고 난 뒤에는 기저귀를 확인하여 갈아주도록 한다.		

출처: 여성가족부(2007).

〈실제 3〉

<table>
<tr><td>활동명</td><td colspan="3">재미있는 빨래집게 놀이</td></tr>
<tr><td>활동목표</td><td colspan="3">빨래집게 놀이를 통해 소근육 발달을 돕는다.
(신체운동 〉 신체활동 즐기기 〉 대소근육을 조절한다.)</td></tr>
<tr><td>준비물</td><td colspan="3">동물그림 카드, 다리/귀/뿔 등이 없는 동물그림 카드, 빨래집게</td></tr>
<tr><td>활동영역</td><td>신체영역</td><td>집단구성</td><td>소집단</td></tr>
<tr><td>활동방법
(3, 4수준)</td><td colspan="3">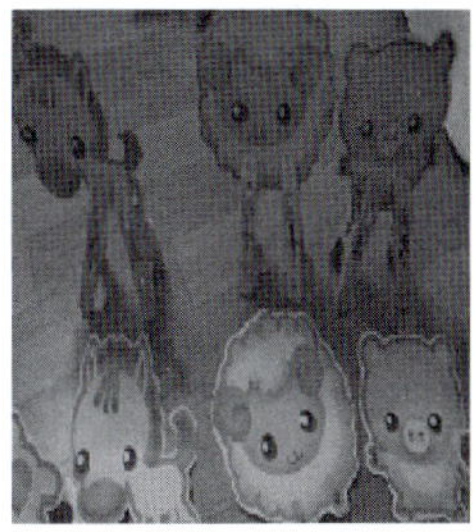
[도입]
① 동물그림 카드를 가지고 어떤 동물인지 이야기해 본다.
-소리도 흉내를 내보면서 이야기한다.
[전개]
① 동물그림 카드와 다리/귀/뿔 등이 없는 동물 모양 카드를 보여주면서 어떤 것이 없는지 이야기한다.
-다리 등이 있는 카드와 없는 카드는 같은 동물그림으로 제시해 준다.
② 다리/귀/뿔 등이 없는 카드에 빨래집게를 이용해서 다리나 귀, 뿔 등을 만들어 주면서 활동한다.
-선생님이 먼저 어떻게 하는지 보여준 후에 활동해 본다.
[마무리]
① 자유선택 활동 시간 때 자유롭게 해 볼 수 있도록 한다.

☑ 확장활동
인형극이나 언어활동으로 확장활동을 할 수 있다.

☑ 평가 및 유의점
• 빨래집게를 집었다 다물었다 하는 활동을 통해서 손의 힘이 길러진다.
• 빨래집게에 다치지 않도록 유의하고 선생님과 같이 해 본다.</td></tr>
</table>

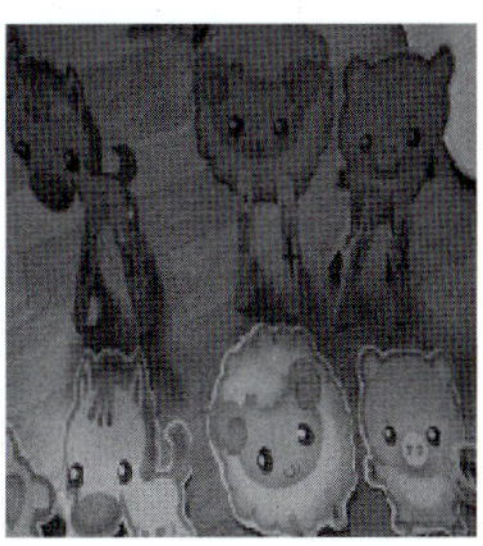

◂ 완성된 모습

◂ 활동 모습

출처: 여성가족부(2007).

제 4 장

만 2세의 건강교육

영아기의 건강은 이후의 건강과 매우 밀접한 관계를 가지고 있다. 이러한 중요성으로 인하여 영유아의 건강에 관한 정책에도 변화가 있었다. 구체적으로는 예방접종 내역 확인의무 강화 및 보건소 활용 건강교육·보육서비스 제공 등 건강관리에 대한 제도를 개선하였고 건강 등에 대한 매뉴얼의 보급, 부모 모니터링단 구성 등을 통해 영유아의 건강을 관리하는 체계를 정비하였다. 본 장에서는 걸음마기이며 영아기에 해당하는 만 2세아의 건강교육을 위한 영양 및 섭생, 활동 및 휴식, 위생관리, 치아관리, 예방접종, 그리고 교사의 역할과 실제 활동에 대하여 살펴보았다.

01 영양 및 섭생

1) 영양소

생후 12개월부터 24개월까지를 걸음마기 또는 영아기라 한다. 이 시기는 신장과 체중이 늘어나며, 골격의 크기와 수는 증가하고, 신생아기에 부드럽던 뼈의 조직도 경화되기 시작하기 때문에 성장이 매우 왕성한 시기이다. 따라서 영아의 건강한 성장을 위해서는 적절한 열량과 영양소를 공급해야 한다. 특히 영아의 경우는 성장 발달이나 신체 활동량이 개인차가 매우 크다. 같은 체격의 영아라도 활동량에 따라 음식에 대한 요구량이 달라진다. 따라서 영아 개인의 특성에 맞는 다양하고 영양가 있는 식사가 제공되는 것이 무엇보다 중요하다. 또한 성인과는 달리 저항력이나 환경에 대한 적응력이 낮으므로 영양의 과부족이나 영양불균형, 영양섭취방법이 부적절할 경우 정상적 발달을 기대할 수 없다. 따라서 건강한 성장을 위해서는 영아에게 적절한 식품을 선택하고, 음식섭취방법이나 식품 위생 등에 각별한 주의를 기울일 필요가 있다. 또한 영아기의 영양결핍은 신체적 성장 발육에 영향을 미칠 뿐만 아니라 정신적 발달과도 관련성이 있으므로 영양가 있는 음식의 공급과 건전한 식생활 습관을 길러 주어야 한다.

우리나라 만 1~2세 영유아의 하루 필요에너지는 1,000Kcal이며 탄수화물, 단백질, 지질, 무기질, 비타민 등은 영아의 성장발달과 직접적인 관련이 있는 영양소이다. 출생에서 만 5세 영유아의 하루 필요에너지와 영양권장량을 제시하면 〈표 4-1〉과 같다.

〈표 4-1〉 영유아 하루 영양권장량

성별	연령	에너지	탄수화물	지방	단백질			비타민 A			비타민 D		비타민 E	비타민 C		칼슘			철분		나트륨	수분
		필요추정량	충분섭취량	충분섭취량	평균필요량	권장섭취량	충분섭취량	권장섭취량	충분섭취량	상한섭취량	충분추정량	상한섭취량	충분섭취량	충분섭취량	필요섭취량	권장추정량	충분섭취량	상한섭취량	권장섭취량	상한섭취량	충분섭취량	충분섭취량
영아	0~5개월	550	60	25			10		350	600	5	25	3	35			210	1,000		40	120	700
	6~11개월	700	90	25	10	15			450	600	5	25	4	45			300	1,500	6	40	370	800
유아	만 1~2세	1,000			12	15		300		600	5	30	5		30	500		2,500	6	40	900	1,100
	만 3~5세	1,400			15	20		350		700	5	35	6		30	600		2,500	6	40	1,000	1,500

출처: 사)한국영양학회, 한국인영양섭취기준(2015).

2) 영양과 질병

영아기의 영양상태와 질병은 밀접한 관련이 있다. 영양상태가 나쁠 경우에는 질병에 감염될 확률이 높아진다. 또한 질병으로 인해 식욕이 감퇴되기도 하고, 음식을 소화할 능력이 감소하기도 한다. 따라서 가능하다면 질병에 노출되지 않도록 주의를 기울이는 것이 중요하며, 충분한 영양을 공급하여 병에 저항할 수 있는 에너지를 비축해 놓는 것이 필요하다. 한국영양학회에서는 어린이 영양지수 NQ(Nutrition Quotient)를 알 수 있도록 측정 서비스를 제공하고 있다(한국영양학회 홈페이지: www.kns.or.kr 참조).

3) 식습관

영아기에는 서서히 좋아하는 음식과 싫어하는 음식이 생기며 식품에 대한 기호가 성립되기 시작하고 섭취하는 음식의 양도 영아에 따라 차이가 난다. 먹는 것을 즐기고 섭취량이 많은 영아들의 경우에는 영양 불균형 등의 문제가 생기는 경우가 드물지만 음식섭취량이 적은 경우에는 양질의 영양음식을 섭취하도록 배려할 필요가 있다. 영아기에는 식욕이 자주 변하기도 하고 좋아하고 싫어하는 음식에 대한 기호가 달라지며 식사량에도 변화가 많다. 그러나 이러한 과정은 영아기에 흔히 일어날 수 있는 정상적인 과정 중의 하나이다.

영아기에 형성되는 식습관은 일생을 통한 건강상태를 결정하게 되므로 좋은 식습관을 형성할 필요가 있다(이명희, 김정현, 이성희, 2002). 영아가 무엇을 먹을 것인가에 대해 부모가 지나치게 걱정하는 경우 먹는 것에 대한 스트레스가 더 생길 수 있다. 예를 들어, 야채를 꼭 먹어야 된다고 강요한다든지, 야채를 먹어야 과자를 먹을 수 있다고 조건을 다는 행위는 음식에 대한 부정적인 생각을 형성하게 되므로 강요하지 않는 것이 좋다. 음식에 대한 긍정적인 태도를 형성할 수 있도록 편안한 환경을 제공해 주고 음식에 대한 영아의 기호가 반영된 식사를 제공하는 것이 바람직한 식습관 형성을 돕는 방법이다.

영아기에는 식사를 보충할 수 있는 간식이 제공되어야 한다. 일반적으로 영아기 간식의 양은 하루 열량 소요량의 10~15% 상당량(약 150~200kcal)이 적당하다. 간식은 다음 식사에 방해가 되지 않고, 어느 정도 배가 부를 수 있는 양이 적절하다. 간식 제공 횟수는 오전 10시경과 오후 3시경의 2회 정도로 다음의 식사 시간과는 2시간 정도의 간격이 있는 것이 바람직하다(근로복지공단 직장보육시설지원센터, 2010). 간식은 칼로리뿐만 아니라 지방이 적고 좋은 영양소를 함유하고 있는 과일, 생채소, 시리얼, 요구르트, 치즈, 수프 등을 제공하는 것이 바람직하다.

편식 대처방안

- 음식은 먹음직스럽게 제공한다.
- 아이에게 친근하고 호감이 가는 음식을 고른다.
- 식사시간 중에 다정하게 대화를 나눈다.
- 음식이 어디서 왔으며, 어떻게 만들어지는가를 경험하기 위해 같이 재료를 구입하러 가거나 음식에 대하여 알아본다.
- 아이가 싫어하는 음식이 무엇인가를 살피고 음식을 함께 요리하는 시간을 계획한다.
- 까다롭게 먹을 때마다 관심을 보이지 않는다.
- 어떤 음식에 대해 싫다고 표현하여도 관심을 나타내지 않고 의도적으로 무시한다.
- 아이의 편식을 교정하기 위하여 잔소리를 많이 하거나 강제로 먹게 하지 않는다.

02 활동과 휴식

1) 활동

만 2세경에는 대근육 및 소근육 발달이 안정적으로 이루어져 신체의 각 부분을 효율적으로 움직일 수 있고 바른 자세를 형성할 수 있으며 균형을 유지할 수 있는 신체조정능력이 형성된다. 또한 걷기, 뛰기, 뛰어오르기, 미끄러지기 등의 운동 기능이 급속도로 발달하게 되어 공간적으로 다양하게 몸을 이동할 수 있게 된다. 따라서 다양한 대근육 활동을 즐길 수 있는 환경을 마련하는 것이 좋다. 예를 들면, 오르내리기, 밀고 끌기, 타기 등의 활동을 제공하고 이를 위해 미끄럼틀, 트램플린, 종합놀이대, 볼풀, 이동식 목마, 자동차, 끌차, 공, 후프 등의 놀이기구를 타고 즐길 수 있도록 한다.

또한 이 시기에는 조작능력이 발달하여 사물의 특성에 따라 이를 조절할 수 있는 능력이 생긴다. 엄지와 검지로 작은 물체를 정확히 집어올리기, 한 손으로 2~3개의 사물 쥐기, 다양한 형태의 블록을 구분하여 끼워 맞추기, 책장을 한 번에 한 쪽씩 넘기기, 손가락이나 크레용으로 제멋대로 낙서하기 등의 행동을 한다(최경숙, 박영아, 2005). 이외에도 대소변 가리기, 음식 먹기, 옷 입고 벗기, 신발 신고 벗기와 같은 자조기능이 발달된다. 걸음마기 영아는 이동능력이 증가하고 활동욕구가 많아지며 조작능력이 발달하므로 이러한 발달 특성을 고려한 다양한 활동을 제공하여 영아가 성취감을 느끼고 보다 독립적인 존재로 성장해 가도록 돕는 것이 필요하다.

2) 휴식 및 수면

걸음마기 영아의 경우는 에너지를 발산할 수 있는 활동을 제공하는 것뿐만 아니라 충분히 휴식할 수 있는 기회를 가지는 것도 중요하다. 활동 중간에도 휴식을 원하는 경우 언제든지 쉴 수 있도록 하며 휴식할 수 있는 공간과 환경을 마련해 주어야 한다.

〈사진 4-1〉 책을 보며 휴식을 취하고 있는 영아

수면시간 동안 성장 호르몬이 분비되기 때문에 영아기에는 적당한 수면이 필요하다. 대부분의 신생아는 하루 20시간 이상 잠을 잔다. 영아기에는 수면 시간이 줄어들어 보통 하루에 평균 12시간에서 13시간 정도 수면을 취한다.

영아의 수면 패턴은 부모의 양육 스트레스와 관련이 있다. 아이가 출생 이후 규칙적인 수면을 유지하게 되면 부모가 수면 부족을 느끼지 않아 자녀양육의 어려움을 적게 경험하지만 영아가 잠드는 데 오랜 시간이 걸리거나 잠자면서 자주 깰 경우 부모는 잠자는 시간이 모자라고 이로 인해 스트레스를 경험하게 된다.

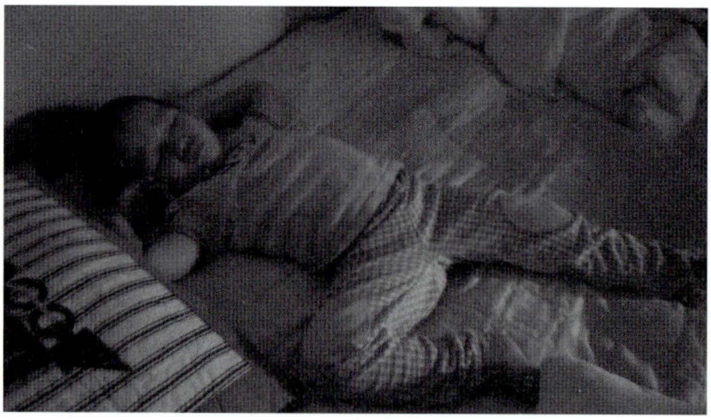

〈사진 4-2〉 잠을 자고 있는 영아

03 위생관리

영아기는 기본생활습관의 기초가 형성되는 시기이다. 따라서 영아가 스스로 이러한 습관을 잘 형성할 수 있도록 지도하는 것이 필요하다.

1) 손 씻기

손 씻기는 영아의 일상생활에서 매우 중요한 일과 중의 하나이다. 손 씻기를 통해 영아들은 각종 질병에 감염될 수 있는 기회가 줄어들게 되므로 손 씻기에 대한 지속적인 관심이 필요하다. 손 씻기 지도에 대한 구체적인 방법을 살펴보면 다음과 같다

- 손 씻기의 중요성, 올바르게 손 씻는 방법, 손을 씻어야 할 때를 지속적으로 지도한다.
- 부모가 항상 손을 청결히 유지하고 올바로 씻는 방법을 보여준다.
- 세면대에 영아를 위한 개인용 비누와 수건을 비치하고 청결하게 유지해 준다.

손을 씻어야 할 경우

- 간식이나 식사 시간 전
- 화장실에 다녀온 후
- 외출에서 돌아왔을 경우나 바깥에서 놀고 온 후
- 놀이 활동 후
- 동식물을 만진 후
- 더러운 물건을 만졌을 경우

어린이집에서 영아와 보육교사가 반드시 이 닦기와 손 씻기를 해야 하는 경우와 이에 대한 지도 방법은 다음과 같다.

- 영아는 대소변 이후, 식사와 간식 전, 실외활동 이후 등 필요한 경우 반드시 손을 씻어야 한다.
- 보육교사는 출근한 후, 영아의 배변지도(기저귀 갈이) 후, 식사(수유) 및 간식 전후, 실외 활동 후, 투약 전, 영아의 콧물을 닦아준 후 등 필요한 경우 반드시 손을 씻어야 한다.
- 영아와 보육교사는 점심 식사 이후 이를 닦아야 한다.
- 어린이집과 보육실 내 설치된 화장실에 영아가 바르게 손을 씻는 순서와 이 닦는 방법에 대해 적절히 안내하여(예 : 그림판) 영아 스스로가 올바르게 손을 씻고 이를 닦을 수 있도록 격려해야 한다.
- 보육교사는 영아가 사용하는 칫솔을 위생적으로 관리하여 세균 감염이 발생하지 않도록 주의하는 것이 바람직하다.

2) 목욕

자신의 몸을 청결하게 유지하는 습관을 기르는 것은 위생상 도움이 되고 질병예방에도 매우 중요하다. 영아기부터 규칙적인 목욕을 통해 영아는 자신의 몸을 인식하고 몸의 소중함도 알게 된다. 또한 목욕시간은 몸을 깨끗하게 하는 시간 이외에도 부모와 영아 간의 애정관계를 형성하는 시간이 된다. 영아가 목욕을 할 때 부모는 가능하면 편안함 속에서 목욕을 할 수 있도록 배려한다. 목욕하면서 이야기를 할 수도 있고 노래를 부를 수도 있다. 또한 영아가 좋아하는 장난감이나 목욕용 장난감을 넣어 주어 목욕시간이 매우 즐거운 시간임을 알 수 있게 하는 것이 좋다.

목욕시간은 하루 일과 중에 가장 적절한 시간에 이루어질 수 있으므로 어느 시간이 가장 좋은 시간이라고 단정할 수 없다. 식사시간 이전에 목욕을 할 수도 있고 잠자기 전에 목욕을 할 수도 있으므로 융통성 있게 운영하는 것이 좋다.

목욕 시 주의해야 할 사항은 영아를 혼자 내버려 두지 않는 것이다. 영아가 목욕을 즐길 수 있는 시간을 주되 부모는 영아와 함께 있으면서 미끄러지지 않도록 감독하는 것이 좋다. 또한 얕은 물에서도 물을 들이키거나 익사할 수 있으므로 각별히 조심해야 한다.

〈사진 4-3〉 욕조에서 목욕하고 있는 영아

04 예방접종

1) 예방접종

예방접종은 매우 중요한 질병예방책이다. 생후 12개월에서 36개월의 영아는 예방접종에 있어서 매우 중요한 연령대임을 알 수 있다. 특히 국가 필수 예방접종에 해당하는 디프테리아/파상풍/백일해(DTaP,Td), 홍역/유행성 이하선염/풍진(MMR), 일본뇌염(사백신), 수두와 고위험군에 한해 접종을 권장하는 인플루엔자, 장티푸스, 신증후군출혈열 등의 예방접종이 영아기에 이루어진다. 이 외에도 일본뇌염(생백신), b형 헤모필루스 인플루엔자 뇌수막염(Hib), A형간염, 폐구균 등의 예방접종을 하는 시기이다. 따라서 걸음마기 영아를 둔 부모는 예방접종 여부를 기록하는 것이 필요하다.

질병관리본부(http://www.cdc.go.kr)에서는 예방접종으로 어린이가 건강한 우리나라를 만들기 위해 예방접종 등록 사업을 통해 개인별 예방접종을 실시하고 있다. 또한 예방접종 도우미사이트(http://nip.cdc.go.kr)를 운영하여 예방접종 일정관리, 예방접종 민원상담팀 등을 운영하고 있다.

예방접종 전·후의 주의사항

1) 접종 전 주의사항

- 아이의 건강상태를 가장 잘 알고 있는 사람이 데리고 온다.
- 집에서 아이의 체온을 측정하고 열이 없는 것을 확인하고 방문한다.
- 모자보건수첩 또는 육아수첩을 지참하고 방문한다.
- 접종 전날 목욕을 시키고, 깨끗한 옷을 입혀서 데리고 온다.
- 가능하면 예방접종을 하지 않을 아이는 데리고 방문하지 않는다.
- 접종은 가능하면 오전에 한다.

2) 접종 후 주의사항

- 접종 후 20~30분간 접종기관에 머물러 아이의 상태를 관찰한다.
- 귀가 후 적어도 3시간 이상 주의 깊게 관찰한다.
- 접종당일과 다음날은 과격한 운동을 삼간다.
- 접종당일은 목욕을 시키지 않는 것이 좋다.
- 접종부위는 청결하게 한다.
- 접종 후 최소 3일간은 특별한 관심을 가지고 관찰하며 고열, 경련이 있을 때에는 바로 의사진찰을 받도록 한다.
- 아이는 반드시 바로 눕혀 재운다.

예방접종의 금기사항과 주의해서 접종해야 하는 경우

1) 금기 사항 및 주의 사항

- 금기 사항
  - 이전에 백신 접종 시 심한 알레르기 반응(아나필락시스 등)
  - 백신 성분에 대한 심한 알레르기 반응(아나필락시스 등)
- 주의 사항
  - 중등도 또는 중증의 급성질환(발열 여부에 무관)

2) 주의해서 접종해야 하는 경우

- 경증 또는 중등도의 국소 이상반응
- 열이 없거나 미열이 동반된 가벼운 급성 질환
- 이전 접종 후 미열 혹은 중등도의 발열
- 건강해 보이는 유소아가 이전에 검진 받은 적이 없는 경우
- 항생제 치료를 받고 있는 경우
- 미숙아
- 최근에 감염병에 폭로된 경우
- 페니실린 알레르기, 백신이 아닌 물질에 대한 알레르기, 알레르기의 가족력, 알레르기 유발물질로 면역치료 중인 경우, 백신 성분에 대한 비아나필락시스성 알레르기, 비특이적인 알레르기
- 모유 수유 받고 있는 경우
- 질병의 회복기

출처: 질병관리본부.

영아기에 발생 가능한 법정 감염병에 대한 증상과 예방 대책을 제시하면 〈표 4-2〉와 같다.

〈표 4-2〉 영유아기에 발생 가능한 법정 감염병과 일반 감염병의 발생상황과 증상과 예방대책

영유아기에 발생 가능한 법정 감염병			
병 명	발생상황	증 상	예방대책
디프테리아	• 11~4월에 발생 • 4세 이하의 환자가 전체의 60%	• 발열, 전신에 힘이 없고, 목 아픔 • 인후가 충혈되고 편도선에 위막이 형성됨 • 심하면 숨쉬기가 곤란하며 쉰 목소리가 남	• 예방접종 • 환자는 격리 • 유행 시 보건소에 보고
백일해	• 3~6월에 발생 • 전염률이 높음 • 일단 병에 걸리면 재발하지 않음	• 감기처럼 시작하여 기침이 점점 심해지고 경련성 해소 발작을 일으킴	• 예방접종 • 환자는 격리 • 유행 시 보건소에 보고
유행성 이하선염 (볼거리)	• 겨울과 봄에 많이 발생 • 한 번 앓고 나면 면역이 됨	• 오한, 두통, 미열이 1~2일간 계속됨 • 한쪽 또는 양쪽 볼이 커지며 붓고, 입을 벌리거나 음식을 삼킬 때 아픔	• 예방접종 • 환자는 격리 • 유행 시 보건소에 보고
홍역	• 4~6월에 발생 • 만 2세 전후하여 잘 걸림 • 한 번 앓고 나면 면역이 됨	• 열, 두통, 근육통, 결막염 증상, 콧물, 재채기 • 귀의 뒤쪽, 목, 앞이마에 발진이 나타나 점차 아래로 퍼져서 마지막에 팔, 다리에 생김 • 39~40℃의 고열, 기침 • 발진이 사라지면 열이 내리고 증상이 사라짐	• 예방접종 • 발진이 일어난 후 일주일 동안 격리시킴
풍진	• 이른 봄에서 6월까지 많이 발생	• 두통, 근육통, 열이 나며 목뒤의 임파절이 커지면서 발진이 생김. 특히 목뒤, 귀뒤, 머리 뒤쪽이 부어서 만지면 아픔 • 발진은 첫날은 얼굴과 목에, 다음날은 가슴, 등, 팔, 등에 새롭게 나타남	• 예방접종 • 감염된 환자는 격리시킴

영유아기에 발생 가능한 일반 감염병					
병 명	발생상황	증 상	예방대책		
			예방 접종	영유아 격리	유의점
수두	• 2~8세에서 발병 • 여름철에 잘 발생	• 미열(열이 높지 않음)과 동시에 발진이 가슴, 배부터 시작해서 얼굴, 팔, 다리에 나타남 • 발진은 반점이던 것이 수포로 되고, 수포가 딱지가 됨 • 폐렴의 합병증이 있음	○	×	• 유행 시 딱지가 떨어질 때까지 격리(약 6일간)
수족구병	• 4세 이하의 유아, 여아보다는 남아가 더 잘 걸림 • 여름철에 잘 발생	• 입 안이나 목에 작은 물집이 생기고, 손바닥이나 발바닥에도 작은 돌기(구진)가 나며, 그 끝에 물집이 맺힘	○	○	• 원인이 바이러스이므로 전염력이 무척 강함
유행성 눈병	• 바이러스가 원인임	• 눈이 쓰리거나 아픔 • 잠을 자고 일어나면 눈곱이 생겨 눈썹끼리 달라붙음 • 눈물이 자주 나고 벌겋게 충혈됨 • 밝은 광선에서 견디기 어려워 함 • 손으로 눈을 자꾸 비빔	×	○	
유행성 독감	• 인플루엔자 바이러스가 원인임	• 두통, 오한, 열, 구토, 기침 발생 • 증상 후 5일까지 전염성이 높으므로 주의해야 함	○	○	
돌발성 발진	• 3세 이하의 유아가 잘 걸리며, 정확한 원인은 잘 모름	• 갑작스런 고열과 경련이 일어남 • 눈 주위가 부음 • 발진은 반정상이며 주로 몸통, 목, 귀뒤에 나타나며, 얼굴이나 다리에 발생함	×	○	
전염성 농가진	• 포도상구균이나 연쇄상구균이 원인임 • 여름철에 많이 발생	• 발진 부위에 수포나 농포를 형성하고 이것이 터져서 누런 딱지를 형성함(불에 데인 것과 같은 모습)	×	○	• 항생제로 치료가 되며 영아는 부스럼 딱지가 모두 떨어질 때까지 격리

출처: 건국대학교 부속 어린이집.

2) 건강관리

우리나라의 경우 2007년부터 만 6세 미만의 영유아는 모두 5차례에 걸쳐 무료로 건강검진을 받을 수 있게 되었으며 2012년 4월 1일부터 7차례에 걸쳐 검진하고 있다. 검진주기, 검진 대상자, 건강검진 항목은 다음과 같다. 검진주기의 경우는 4개월, 9개월, 18개월, 30개월, 42개월, 54개월, 66개월이다. 건강 검진 시기는 예방접종 시기와 일치하도록 구성하고 있다. 총 검진 횟수는 일반검진 7회와 구강검진 3회로 구성되었다. 영유아 건강검진은 성인의 건강검진과는 달리 아이의 발육상태를 체크하는 데 그 목적을 두고 있다. 영유아에게 실시하는 건강검진은 성인의 건강검진과 다르다. 특히 일 년 단위로 실시되는 성인 검진과 달리 월령별로 실시되는 영유아 검진의 특성을 고려하여 검진 시기를 설정하였다(〈표 4-3〉 참조).

〈표 4-3〉 검진 시기

구 분	주 기	검진내용		
1차	4개월	건강검진	생후 4~6개월	문진 및 진찰, 신체계측, 건강교육
2차	9개월	건강검진	생후 9~12개월	문진 및 진찰, 신체계측, 발달선별검사 및 상담, 건강교육
3차	18개월	건강검진	생후 18~24개월	문진 및 진찰, 신체계측, 발달선별검사 및 상담, 건강교육
		구강검진	생후 18~29개월	구강문진 및 진찰, 구강보건교육
4차	30개월	건강검진	생후 30~36개월	문진 및 진찰, 신체계측, 발달선별검사 및 상담, 건강교육
5차	42개월	건강검진	생후 42~48개월	문진 및 진찰, 신체계측, 발달선별검사 및 상담, 건강교육
		구강검진	생후 42~53개월	구강문진 및 진찰, 구강보건교육
6차	54개월	건강검진	생후 54~60개월	문진 및 진찰, 신체계측, 발달선별검사 및 상담, 건강교육
		구강검진	생후 54~65개월	구강문진 및 진찰, 구강보건교육

구 분	주 기	검진내용		
7차	66개월	건강검진	생후 66~71개월	문진 및 진찰, 신체계측, 발달선별검사 및 상담, 건강교육
〈예시〉 2007. 10. 10. 출생아의 검진 가능기간 – 4개월 검진 : '08. 2. 10. ~ '08. 5. 9. – 9개월 검진 : '08. 7. 10. ~ '08. 11. 9.				

출처: 국민건강보험공단.

05 치아관리

생후 6개월에서 8개월 사이에 아래쪽 앞니가 나오며 8~12개월경에는 위쪽 앞니가 나와 생후 20개월이 되면 20개의 유치가 모두 나오게 된다. 이가 나는 시기는 개인차가 매우 심하다. 건강한 치아를 유지하기 위해서는 치아에 불소를 도포하거나 불소가 함유된 식품을 섭취하기, 올바른 칫솔법에 의한 플라그 제거, 당분섭취를 줄이기, 단백질 식품, 우유, 신선한 과일, 야채의 섭취를 통해 세정작용을 높이고 타액의 분비를 자극하는 것이 필요하다. 특히 치아가 나오기 초기 1~2년 사이에 충치가 생기는 경우가 많기 때문에 이가 나오면서부터 충치가 생기는 일이 없도록 각별한 주의가 필요하다.

영유아의 경우 치아에 관한 정기 검진은 6개월부터 12개월 사이에 시작하고 가능하면 6개월 주기로 정기적으로 치과를 방문하여 관리를 하는 것이 좋다. 또한 충치가 생긴 경우에는 치과를 방문하여 치면을 단단하게 하는 치료를 받는 것이 좋다. 영아의 치아를 관찰하여 유난히 치아가 광택이 없고 뿌옇게 불투명한 하얀색을 띄고 있을 경우에는 치과치료를 받는 것이 좋으며 치아에 검게 착색된 부분이 생기면 즉시 치과에 데리고 가는 것이 좋다(국민건강보험공단, 2010). 영유아 구강검진은 2세(18~24개월), 4세(42~48개월), 5세(54~60개월) 3회에 걸쳐 시행되며 영구치가 나오지 않은 상태에서 구강검진을 시행하는 이유는 젖니가 튼튼한 것이 중요하기 때문이다. 젖니에서 치아우식증(충치)이 나타나면 소홀히 생각하는 경우가 많은데 젖니관리를 잘해야 튼튼한 영구치가 나오게 된다.

이를 썩게 하는 요인

- 치아요인: 치아성분, 형태, 치아의 위치와 배열상태
- 타액요인: 성분, 유출량, 점조도(끈적이는 정도), 항균작용, 완충능력(중화능력)
- 연령, 성별, 사회경제적 지위, 유전, 발육장애, 정서장애
- 구강 내 환경요인: 치면세균막(Dental Plaque)
- 사회환경요인: 생활환경(음식 섭취, 습관)
- 구강 내 우식원, 세균수, 세균의 활동성

출처: 국민건강보험공단.

〈사진 4-4〉 목욕 후 스스로 이를 닦고 있는 영아

06 실제

1) 교사의 역할

(1) 영양 및 섭생

어린이집에서 급식과 간식을 제공할 때 고려해야할 사항은 다음과 같다.

- 영아의 발달 단계와 영양적 요구를 고려한 식단표(급식 및 간식)를 체계적으로 수립하여 영양적 균형을 고려한 식품을 제공하도록 한다. 또한 제공된 식단에 대한 기록을 유지하는 것이 바람직하다.
- 식단표의 필수내용(오전 및 오후간식, 점심 식사, 계획된 식단의 변동사항)이 누락되지 않도록 하고, 제공기록은 각 기관의 상황에 맞게 작성한다.
- 급식으로는 쌀과 감자, 식빵, 국수 등의 탄수화물 식품, 육류 생선, 계란, 콩류의 함유된 식품을 제공하고 간식으로는 신선하고 다양한 과일(예 : 딸기, 참외, 수박, 사과, 배, 감, 밤 등)이나 채소(예: 오이, 옥수수, 감자, 고구마)등의 간식을 골고루 제공하도록 한다.
- 양질의 식자재를 사용하고 다양한 조리 형태로 식사를 준비하여 영아의 편식을 방지하도록 도와주어야 한다.
- 식사의 조리 형태는 영아에게 적절하도록 하고, 음식 조각이 크지 않아 쉽게 먹을 수 있도록 준비한다.
- 1회 조리되어 배식된 음식이 남을 경우, 당일 소모를 원칙으로 하며 재배식하지 않도록 한다.
- 식품 첨가류(예: 유화제, 발색제, 보존제 등)이 함유된 인스턴트 식품, 탄산음료, 냉동식품과 과자류를 간식으로 제공하는 것을 피하는 것이 바람직하다.

(2) 활동 및 휴식

교사는 어린이집에서 영아를 위한 휴식 및 낮잠지도를 할 때 다음의 유의사항을 알아 두는 것이 좋다(육아정책개발센터)

- 일과 운영 시 적절한 휴식과 낮잠이 이루어질 수 있도록 계획한다.
- 낮잠 시간이 되면 영아가 쉽게 잠들 수 있는 환경과 분위기를 제공하되 모든 영아가 낮잠을 자기를 강요하기보다는 영아의 수면 습관, 리듬을 고려하여 개별적으로 지도한다.
- 낮잠 자기를 원하지 않는 영아는 다른 영아를 방해하지 않도록 다른 영역에서 조용한 활동을 하거나 휴식을 취하도록 한다.
- 영아가 낮잠을 자는 동안 적어도 1명의 교사가 보육실을 떠나지 않고 계속해서 영아들을 살펴보아야 한다.
- 영아가 낮잠을 잘 때에는 개별 침구를 사용해야 하며, 낮잠 자는 영아의 수만큼 개별 침구를 마련하고, 만일의 경우에 대비하여 여분의 침구를 마련한다.
- 영아의 땀, 침 등 분비물, 대소변 등으로 침구가 더러워지기 쉬우므로 개별 침구 및 요 등은 주 1회 이상 세탁하여 청결을 유지한다.
- 개별 침구는 오염되지 않도록 보관하여 청결상태를 유지한다.
- 여분의 침구는 사용할 때마다 시트를 교체하거나, 세탁한 후 다른 영아가 사용할 수 있도록 항상 청결하게 관리한다.
- 영아(만 0~1, 2세) : 돌연사를 방지하기 위해서 영아용 개별 침구는 너무 푹신하지 않는 것으로 사용하는 것이 바람직하다.

(3) 위생관리

- 어린이집의 실내공간은 항상 청결을 유지하도록 한다. 어린이집의 모든 실내공간, 즉 교실은 물론 공유공간(현관과 복도, 유희실, 교사실, 자료실, 계단, 식당 등)을 매일 청소하며, 청결상태도 매일 점검한다.

- 모든 실내공간에 대해 정기적으로 2개월에 1회 이상 소독과 대청소를 실시한다.
- 일과 중 대부분 현관을 잘 정돈하고, 복도와 통로, 계단과 창문 등을 청결하게 유지한다.
- 모든 교실의 바닥, 천장, 창문과 창틀, 교구장, 책상, 의자, 바구니, 사물함 뒤편 구석진 곳 등도 청결상태를 잘 유지한다.
- 모든 교실의 흥미영역에 깔려있는 공동매트도 정기적으로 세탁하고 일광소독하여 항상 위생적으로 관리한다.
- 청소도구(걸레, 빗자루)와 보관함, 휴지통 등을 정기적으로 소독 처리하여 청결하게 유지한다.
- 모든 실내 공간(보육실, 공유 공간 포함)에 바퀴벌레 등 해충이 발생하지 않도록 청결과 위생관리에 유의한다.
- 영아가 활동하는 공간(교실/보육실, 유희실, 놀이터 등)에 있는 플라스틱 블록이나 인형, 헝겊 놀잇감, 소꿉놀이 도구 등의 놀잇감을 정기적으로 세척하여 위생적으로 관리, 유지한다.
- 놀잇감은 재질에 따라 천으로 닦아주거나 비눗물 세척, 일광 소독 등 적절한 방법으로 세척하여 관리하도록 한다.
- 영아가 실외에서 사용하는 다양한 놀이기구(예: 이동식 및 고정식 기구)를 먼지나 찌든 때가 없고 녹이 슬지 않도록 정기적으로 세척하여 청결한 상태를 유지한다.
- 영아(0~1세, 2세)는 놀잇감을 입으로 탐색하려는 발달특성이 있으므로 더욱 청결하게 관리한다.

(4) 응급처치

- 아픈 영유아에 대해 개별적인 보호가 필요한 경우를 대비한 어린이집의 방침(예: 응급처치 동의서, 투약의뢰서 등)이 마련되어 있어야 한다.

- 아픈 영아의 부모가 투약을 의뢰할 경우에는 반드시 서면으로 요청하도록 하고, 어린이집에서는 투약한 내용에 대한 보고와 관련 기록을 유지한다(투약의뢰서의 필수기재사항: 투약하는 약의 종류, 용량, 횟수 및 시간, 의뢰자)
- 투약의뢰서는 알림장, 대화수첩 등을 활용할 수 있다.
- 영아가 복용하는 약은 상온, 냉장보관 등 보관방법에 따라 적절하게 보관하도록 한다.
- 다친 영아에 대해서는 적절한 절차(예: 응급처치 동의서 등)가 문서로 마련되어 있어야 한다(응급처치 동의서의 필수기재사항: 보호자의 비상연락망, 의료기관)
- 응급처치 동의서는 부모의 확인을 받아 관리하여야 하며, 귀가 동의서와 통합적으로 작성할 수 있다.
- 어린이집에서는 응급사고 발생 시를 대비한 비상약품(혹은 구급상자)을 구비한다.
- 약품은 종류별로 사용(유효)기한을 표기하여 사용(유효)기한이 지나거나 표시가 없는 약품이 없도록 관리한다.

(5) 치아관리

- 과자, 케이크, 사탕, 건과일과 같이 치아에 대한 부착성이 높은 식품의 섭취를 줄인다.
- 신선한 과일이나 야채와 같은 청정식품의 섭취를 권장하여 식품에 의한 자정 작용을 극대화하고 타액의 유출을 자극한다.
- 영아가 성장함에 따라 음식물 섭취를 일일 3회의 정규 식사로 한정하는 것이 바람직하다.
- 칫솔을 선택할 때에는 칫솔모가 너무 뻣뻣하지 않고 적당한 힘이 있으며 칫솔의 머리 부분이 너무 크지 않은 개인 칫솔과 개인 컵을 준비한다.

- 만 2세 영아들이 칫솔질을 제대로 할 수 없으니 스스로 닦아 볼 수 있도록 배려해 준 후 교사가 한 번 더 닦아 줄 수 있도록 한다.
- 잇몸에서 출혈이 발생하면 부분적으로 염증이 생겨서 그런 것이므로 좀 더 철저하게 구석구석 꼼꼼히 닦아주어야 한다.
- 칫솔질의 횟수보다는 얼마나 제대로 깨끗하게 닦는지가 중요하다.
- 영아에게 이 닦는 법을 시범적으로 보여준다. 필요한 경우 치과를 직접 방문하여 치과의사나 간호사에게 직접 이 닦는 방법에 대한 설명을 듣는다.
- 영아가 식사 후에 항상 이를 닦도록 지도한다.

2) 활동의 실제

〈실제 1〉

활동명	내 몸이 깨끗해졌어요		
활동목표	• 자신의 몸에 대해 인식한다. • 목욕의 중요성을 이해한다.		
준비물	영아가 목욕하는 순서가 그려진 그림 게임판		
활동영역	일상생활	집단구성	개별
활동방법	〈도입〉 ① 그림판을 보면서 영아가 목욕하는 과정에 대해 이야기한다. – 아기가 무엇을 하고 있니? 〈전개〉 ② 각자 퍼즐판과 퍼즐 조작을 가지고 목욕하는 순서를 게임식으로 붙인다. ③ 다른 친구 퍼즐판과 서로 비교해 본다. ④ 목욕하는 퍼즐판을 다른 친구에게 보여주면서 자신의 생각을 이야기한다. ⑤ 그림판에 붙어 있는 순서와 비교해 본다. 〈마무리〉 ⑥ 게임을 통해 알게 된 사실을 친구들과 함께 이야기한다.		

〈실제 2〉

<table>
<tr><td>활동명</td><td colspan="3">양치질을 해요</td></tr>
<tr><td>활동목표</td><td colspan="3">양치질의 중요성을 이해한다.</td></tr>
<tr><td>준비물</td><td colspan="3">영아가 이를 닦고 있는 사진이 붙은 사진판, 융판, 4절 도화지, 사인펜</td></tr>
<tr><td>활동영역</td><td>일상생활</td><td>집단구성</td><td>개별</td></tr>
<tr><td>활동방법</td><td colspan="3">〈도입〉
① 영아가 이를 닦고 있는 사진을 보여준다.
〈전개〉
② 이 닦기를 해본 적이 있는지 물어본다.
③ 어떤 느낌이 들었는지 이야기한다.
④ 왜 이를 닦아야 하는지 서로 이야기한다.
⑤ 이를 닦지 않으면 어떻게 되는지 이야기한다.
⑥ 이가 썩지 않도록 예방하는 방법이 무엇인지 이야기한다.
〈마무리〉
⑦ 영아들의 이야기를 종이에 적는다.
⑧ 실제로 영아들과 함께 이 닦기를 한다.</td></tr>
</table>

제 5 장

만 3, 4, 5세의 건강교육

유아기는 인간의 발달과정에서 신체적·정신적인 기초가 확립되는 결정적 시기로 심신의 발달이 왕성하고 건강의 기초가 마련되는 시기이다. 인간의 생애주기에서 중요한 시기인 유아기의 건강관리는 유아의 성장과 발달에 영향을 미칠 뿐만 아니라 일생의 건강과 발달에 지속적인 영향을 미치므로 가정과 유아교육기관에서의 관심과 관리가 매우 필요하다. 본 장에서는 만 3, 4, 5세 유아의 건강교육을 위한 영양 및 섭생, 휴식, 위생관리, 예방접종, 치아관리 그리고 교사의 역할과 실제에 대하여 살펴보았다.

01 영양 및 섭생

1) 유아기 영양의 중요성

유아에게 영양은 성장과 발달에 중요한 영향을 미친다. 이유기를 지나 취학 전까지의 유아기는 신체적·정신적인 기초가 확립되는 결정적 시기이며 건강의 기초가 마련되는 때이므로 충분한 영양을 섭취하는 것이 매우 중요하다.

유아기는 영아기에 비해 성장률은 둔화되나 지적·정서적인 면이 발달되면서 자아의식 및 사회성이 고조된다. 두뇌발달의 경우 생후 1년 동안 성장이 빠르게 진행되어 뇌의 무게는 2세에서 6세 사이에 성인의 90%까지 증가하며, 10세가 되면 거의 완성되어 지적 발달의 기초가 마련된다(Berk, 2014). 식품을 통한 영양소의 섭취 수준은 신체의 발달 및 감염과 질병 저항력에 영향을 줄 뿐만 아니라 두뇌발달을 좌우하고 나아가 성격형성에도 영향을 준다고 보고되었다(Brown & Pollitt, 1996; Guthrie, 1995; Mahan & Escott-Stump, 2000).

유아기는 전체적인 근육의 양이 증가하며, 체중에 대한 근육의 비율도 높아진다. 뼈는 길이가 길어지면서 동시에 뼈가 단단해지는 화골현상이 일어나며 성숙해지는데 뼈의 성숙은 영양 상태와 호르몬 작용과 관계가 깊다. 체내 칼슘의 99%가 골격과 치아를 구성하므로(Lee & Moon, 1999), 골격이 지속적으로 발달되는 성장기 유아에게는 충분한 칼슘의 섭취가 매우 중요하다.

유아의 영양 요구량은 하루 평균 1,800㎉의 열량과 25~30g의 단백질이 필요하다. 특히 유아기에는 단백질과 칼슘, 철분의 요구량이 증대되는 시기로 성인에 비해 단위 체중당 더 많은 양의 영양소들이 음식을 통해 공급되어야만 정상적인 성장과 발육을 이룰 수 있는 중요한 시기이다(보건복지부, 2002). 따라서 이 시기에 필요한 열량과 영양소를 적절히 공급해야 성장과 발달에 무리가 없다.

영양은 삶에 있어서 필수 불가결한 요소로서 영양 상태가 좋은 유아는 활기차고, 주의집중을 잘하며, 신체 활동이나 학습경험으로부터 더 많이 배울 수 있다. 그러나 영양상태가 좋지 않은 유아는 조용하면서 기가 죽어 있기 쉽다. 또한 수업 중 과잉행동을 하거나, 파괴적인 활동을 하는 경우도 영양 상태와 깊은 관련이 있다(교육부, 2001).

유아의 발달에 미치는 다양한 요인을 고려하지 않고 영양 요인만으로 발달 전체를 결정짓는다고 설명할 수는 없으나 인간의 생애 주기에서 중요한 유아기의 영양공급은 유아기 성장과 발달에 영향을 미칠 뿐만 아니라 일생의 건강과 발달에 지속적인 영향을 미치므로 균형 잡힌 영양섭취를 위해 가정과 유아교육기관에서의 공통된 관심과 관리가 필요하다.

2) 유아기의 영양문제

최근 우리나라 유아 영양문제로 대두되고 있는 것은 잘못된 식습관으로 인한 영양 불균형과 아침 결식률의 증가, 편식, 비만 증가 및 체력의 약화 등이다(김정화, 하애화, 유경숙, 2014; 한국보건사회연구원, 2015).

(1) 편식

편식은 특정한 종류의 식품을 좋아하고 특정한 식품을 거부하는 감정이 강한 것을 의미하며 개별식품을 싫어하기보다는 식품을 종류별로 먹지 않는 경우이다. 즉, 식품 선호가 특정 종류에만 치우쳐 발육과 성장에 지장을 초래하는 경우를 의미한다(강효정, 최윤정, 2018).

유아기는 기본적인 식습관이 형성되는 시기로 식사도 점차 자립할 수 있게 되고, 자율성과 주도성의 발달로 식품에 대한 기호를 명확히 표현하며, 소화기능의 증가로 성인식에 가까운 식품과 조리법을 받아들이는 방향으로 진전된다(Mahan & Escoott-Stump, 2000). 유아기는 식품과 식사경험, 교육에 의해 식습관이 형성되므로 유아의 식습관에 주의를 기울이지 않으면 편식, 영양불량 등의 문제가 생기기 쉽다.

우리나라 유아 식습관 중 편식의 원인(이난희, 정효지, 조성희, 최영선, 2001)으로는 첫째, 단맛을 선호하는 미각상의 이유와 식품 자체가 지닌 질감으로 인해 싫어하는 촉각상의 이유이다. 둘째, 맛과 냄새, 향에 예민한 반응을 나타내는 유아기에 익숙하지 않은 음식에 대한 거부와 불쾌한 경험 등 생리 및 심리적 이유이다. 셋째, 유아가 사는 지역 환경에 따라 식품의 사용 범위가 제한된 환경에서 성장하게 되면 새롭게 주어진 음식에 순응할 수 없는 사회 및 경제적 이유이다. 넷째, 유아는 부모 또는 가족의 식생활에 영향을 받으며 동화·모방 등을 통해 식사의 기호 등이 형성된다. 부모의 편식, 잘못된 이유방법, 음식을 억지로 강요하는 경우, 간섭과 과잉보호 등 부모, 특히 어머니의 적절하지 못한 양육태도가 유아의 편식에 영향을 미칠 수 있다.

편식은 3세 전후부터 7세까지의 유아기에 많이 보이는데, 학동기를 거쳐 사춘기에 고정화될 수 있기에 교정이 가능한 유아기에 가족들의 도움이 절실히 필요하다. 편식의 예방과 관리를 위한 방법은 다음과 같다(박성옥 외, 2003).

- 다양한 식품에 접할 수 있는 기회를 제공한다.
- 부모나 가족이 편식을 하지 않으며 모범을 보인다.
- 조리법을 자주 변경하여 맛이나 냄새에 주의한다.
- 유아가 싫어하는 음식을 억지로 강요하지 않으며 비슷한 영양성분을 함유한 식품으로 대치한다.
- 유아들이 좋아하는 식기를 제공하고 식사환경을 즐겁게 만든다.
- 식사량을 적게 하면서도 영양공급은 충분히 한다.
- 군중심리를 이용하여 편식하지 않는 친구들과 식사하는 기회를 갖는다.
- 식욕을 위해 적당량의 운동을 시킨다.

(2) 비만

소아비만은 유아기에서 사춘기까지의 비만을 말하며, 지방세포만 커지는 성인비만과 달리 지방세포수도 증가하여 신체구조상 비만이 고착되어 진행될 가능성이 매우 큰 상태를 말한다(질병관리본부, 2007). 유아비만은 당뇨병, 고혈압, 동맥경화증, 관상동맥질환 등과 같은 성인질병과 관련이 있고, 운동능력이 저하되고, 행동이 불편해지며, 아름다움에도 영향을 미쳐 자신의 신체에 대한 심리적 열등감을 갖게 될 수 있고, 학업성적 부진 등의 원인이 될 수 있다. 소아비만의 약 70%가 성인비만으로 발전되며, 성장과 더불어 이미 체지방 세포수가 증가된 상태여서 정상체중으로의 전환이 어렵고 만성퇴행성질환의 발병률이 높아져 생애 전반에 여러 건강문제를 야기한다(질병관리본부, 2019).

비만의 발생 원인은 유전적 요인과 식생활습관, 운동부족, 정신적·사회적·문화적 요인의 외부환경이 복합적으로 관계되어 있다. 양친 모두 비만인 경우 75%, 한쪽 부모만 비만인 경우 50%가 비만아로 될 가능성이 있다(김일옥, 최경순, 2004). 또한 서구화된 식생활로 인한 인스턴트식품, 과잉열량 섭취, 아침식사의 결식으로 인해 저녁식사 때 과식을 하는 불규칙한 식습관, 빠른 식사속도와 과식, 편식, 잦은 간식 섭취 등 잘못된 식습관은 과체중의 원인이 되고 있다. 또한 실내에서만 주로 생활하는 일상생활의 패턴으로 인해 활동량 감소 및 운동량 부족, 사회적으로 놀이공간의 부족, 교통수단의 발달, 패스트푸드의 범람 등 유아비만을 조장하는 환경과 여성의 사회진출 증가로 자녀들이 어머니에 의해 관리되지 못하는 경우, 또는 반대로 핵가족화로 인한 자녀의 과잉보호로 유아에게 상벌로 음식을 사용하는 경우 등 잘못된 유아의 식습관과 무절제한 간식섭취 등이 영향을 미치고 있다.

정상아에 비해 비만아들은 정서적으로 열등감, 불만, 슬픔 등 각종 스트레스 요소를 먹는 것을 통하여 욕구불만을 해소시키려 하며 식욕절제에 어려움을 보인다. 유아기에 바람직한 식습관과 규칙적인 운동으로 비만을 조기에 예방하며 개선할 수 있는 방안을 찾아야 할 것이다. 비만 예방 및 치료를 위한 관리는 다음과 같다.

- 신체 활동을 정기적, 지속적으로 하도록 격려한다.
- 제한해야 할 식품, 즉 고열량식(지방과 설탕성분이 많은 음식)은 적정량 이상 지나치게 먹지 않도록 한다.
- 단 음료를 지나치게 많이 마시지 않도록 한다.
- 2세 이상 된 유아에게는 저지방유나 탈지유를 먹게 한다.

- 유아 스스로 적당량의 음식을 정할 수 있도록 가르친다.
- 식이섬유가 많이 함유된 야채와 채소를 먹인다.
- 일정한 식사시간에 적은 양의 음식을 먹도록 한다. 세 끼의 식사와 두 번의 간식의 양과 영양소의 균형을 미리 계획한다(간식은 주식의 15% 정도).
- 음식을 상벌이나 달래기 위한 수단으로 이용하지 않는다. 음식이 아닌 칭찬과 같은 사회적 보상으로 제공한다. 기념일, 명절 등 특별한 날 특별식 보다는 활동에 초점을 두고 기념하는 방법을 계획한다.
- 음식에 의지하지 않고 감정이나 스트레스를 다룰 수 있도록 돕는다.
- 성인의 식습관과 태도가 유아에게 많은 영향을 미친다는 것을 염두에 두어 적절한 식생활습관의 모범을 보인다.

(3) 빈혈

빈혈이란 혈액의 단위 체적 내 적혈구 수의 크기, 헤모글로빈의 양이 감소된 상태를 말하며, 유아기에는 신체가 성장함에 따라 혈액량이 증가하는데, 혈액량 증가에 따른 혈구수의 증가와 헤모글로빈의 증가가 이에 따르지 못할 경우 발생한다(Mahan & Escott-Stump, 2000). 우리나라 유아에게서 일반적으로 나타나는 형태의 영양 결핍증은 철 결핍성 빈혈의 경우가 가장 많다. WHO에서 발표한 건강을 위협하는 10대 요인(WHO, 2002)에 속할 정도로 철분 결핍은 뇌의 발달 지연, 주의 산만, 지적 기능의 저하, 학업부진, 정신박약 등 전반적인 건강 문제를 발생시킨다(노정옥, 2018). 유아의 철분결핍은 성장에 영향을 미칠 뿐만 아니라 성장 후의 건강상태, 특히 유아의 정신적 발달에도 영향을 미치기 때문에 유아기의 철분 영양 상태를 개선하는 것이 필요하다.

빈혈을 예방하기 위해 철분이 풍부하게 함유된 음식을 포함하여 다양하고 균형 잡힌 식사를 하여야 한다. 철분 함유 식품은 철분 강화식품(우유에 타서 먹는 시리얼류), 말린 과일, 육류 살코기, 땅콩이나 콩·깨 등의 종실류 등이다. 철분은 식품으로 섭취되어야 신체 내에서 효율적으로 이용되며, 철분 영양제를 복용하는 것은 빈혈의 치료 목적 외에는 바람직하지 않다. 동물성 식품에 함유된 철분이 식물성 식품보다 흡수가 우수하며, 비타민 C가 들어 있는 식품과 함께 먹으면 흡수율이 높다. 철분뿐만 아니라 단백질, 그 외에 피를 만드는 과정에 필요한 엽산, 비타민 B_{12}, 비타민 C 등이 조혈을 촉진시키므로 전체적인 영양균형과 철분의 체내 흡수와 이용을 돕는 동물성 단백질, 비타민 C의 섭취를 증가시켜야 한다.

(4) 식품 알레르기

식품 알레르기란 식품에 의하여 원하지 않는 비정상적인 면역 과민반응을 일으키는 것으로 전신에 다양한 증상을 일으킨다(Sampson, 2003). 이는 식품에 의한 매개성 반응으로 아토피성 피부질환이나 천식 등이 해당된다. 식품 알레르기에 대한 유병률은 아직 확실히 밝혀져 있지 않으나, 생후 2년 동안 발생률이 가장 높으며 연령이 높아질수록 감소하게 된다(김수빈, 김정희, 2017). 알레르기를 일으킬 수 있는 식품은 우유, 달걀, 땅콩, 콩, 밀이 원인식품의 90%를 차지한다고 한다(Burks, 1999; Sampson, 1999). 식품 알레르기를 억제하기 위해 식품에 대한 내성을 기르는 것이 좋으나 최소한 2세 이전에는 알레르기를 유발하는 식품들은 제한하는 것이 좋다.

3) 유아기 식습관 지도

식습관이란 음식의 기호, 음식에 대한 태도, 식사태도 등 개인이 가진 식생활 관련 습관의 총체적인 양상을 일컬으며 일상의 반복을 통해 자동적으로 학습된다.

유아기는 식사습관, 기호음식, 식사예절 등이 형성되는 시기이므로 올바른 식생활 습관을 익히는 것이 매우 중요하다. 가정에서의 식생활 경험을 통하여 유아들의 식습관이 발전하게 되지만 유아교육기관에서의 식습관에 대한 지도 또한 유아들에게 큰 영향을 줄 수 있다. 유아기는 교육을 통해 변화가 이루어지는 시기이므로 가정과 유아교육기관의 연계를 통해 올바른 식습관과 영양교육이 이루어져야 한다.

(1) 일상생활의 지도

① 음식을 먹기 전의 바람직한 식습관

- 식사, 간식 전에는 반드시 손을 씻는다.
- 식사 준비와 상차림을 돕는다.
- 식탁에 앉을 때는 바른 자세로 앉는다.
- 식사와 식사를 준비해 준 이들에게 감사의 마음을 표현한다.

② 음식을 먹을 때의 바람직한 식습관

- 식사의 시작은 성인이 먼저 수저를 들고 나서 유아가 식사를 시작한다.
- 바른 자세로 먹는다.
- 그릇과 수저를 바르게 사용한다.
- 음식의 소중함을 알고 남기지 않는다.
- 음식은 천천히 잘 씹어 먹는다.
- 음식물을 입 안에 넣고 이야기하지 않는다.
- 편식하지 않고 밥과 반찬을 골고루 먹는다.
- 흘리지 않게 조절하여 먹는다.
- 입가에 묻은 음식물을 깨끗이 닦으면서 먹는다.
- 식사시간에 돌아다니지 않고 먹는다.
- 적당한 시간 안에 먹는다.
- 즐겁게 대화를 하면서 먹는다.

③ 음식을 먹은 후의 바람직한 식습관

- 입가에 묻은 음식물은 휴지나 물수건으로 닦는다.
- 식사 후에도 감사의 마음을 표현한다.
- 흘린 것은 자기가 주워 주변의 자리를 깨끗이 치운다.
- 자신이 사용한 식기는 정해진 장소에 가져다 놓는다.
- 식사 후 바로 이를 닦는다.

(2) 유아교육기관에서의 지도

부모가 유아의 음식 문제에 대부분 관여하고 있으나 실제로 유아도 식품을 선택하고 양을 결정하는 데 적극적인 역할을 하므로 이에 필요한 기초 지식이나 태도를 가르쳐 줄 필요가 있다. 유아는 영양에 관한 일반적인 지식이 부족하고 대중매체를 통한 과대광고나 쉽게 접할 수 있는 편의식품으로 인해 잘못된 식습관이 형성될 수 있다(Signorielli & Lears, 1992). 따라서 유아 자신의 건강과 영양을 위해 적절한 식품을 선택하는 데 필요한 지식과 식습관을 배우고 형성하도록 하기 위해 가정은 물론 유아교육기관을 통한 올바른 식습관과 영양교육이 이루어져야 한다. 다음은 식습관 지도 원리이다(박성옥 외, 2003).

- 식습관 교육은 만 3세부터 지속적으로 하며, 잘못된 식습관은 교정해 준다.
- 연령에 따라 적합한 내용으로 지도한다.
- 일관성 있는 지도를 원칙으로 한다. '이번만은'이라는 예외의 경우를 만들면 다음에도 적용하는 타성이 생긴다.
- 유아 스스로 옳고 그른 행동이 어떤 것인지 알 수 있게 한다. 올바른 식습관에 대해 칭찬해 주는 방법이 효과적이다.
- 습관으로 형성될 때까지 되풀이하여 지도한다.
- 주위 사람을 잘 모방하는 유아의 심리를 이용하여 일상적인 생활 속에서 모범적인 식생활 모습을 보여 주어 유아가 자연스럽게 이를 체득할 수 있게 한다.
- 사랑과 끈기로 지도한다.

(3) 가정연계를 통한 지도

유아의 효율적인 식습관 지도를 위해 부모 참여가 필수적이다. 가정에서의 바람직한 식생활 개선 및 유아의 식생활 지도에 대해 부모들에게 인식시키고 실천하도록 구체적이고 다양한 형태로 상호협력적인 부모교육이 이루어져야 한다. 다음은 유아교육기관에서 제공할 수 있는 가정연계 교육활동이다(김은주, 2007).

부모용 설문 조사

유아교육기관에서는 유아의 바람직한 영양과 식습관 교육을 위해 학기 초 설문조사를 하거나 입학원서의 한 부분에 유아의 영양, 건강과 관련된 항목을 마련하고 있다. 설문내용으로는 유아의 현재 건강 상태, 아침식사의 규칙성 정도, 식단, 양, 시간, 혼자서 밥을 먹는지의 여부, 태도, 식품의 선호도, 싫어하는 음식, 알레르기 반응, 우유 섭취 등이다.

부모교육 활동

정기적인 부모모임을 통해 급식운영 및 유아의 식생활에 대한 지식이나 정보 제공, 전문인 초빙을 통하여 전통음식이나 자연식품을 이용한 요리법, 영유아 간식 만드는 방법 등의 전수, 어린이날, 어버이날, 명절 등 특정일에 가족이 음식을 만들어 보는 등 특별행사를 한다.

홈페이지나 가정통신문

홈페이지나 가정통신문을 통해 유아교육기관의 식단과 가정에서의 요리활동, 식단 짜기, 음식 차리기, 영양에 대한 정보 등 가정에서 필요한 식생활과 관련된 정보를 제공한다.

도서대출

부모들에게 필요한 영양 및 식생활 개선 관련 책을 대출하는 활동을 한다.

02 활동과 휴식

휴식과 수면은 일상생활이나 활동으로 인한 심신의 피로를 회복시켜 주며 몸과 마음을 이완시켜 줌으로써 새로운 활동을 할 수 있게 하는 재충전의 시간이 된다. 유아들은 끊임없이 탐색하며 움직이고 싶어 하는 존재이다. 유아들의 신체 필요와 욕구가 제대로 충족되지 못하면 유아의 전반적인 행동과 하루 일과에 영향을 미친다. 즉, 과로하거나 피곤한 유아들은 매우 날카로운 상태가 되기 쉽고 다른 또래들과 함께 활동하는 것이 어렵게 된다. 따라서 유아가 과도하게 자극되지 않도록 활동을 조절해 주며 휴식과 수면의 시간을 제공해 주어야 한다.

유아들은 한번 놀이에 열중하게 되면 피곤한 것을 개의치 않으며 잠을 자고자 하는 신체의 요구를 무시하는 경우가 많아 부모나 교사는 유아들이 적절한 휴식이나 수면을 취할 수 있도록 사전에 알아서 관리해 주어야 한다. 특히 유아교육기관에서 8시간 종일반 형태로 활동하게 되는 일과에서 일정한 시간을 정하여 유아가 규칙적으로 낮잠과 휴식을 취하도록 고려해야 한다.

낮잠은 휴식의 기회를 제공하는 것과 더불어 평균 수면에 대한 요구를 충족시키는 데 도움이 된다. 하루 1~2시간 정도의 낮잠을 자게 하는 것이 좋으나 개인차에 의해 낮잠을 자지 않는 유아도 있으므로 지나치게 낮잠을 강요해서는 안 된다. 만 4~5세 유아들의 활동시간 중 낮잠을 계획하기보다 잠깐의 휴식을 취할 수 있도록 조용한 음악을 들으며 책을 읽는 정적인 활동시간 등으로 균형 있게 운영해야 한다.

유아들의 피로는 활동량이 많은 것에서 기인하는 경우가 많으나 주변 환경이 유아들을 자극하여 쉽게 지치게 하기도 한다. 즉, 다른 유아들과의 계속적인 접촉, 다양한 활동, 집단 환경에서의 사람의 수, 그리고 집단 내의 여러 사람들과의 행동과 목소리는 유아들을 지치게 하는 요인이 된다. 피로는 유아마다 다양한 형태로 표현된다. 즉, 까다롭게 굴기, 주의산만, 울음, 상황에 과잉반응하기, 다른 유아와 성인을 방해하는 행동, 무관심, 멍함, 비 활동성 혹은 과잉 활동성 등으로 나타난다(김연진, 송미주, 2009). 그러므로 하루 일과 중 중요한 하나의 활동으로 휴식시간을 계획하여야 한다. 휴식은 유아들의 신체 기능을 회복하고 힘과 건강을 유지하는 신체 및 정신적 재충전의 시간으로, 이를 통해 건강하고 균형 있는 생활습관을 형성할 수 있게 해야 한다.

03 위생관리

2020년 어린이집의 평가지표와 2008년부터 실시되고 있는 유치원평가에 대한 평가지표에서 제시하고 있는 '건강·안전'에서 제시하고 있듯이 다수의 유아가 생활하는 기관에서 개인의 위생과 함께 시설의 각별한 위생관리가 이루어져야 한다. 유아에게 식사, 학습, 놀이, 휴식을 위한 공간인 동시에 교사에게는 쾌적한 직장이 될 수 있도록 청결과 위생 면에서 철저하게 관리되어야 한다.

1) 시설의 위생관리

유아들이 사용하는 모든 시설이나 놀이 및 학습 자료는 정기적인 소독과 위생관리를 철저히 하여 청결하게 유지하는 데 힘써야 한다. 다음은 교실, 주방, 기타 시설의 위생관리를 위하여 점검해야 할 내용이다(김수향, 이용주, 이은진, 2008).

(1) 교실 위생

- 1일 3회 정도는 교실의 커튼이나 블라인드를 걷고 창문을 열고 환기시킨다.
- 교실 한 곳에 걸레나 빗자루 등 청소도구를 유아도 쉽게 사용할 수 있는 곳에 비치하여 사용하도록 한다.

- 쓰레기통은 뚜껑이 있는 것으로 비치하며 매일 비운다.
- 냄새가 날 수 있는 쓰레기는 발생하는 대로 실외로 옮긴다.
- 교구장, 도서대, 문의 손잡이 등 유아들의 손이 자주 닿는 물품은 수시로 닦아 준다.
- 교실의 카펫은 정기적인 일광소독과 세탁을 한다.
- 교재·교구는 정기적으로 세척 및 소독한다.
- 유아의 침구는 정기적으로 세탁하고 가능하면 일광소독을 한다.

(2) 주방 위생

- 조리 종사자는 깨끗한 복장을 착용한다.
- 배식 시 위생복장, 배식 전용기구 또는 위생장갑 등을 착용한다.
- 식판과 간식용 접시, 컵, 수저 등은 깨끗이 세척한다.
- 세척한 식판과 도구는 1일 1회 소독한다.
- 행주와 도마는 매일 소독한다.
- 칼, 도마, 위생장갑은 육류와 야채류를 구분하여 별도로 사용한다.
- 음식물 저장고에 해충이 접근하지 않도록 한다.
- 식탁은 자주 소독액으로 닦는다.
- 냉장고와 냉동고는 적정온도를 유지한다.
- 주방을 청결하게 정돈하여 사용한다.
- 1일 위생·안전 점검표를 비치하여 점검을 실시·기록한다.

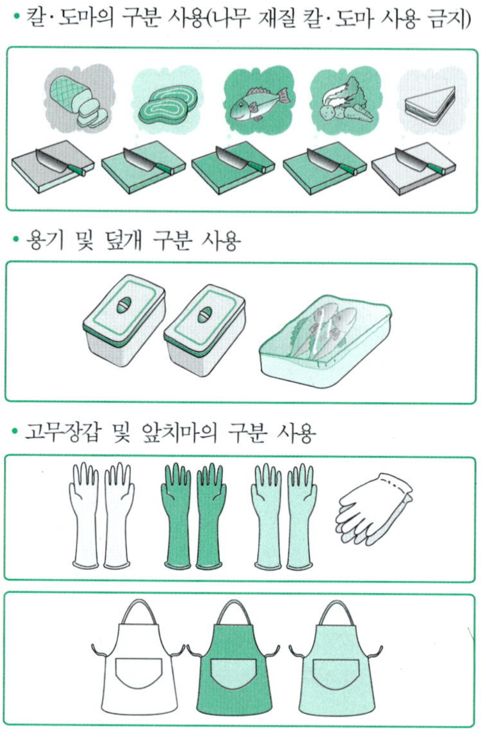

출처: 식품의약품안전청(2011).

〈그림 5-1〉 조리용품 구분 사용

(3) 기타

- 화장실 변기, 바닥은 물론 수도꼭지, 변기 손잡이 등도 자주 닦고 소독한다.
- 유리창, 출입문, 계단, 복도 등은 수시로 닦는다.
- 실외 놀이시설과 모래 등도 연 2회 이상 소독한다.

2) 유아의 위생관리

유아기에는 유아 스스로 자신의 신체뿐만 아니라 의복, 자신의 물건 등 주변을 깨끗이 하는 생활습관이 중요하다. 면역력이 충분하지 않아 질병에 감염될 위험이 높은 유아기에 자신의 몸을 청결하게 유지하는 습관은 위생상 도움이 될 뿐만 아니라 질병에 대한 예방적 차원에서도 꼭 필요하다.

(1) 손 씻기

몸과 주변 환경을 깨끗이 하는 것 중 가장 중요한 일은 손을 깨끗이 씻는 것이다. 습관이란 매일의 반복을 통해 습득되므로 어린 시기부터 시작해서 꾸준히 지키는 것이 좋다. 유아교육기관은 입학 초부터 손 씻는 올바른 방법에 대해 반복적으로 상기시켜 주어 손 씻는 습관을 형성하도록 지도하여야 한다.

유아들이 손쉽게 손을 씻을 수 있도록 적절한 크기와 충분한 수의 세면대가 준비되어 있어야 하며, 계절에 따라 적정한 온도의 물이 늘 공급되어야 한다. 무엇보다 교사가 항상 손을 청결히 유지하고 필요할 때마다 손 씻는 모델을 제시하여 유아들이 손 씻기 습관을 익혀 청결습관을 발달시키고 건강하게 생활하는 데 도움을 주어야 한다. 언어적으로도 유아들의 손 씻기를 격려해 주고 일과 생활 중 필요할 때 손 씻는 시간을 마련해 주어야 한다.

다음은 유아들이 손을 씻어야 하는 경우이다.

- 간식이나 점심식사 전
- 화장실에서 대변이나 소변을 본 후
- 요리활동을 시작하기 전
- 바깥놀이나 실외활동 후
- 견학이나 외부 체험활동에서 돌아온 후
- 코를 풀거나 재채기를 한 후
- 동식물을 만진 후
- 기타 더러운 물건 등을 만진 후

다음은 교사들이 손을 씻어야 하는 경우이다.

- 간식이나 점심식사 전
- 화장실에서 대변이나 소변을 본 후
- 유아에게 약을 먹이기 전과 후

- 요리활동을 시작하기 전과 후
- 바깥놀이나 실외활동 후
- 견학이나 외부 체험활동에서 돌아온 후
- 유아의 코를 닦아주거나 자신의 코를 풀거나 재채기를 한 후
- 유아의 더러워진 옷이나 신발을 만진 후
- 동식물을 만진 후
- 신체에서 나온 분비물인 피, 고름, 땀, 토사물 등을 만지거나 치운 후
- 기타 더러운 물건을 만진 후

(2) 의복 위생

의복은 몸을 추위와 더위로부터 보호하는 기능과 외부환경을 연결해 주는 중요한 역할을 한다. 의복을 착용하는 일차적인 목적은 체온을 조절하기 위한 것이다. 우리의 신체 각 기관과 생리작용이 정상적으로 움직이기 위해서는 체온을 36.5℃ 정도로 유지해야 한다. 그러나 기후 변화로 정상 체온 유지가 어려울 때는 옷으로 체온을 조절할 수 있다. 또한 옷은 오물, 먼지, 세균, 벌레 등의 해를 방지할 뿐만 아니라, 사람의 피부에 있어서는 땀, 피지 등의 분비물을 흡수하고 외부의 먼지를 막아 주어 피부의 청결을 유지해 준다.

유아기의 발달과 활동성을 고려하여 겉옷은 더러움이 쉽게 제거될 수 있는 소재의 것을 선택하고 속옷은 흡습성이 뛰어난 소재를 선택한다. 체온을 유지시킬 수 있도록 계절과 날씨에 맞는 적절한 두께의 옷을 입도록 하며, 입고 벗기 편하고 활동과 놀이에 적당한 옷차림을 할 수 있도록 한다. 특히 유아가 스스로 옷을 입고 벗고 정리하는 습관을 기르도록 격려해 준다.

04 예방접종

예방접종은 유아의 성장 발육에 영향을 미치고, 1차 예방접종 및 추가 접종으로 어느 정도 유아기에 발병되는 감염성 질환의 예방이 가능하므로 유아의 적기 예방접종은 매우 중요하다.

예방접종을 하였다고 하여 그 질병에 대해 완전히 예방되는 것이 아니며, 개인위생과 환경 등에 유의해야 한다. 적절한 시기에 예방접종을 실시하여 병원체가 신체에 침입하더라도 이에 대한 방어 능력인 저항력을 키워 유아가 질병에 걸리지 않도록 하여야 한다. 더불어 충분한 영양공급과 적당한 휴식과 수면을 취하며 맑은 공기를 마시고 적당한 운동을 통해 건강한 상태를 유지·증진시켜 감염병에 대한 저항력을 길러 주어야 한다.

05 치아관리

유아기는 유치가 완전히 난 상태이다. 유치는 상악과 하악에 각각 10개씩 배열되어 유치열을 이루고, 36개월까지의 사이에 구강에 맹출되었다가 6세부터 12세 사이에 영구치로 교환된다(김종배 외, 2005). 유치는 유아의 성장과 발육에 필요한 영양분을 섭취하는 데 중요하며, 발음과 심미 그리고 영구치의 정상적인 성장과 발육에 중요하다.

취학 전 5~6세 유아는 유치가 완전히 난 시기로써 치아우식증 발생이 가장 높은 시기이다(이종화, 2007). 치아우식증이란 우리가 먹는 음식물에 들어 있는 탄수화물을 세균이 발효시켜 산을 만들고, 이 산이 치아를 공격하여 치아조직이 일부 썩는 것을 말한다.

치아건강 관리를 위해 치아우식증에 대한 예방적 관리는 조기에 시작되어야 하는데, 양치질을 철저히 시행하고 정기적 치과검진을 통하여 건강한 상태를 유지하도록 해야 한다. 유아기에 형성된 구강건강이 평생의 구강건강을 좌우할 수 있으며 유아기의 구강보건 형태가 성인이 되어서도 계속될 가능성이 많으므로, 유아기에 치아관리를 위해 개인 위생관리 습관을 형성하고 이와 관련된 기술을 배우기 위해 부모나 교사는 유아들에게 구강건강의 중요성을 인식시키고, 관리능력을 습득하도록 하는 것이 중요하다.

유아는 미세근육 운동조절이 향상되기는 하였지만 아직도 칫솔질에 도움과 지도를 받아야 한다. 유아 스스로 칫솔질을 잘 할 수 있도록 격려하면서도 칫솔질 후 부모는 유아의 치아 표면과 구강점막을 세심하게 관찰하고 지도하며, 충치발생 소요시간은 6개월 정도이므로 유아기 동안 6개월마다 정기적인 치과검진을 받도록 권장한다.

1) 치아우식에 영향을 미치는 요인

(1) 식습관

식습관은 유아들의 구강건강에 큰 영향을 미치며, 특히 유아는 치아우식증을 유발하기 쉬운 우식성 식품을 선호하는 경향이 두드러지기에 올바른 식습관을 갖도록 하는 일이 중요하다.

치아는 산에 의해 녹는 큰 약점이 있어 산의 농도가 높은 음료수 섭취를 자제해야 하며, 탄수화물이나 당분이 충치를 일으키는 원인이 되므로 음식물의 종류에 주의할 뿐만 아니라 먹는 시간도 큰 원인이 되고 있음에 유의해야 한다. 즉, 설탕에 의한 충치 발생은 설탕의 섭취량보다 설탕이 치아와 접하는 시간과 횟수 등의 방법이 문제가 되며, 설탕을 먹는 횟수가 증가하면 치태(치아 표면에 지속적으로 형성되는 무색의 세균막)는 치아를 썩게 만드는 환경에 노출되는 시간이 길어져 치태의 발달을 돕는 세균의 증식이 일어나 치아가 썩게 된다(연미영, 신혜선, 이행신, 2019).

당분이 많이 함유된 식사와 간식은 가능한 한 제한하며 먹은 다음에는 곧바로 이를 닦도록 한다. 즉, 꿀, 캐러멜, 엿, 젤리 등의 종류는 당분이 치아에 오래 남아 있으므로 해롭다. 입 안을 산성으로 만들어 충치를 유발하는 쇠고기, 돼지고기, 닭고기 등도 먹은 후에는 반드시 양치질을 해야 하는 식품에 속한다. 반면에 야채나 과일, 우유, 생선, 달걀 등은 칼슘의 섭취를 도와주고 입 안을 알칼리성으로 만들어 주는 식품이므로 건강한 치아를 위해 충분히 섭취해 주어야 하는 식품이다. 식품을 섭취하는 시간도 치아 건강에 영향을 준다. 주식이든 간식이든 음식을 먹는 시간을 정하여 빈번히 음식을 섭취하지 않도록 제한한다. 음식을 자주 먹는 것은 치아에 음식이 붙어 있는 시간을 그만큼 많아지게 하여 충치를 유발할 수 있다.

치아에 좋은 음식이라고 하면 곧 칼슘이 많이 함유된 것을 떠올리나 단단하면서도 섬유질이 풍부한 음식을 타액이 충분하게 나올 때까지 씹어 먹는 것도 중요하다. 즉, 샐러리, 당근, 김치, 현미밥 등은 치아와 잇몸을 튼튼하게 한다. 그리고 뼈째 먹는 생선이나 우유도 좋지만 치아는 칼슘으로만 만들어지는 것은 아니므로 모든 음식을 골고루 섭취하는 것이 중요하다.

(2) 간접흡연

간접흡연에 노출되는 경험은 유아의 치아우식에 영향을 미치는 것으로 보고되고 있다. 담배연기를 마시면 유아의 면역 체계가 억제되어 충치의 원인이 되는 박테리아를 포함한 병원체와 싸우는 능력이 떨어지기 때문이다(Berk, 2014). 부모가 담배를 피워 간접흡연에 노출되는 유아들이 그렇지 않은 유아들에 비해 유치에서 충치가 가장 많이 발견되었는데, 이는 어린 유아일수록 부모와 함께 보내는 시간이 많아 그만큼 간접흡연 노출 시간도 많기 때문으로 설명할 수 있다. 유아가 속한 일상생활 환경 자체가 유아의 치아건강에 영향을 미치는 요인이 될 수 있음을 기억하고 성인들에 의한 간접흡연에 노출되지 않도록 환경에도 관심을 가져야 한다.

(3) 손가락 빨기

거의 모든 영아가 생후 1년 내에 손가락 빨기를 시작하게 되어 서너 살이 되면 대부분의 유아가 이 습관을 저절로 그만두게 된다. 그런데 4세 이후에도 손가락 빨기가 지속되면 버릇의 정도, 빈도, 기간에 따라 다르지만 결과적으로 위 앞니가 앞으로 튀어나오게 되고 아래 앞니는 안으로 기울어져 위아래 이 사이의 공간이 넓어지게 되는 등의 부정교합을 초래하게 된다(임성삼, 2001). 따라서 손가락 빠는 습관 교정과 전문의와의 상의로 건강한 치아관리를 도와야 한다.

2) 건강한 치아관리

(1) 이 닦기

치아우식증을 예방하는 많은 방법 중 가장 중요한 것은 바른 칫솔질이다. 칫솔질은 치아 표면에 형성되어 치아를 손상시키는 세균막(plague)을 제거하는 것이다. 세균막이 형성되어 제대로 제거되지 않으면 칼슘 등의 무기질이 침착되어 치석을 형성하게 되며, 치석은 잇몸의 혈액순환을 방해하고 세균을 번식하게 하여 충치와 잇몸염을 일으킨다.

식사 후 3분 이내에 반드시 칫솔질을 하는 것이 좋고, 당분이 많은 음식을 섭취한 후에도 바로 칫솔질을 하는 것이 좋다. 유아용 칫솔을 사용한 양치질은 유아의 첫 번째 어금니가 난 후(1~2세경)부터 시작하는 것이 좋다. 이후에는 스스로 이 닦는 습관을 길러 주는 것이 바람직하나 유아기 이 닦기 교육은 칫솔질과 칫솔을 잡는 습관을 갖도록 하는 것에 의미를 두며, 유아가 전적으로 치아를 청결하게 할 수 있는 것은 아니므로 교사나 부모는 유아들이 이 닦는 것을 지켜보고 있다가 빠뜨린 부분을 보충하여 칫솔질해 주어야 한다.

유아들이 좀 더 손쉽게 이 닦는 습관을 형성하도록 부모나 교사는 유아가 좋아하는 색과 향의 치약과 작고 부드러운 칫솔을 준비해 준다. 칫솔의 크기는 유아 어금니를 2~3개 덮을 수 있는 정도가 적당하며 칫솔모의 끝이 둥글게 되어 있는 것이 좋다. 유아가 치약을 먹지 않고 뱉어내는 습관을 익힌 후에는 불소가 함유되며 삼켜도 해가 없는 유아용 치약을 사용하여 적절한 이 닦기를 위해 부모나 교사의 꾸준한 관심과 지도가 필요하다.

〈이 닦기 Tip〉

- 위아래로 돌려 닦는 회전법이나, 잇몸에서 45도로 대고 진동하듯이 닦는 Bass법을 사용한다.
- 치약은 콩알만큼 사용한다.
- 칫솔은 약 2~3개월마다 교체한다.
- 다른 칫솔과 접촉되지 않게 건조한 상태로 보관한다.
- 감기 등의 질병을 앓고 난 후에는 새 칫솔로 바꾸어 주어 세균으로 인한 재감염을 막는다.

출처: 대한소아치과학회. http://www.kapcl.org.

〈그림 5-2〉 이 닦는 방법

(2) 불소의 활용

불소는 무기물질로 물이나 음식에서 발견되며 제조과정에 불소화된 수돗물을 사용한 음료수에도 있다. 불소는 치아의 무기질 소실을 방지하는 효과가 있어 소아 치과에서 불소를 치아에 발라 주어 충치예방의 방법으로 사용하기도 한다. 그러나 불소는 충치예방에 반드시 필요한 성분이지만 과다 섭취하면 부작용이 있으므로 대부분 시판되는 유아용 치약의 불소 함량은 500ppm을 넘지 않는다.

(3) 정기적인 치아검진

정부는 2007년 11월부터 구강검진을 포함한 영유아 건강검진 사업을 도입하여 모든 영유아가 71개월까지 7회의 건강검진을 무료로 받을 수 있게 하였다. 유치가 완성된 유아기는 구강 질환이 없더라도 6개월마다 정기적으로 치과검진을 받을 것을 권한다. 구강검사는 일반적인 신체검사와 마찬가지로 병을 발견하고, 현재의 건강상태를 확인하는 것이므로 정기검진을 통해 치아 이상을 조기에 발견하고 치료하여야 한다. 유아교육기관에서는 치과검진과 관련된 놀이나 역할활동을 제공함으로 치과에 대한 두려움과 거부감을 줄이고 친근감을 갖도록 도와주며, 가정에서 부모나 형제는 모범적으로 치료받는 과정을 보여주며 정기검진을 통해 유아의 건강한 치아관리를 위해 노력해야 한다.

06 교사의 역할과 실제

1) 교사의 역할

유아의 건강은 미숙한 유아 자신이 관리할 수 없다. 따라서 유아교육기관에서 교사는 유아들의 건강관리에 필요한 지식과 기술을 갖추고 유아의 건강유지를 위해 적극적인 지도 및 관리를 해 줌으로써 질병의 조기 발견과 건강한 생활습관을 길러주는 역할을 수행해야 한다.

교사는 가정환경조사서나 건강기록부와 같은 양식을 통해 유아들의 건강과 관련된 정보(유아의 발달, 예방접종, 각종 사고나 질병, 식품이나 약에 관한 알레르기 사항 등)를 수집하여 참고자료로 활용하며, 특별한 주의를 요하는 경우 어떠한 증상에 어떻게 돌볼 것인지 적절한 간호 방법을 사전에 계획하여야 한다. 또한 교사는 유아의 건강여부를 관찰하기 위해 하루를 시작하는 등원 때부터 유아의 표정, 병색 유무, 행동 특징, 청결 유무 등을 세심히 살피고 아픈 유아를 식별해 낼 수 있어야 한다. 특히 유아의 유행병을 식별하고 그에 관한 지식을 알고 관리를 철저하게 해야 한다.

유아들의 건강관리를 위해 키, 몸무게 측정과 소아과, 치과 등의 건강진단을 정기적으로 실시하며 안전사고에 대비한 응급처치를 위한 비상약품을 항상 준비하고 기본적인 응급처치에 대한 지식과 기술을 익혀 정확한 방법으로 응급처치를 해주어야 한다. 또한 부모로부터 투약의뢰를 받은 약을 투약하는 경우 복용법, 복용시간, 보관방법, 투약방법에 대해 알고 올바르게 투약하여야 한다.

유아 건강관리를 위한 교사의 역할

첫째, 유아들에게 체계적이며 구체적인 건강교육을 실시한다. 청결 및 위생습관 지도, 영양교육 실시, 치아 건강관리 등에 대한 교육을 통해 유아들이 건강하고 즐거운 생활을 할 수 있도록 한다.

둘째, 유아 상해보험 가입, 건강진단, 정기적인 신체검사 및 구강검사, 유아들이 아플 때 쉴 수 있는 공간, 비상약품 구비 등 건강서비스를 제공한다.

셋째, 건강한 환경을 조성해 주어야 한다. 위생관리를 통해 여러 가지 교육자료 및 교재 · 교구와 시설을 청결히 유지해야 한다.

이를 구체적으로 살펴보면 다음과 같다.

(1) 영양 및 섭생

3~5세 유아들의 식사습관 지도를 위해 교사가 유의할 내용은 다음과 같다.

- 유아는 한 번에 음식을 많이 먹거나, 급하게 먹은 후, 또는 먹기 싫은 음식을 먹어야 하는 경우 구토 증세를 보일 수 있다. 따라서 교사는 유아가 좋아하거나 싫어하는 음식, 평소 먹는 양, 속도 등 식습관을 세밀히 관찰하고, 부모로부터 사전에 정보를 얻는 것이 필요하다. 식사의 속도가 느린 유아의 경우 식사의 양을 조절하여 다른 유아들과의 속도를 맞추게 하고 양을 차츰 늘려가도록 한다.
- 편식을 하는 경우 유아들이 먹기 싫어하는 채소를 유아들과 함께 텃밭에서 기르고 수확한 채소로 유아들과 함께 요리활동으로 연결하여 자연스럽게 먹을 수 있게 한다.
- 특정 음식에 알레르기가 있는 유아에게는 식단을 꼼꼼히 살펴 대체 음식을 제공한다.
- 식사가 끝나면 흘린 음식물을 쓸어 담을 그릇과 바닥을 닦을 수건을 준비해 주어 스스로 뒷정리를 할 수 있는 습관을 갖게 한다.
- 식사가 끝나면 스스로 이를 닦도록 지도한다.
- 올바른 숟가락과 젓가락 사용을 습관화하도록 지도한다.

(2) 활동 및 휴식

- 식사, 실외활동, 동적인 활동, 산책이나 견학 후에는 휴식을 취하거나 정적인 활동을 제공하고, 도서영역을 휴식공간으로 활용한다.
- 실외놀이 영역에도 쉴 수 있는 공간을 마련해준다.

(3) 위생관리

- 식사 전, 용변 후, 실외활동 후, 산책이나 견학 후 손 씻기를 생활화 할 수 있도록 그 중요성을 인식시키며, 손 씻는 방법의 지속적인 지도가 필요하다.
- 만 3세의 경우 혼자 옷 벗고 입기를 할 수 있도록 반복적인 훈련과 충분한 시간을 제공하고, 화장지 사용법을 가르친다.
- 교재교구장과 교재교구에 먼지가 쌓이지 않게 매일 닦아준다.
- 여러 명의 유아들이 함께 생활하는 유아교육기관에서 감기 환자가 많이 발생한다. 심한 감기로 유아가 활동에 참여하기 힘든 경우 집에서 쉬게 한다. 그렇지 않은 경우 활동에 참여하게 되므로 다른 유아들에게 전염이 되지 않도록 손을 자주 씻어 손에 묻어 있을 수 있는 감기 바이러스를 없애고 손으로 눈이나 코, 입을 비비지 않도록 한다. 흘린 코는 부드러운 수건이나 휴지로 닦아주며 바세린, 글리세린 등을 코와 입 주변에 발라 살이 허는 것을 보호해 주며, 보리차를 자주 마시게 하여 수분을 충분히 공급해준다.

(4) 감염성 질병 관리

- 수두나 수족구와 같은 감염성 질병이 퍼지는 것을 막기 위해 발병한 유아는 완쾌될 때까지 집에서 쉬게 해야 한다. 교사는 유아가 원인 모를 미열이 있는지, 음식을 잘 안 먹으려고 하는지, 발이나 손, 입안에 수포가 생겼는지 등의 증상을 관찰한다.

(5) 치아관리

- 치아 정기검진과 불소도포를 받게 하고, 식사 후에는 반드시 양치질을 하게 하며 올바른 양치질 방법을 지속적으로 지도한다.

2) 활동의 실제

〈실제 1〉

<table>
<tr><th>활동명</th><td colspan="3">알록달록 꼬치</td><th>대상연령</th><td colspan="3">만 3세</td></tr>
<tr><th>활동형태</th><td colspan="3">대소집단 활동</td><th>유형</th><td colspan="3">요리</td></tr>
<tr><th>생활주제</th><td>건강과 안전</td><th>주제</th><td colspan="3">맛있는 음식과 영양</td><th>소주제</th><td>골고루 먹기</td></tr>
<tr><th>목표</th><td colspan="7">• 음식을 골고루 먹는 것은 몸을 튼튼하게 한다는 것을 안다.
• 도구를 안전하게 사용한다.
• 요리재료의 특성을 안다.</td></tr>
<tr><th>누리과정 관련요소</th><td colspan="7">• 신체운동·건강: 건강하게 생활하기-바른 식생활하기
: 안전하게 생활하기-안전하게 놀이하기
• 자연탐구: 과학적 탐구하기-물체와 물질 알아보기</td></tr>
<tr><th>준비물</th><td colspan="7">• 요리순서도
• 재료(메추리알, 맛살, 떡볶이 떡, 오이, 당근, 소시지)
• 도구(대나무 꼬치, 플라스틱 칼, 미니 도마)</td></tr>
<tr><th>활동단계</th><th colspan="7">활 동 내 용</th></tr>
<tr><th>요리 재료 및 도구 소개</th><td colspan="7">1. 요리 재료들을 살펴보며 이야기 나눈다.
- (요리 재료를 보며) 여기에 있는 것들이 무엇일까?
- 이런 것들을 먹어 본 적이 있니?
- 이 재료는 무슨 색이니?
- 이 중에서 좋아하는 것은 어떤 것이니?
- 만약 내가 좋아하는 것만 먹는다면 어떻게 될까?
- 우리 몸이 튼튼해지려면 어떻게 해야 할까?
- 이렇게 다른 음식들을 골고루 먹어야 우리 몸이 튼튼해지는구나.
2. 요리 도구를 살펴보며 이야기 나눈다.
- (요리 도구를 보며) 이것은 무엇을 할 때 사용하는 것일까?
- 만약 잘못 사용하면 어떤 일이 생길까?
- 바르게 사용하는 방법은 어떤 것일까?
(칼이나 꼬치에 손이 다치지 않게 사용하기, 내 몸이나 친구 몸에 닿지 않게 사용하기, 사용할 때 장난하지 않기, 다 사용하고 제자리에 놓기 등)</td></tr>
<tr><th>만드는 방법 안내 및 요리하고 먹기</th><td colspan="7">3. 요리 순서도를 보며 만드는 방법을 알아본다.
• (유의점)
- 교사는 재료 중 메추리알을 미리 까놓는다.
- 당근은 살짝 삶아 잘 끼워질 수 있도록 준비한다.
- 오이와 당근은 유아가 한 번에 잘 썰어질 수 있도록 적당한 길이로 잘라 준비한다.
- 떡, 맛살은 미리 썰어 준비해 놓는다.</td></tr>
</table>

	- 재료 중 3세 유아들이 쉽게 썰 수 있는 재료 2~3가지 정도만 썰어보게 한다. (만드는 방법) - 오이를 썬다. - 당근을 썬다. - 소시지를 썬다. - 준비된 재료를 1개씩 원하는 순서대로 꼬치에 끼운다. 4. 요리를 만든다. 5. 만든 요리를 먹는다.
학습내용 정리	6. 활동을 회상하며 음식을 골고루 먹어야 됨을 이야기 나눈다. - 꼬치에 어떤 것들을 끼웠지? - 여러 가지를 한꺼번에 먹으니 어떠니? - 몸이 튼튼해지려면 음식을 어떻게 먹어야 할까? - 그렇구나. 여러 가지 음식을 골고루 먹어야 하는구나.

출처: 3세 누리과정 교사용 지도서(2013).

〈실제 2〉

활동명	달리기 전후 심장소리 들어보기			대상연령	만 4세	
활동형태	자유선택활동			유형	과학	
생활주제	건강과 안전	주제	즐거운 운동과 휴식		소주제	충분히 휴식하기
목표	• 활동 후에는 휴식이 필요함을 안다. • 청진기의 특성과 쓰임에 대해 관심을 가진다.					
누리과정 관련요소	• 신체운동·건강: 건강하게 생활하기–건강한 일상생활하기 • 자연탐구: 탐구하는 태도 기르기–탐구과정 즐기기 : 과학적 탐구하기–간단한 도구와 기계 활용하기					
준비물	• 어린이용 청진기(혹은 성인용 청진기) (청진기가 없으면 풍선, 깔때기, 호스(40cm)를 이용해서 만든 청진기)					
활동단계	활 동 내 용					
청진기 소개 및 사용방법 안내	1. 청진기를 살펴보며 이야기 나눈다. - 이것을 본 적이 있니? - 어디에서 보았니? - 이름이 무엇일까?					

	- 누가 사용하는 것일까? - 언제 사용하는 것일까? - 이것으로 무엇을 할 수 있을까? 2. 청진기 사용방법을 탐색한다. - 청진기는 어떻게 사용하는 것일까? - 청진기를 귀에 끼면 어떤 소리가 들릴까? - (환자의 몸에 대는 부분을 입에 대고) 선생님 말소리가 들릴까? - 한 유아에게 청진기를 귀에 꽂게 하고 (환자의 몸에 대는 부분을 입에 대고) 선생님 말소리가 어떻게 들리니?
몸의 다양한 소리 탐색	3. 우리 몸의 다양한 부분의 소리에 대해 이야기를 나눈다. - 청진기를 이용하여 몸속에서 나는 소리를 들어볼까? - 손목에 대면 어떤 소리가 들리니? - 배에 대면 어떤 소리가 들리니? - 가슴(심장)에 대면 어떤 소리가 들리니? 4. 운동을 한 후 심장 소리가 어떻게 달라지는지 비교한다. - 달리기를 하고 난 후 심장소리가 어떻게 들릴까? - (정해진 장소에서 달리기를 한 뒤 가슴에 청진기를 대고) 어떻게 들리니? - 달리기를 하고 나서 심장소리가 왜 빨라졌을까? - 달리기를 하기 전처럼 심장소리가 나게 하려면 어떻게 해야 할까?
휴식의 중요성	5. 운동을 한 뒤 휴식을 취해야 하는 이유에 대해 이야기 나눈다. - 만약, 매일 가슴에서 빠르게 소리가 나면 어떻게 될까? - 그러면 어떨 때 이렇게 빠르게 심장이 뛸까? - 그렇구나. 달리기나 힘든 놀이를 한 다음에는 어떻게 하는 것이 좋을까?
학습내용 정리	6. 활동을 회상하며 이야기 나눈다. - 오늘 청진기 소리를 들어보았는데 어땠니? - 무엇을 알게 되었지? - 건강을 위해서 놀이를 한 후에는 쉬어야 한다는 것을 알게 되었구나.

출처: 4세 누리과정 교사용 지도서(2013).

〈실제 3〉

활동명	질병을 예방해요			대상연령	만 5세
활동형태	대소집단 활동			유형	이야기 나누기
생활주제	건강과 안전	주제	깨끗한 나와 환경	소주제	질병 예방하기
목표	• 질병의 원인을 안다. • 질병을 예방하기 위한 생활습관을 가진다. • 주제와 연결 지어 자신의 생각을 표현한다.				
누리과정 관련요소	• 신체운동·건강: 건강하게 생활하기-몸과 주변을 깨끗이 하기 • 의사소통: 말하기-느낌, 생각, 경험 말하기				
준비물	• 그림 자료 6장(감기에 걸렸어요, 배가 아파요, 이가 아파요, 눈이 아파요, 귀가 아파요, 피부가 가려워요)				
활동단계	활 동 내 용				
이전 경험 회상하기	1. 아팠던 경험에 대해 이야기 나눈다. - 아팠던 적이 있니? - 어디가 아팠니? - 왜 아팠었던 거 같으니? - 어떻게 해서 병이 나았니? - 친구가 아파서 유치원에 못 오면 어떠니? - 친구가 병이 다 나아서 유치원에 나오면 너희들 마음이 어떠니?				
여러 가지 질병	2. 그림 자료를 보며 여러 가지 병에 대해 이야기 나눈다. - (그림 자료를 하나씩 보며) 이 그림의 아이는 어디가 아픈 것일까? - 어떻게 아플까? - 왜 아팠을까? - 어떻게 병이 나았을까?				
병을 예방하려면	3. 병에 걸리면 어떤 일이 일어날지 이야기 나눈다. - 병에 걸리면 어떤 일이 일어날까? 4. 건강하게 지내는 방법에 대해 이야기 나눈다. - 병에 걸리지 않고 건강하게 지내려면 어떻게 해야 할까? • 몸을 항상 깨끗이 씻는다. • 음식을 골고루 먹는다. • 식사 후에는 양치질을 한다. • 휴식을 취한다. • 제 시간에 잠을 잔다. • 예방주사를 맞는다. • 옷을 잘 갈아입는다.				
학습내용 정리	5. 자기가 그동안 건강을 위해 제일 못 지켰던 것에 대해 이야기 나눈다. - 너희들이 건강을 위해 그동안 제일 못 지켰던 것이 무엇이니? - 차례로 이야기해 볼까? - 오늘부터 지킬 수 있을까?				

출처: 5세 누리과정 교사용 지도서(2013).

제 6 장

영유아의 질병과 감염성 질환

최근 세계적인 생태 환경의 변화로 인해 우리의 생활 속에서 새로운 질병이나 환경오염, 재해 대처, 식생활 건강 등의 문제가 중요하게 대두되고 있으며 건강하고 안전한 환경에 대한 요구도 높아지고 있다. 이에 본 장에서는 영유아들이 손쉽게 걸리는 질병과 감염성 질환에 대한 일반적인 정보를 다룸으로써 영유아교육기관에서 교사들이 이에 쉽게 대처할 수 있는 방안들을 살펴보았다.

01 질병과 감염성 질환

영유아의 건강과 안전에 대해 가정과 영유아교육기관, 사회와 국가가 함께 관심과 책임을 져야 할 필요가 있다. 보건복지부에서 2019년 12월 3일에 개정하고, 2020년 7월 1일부터 시행되는 감염병예방법 제1조에는 "국민 건강에 위해(危害)가 되는 감염병의 발생과 유행을 방지하고, 그 예방 및 관리를 위하여 필요한 사항을 규정함으로써 국민 건강의 증진 및 유지에 이바지함"을 목적으로 한다고 기술되어 있다. 이처럼 국가 수준에서는 영유아를 포함한 모든 국민의 건강에 위해(危害)가 되는 감염병의 발생과 유행을 방지하고, 그 예방 및 관리를 위하여 필요한 사항을 규정하지만, 영유아교육기관 등 사회나 가정에서 이를 지키고, 실천함으로써 모든 사람이 건강하고, 안전한 환경 속에서 살아갈 수 있도록 해야 한다. 이에 영유아 교사는 영유아에게 자주 발생하는 질병이나 감염병, 혹은 신체적 결함에 대한 기본적인 지식과 대처 능력을 갖추어야 할 필요가 있다.

1) 정의

질병이란 신체의 고통, 불쾌감, 기능의 저하나 부조화 등으로 일상생활이 방해받게 됨으로써 개인의 육체적 이상이나 행동의 이상이 일어난 상태를 말한다. 넓은 의미에서 질병이란 극도의 고통을 비롯해서 스트레스, 사회적인 문제, 신체기관의 기능 장애와 죽음 등을 모두 포함한다. 질병은 감염성 질환과 비감염성 질환으로 나눌 수 있다. 이 중 감염성 질환은 전염병이라고 부른다. 감염성 질환은 바이러스, 세균, 곰팡이, 기생충과 같이 질병을 일으키는 병원체가 동물이나 인간에게 전파, 침입하여 질환을 일으키는 것을 말한다. 반면에 비감염성 질환은 고혈압이나 당뇨병, 고지혈증 등 심뇌혈관질환과 같이 병원체 없이 일어날 수 있는 질환으로, 발현기간이 길며 만성질환이라 부른다(나무위키). 이러한 질병은 육안으로 이상을 확인할 수도 있지만, 확인이 불가능한 경우도 있다. 이 중 감염성 질환은 병원성 미생물이나 그 독성 산물에 감염된 사람과 직접 접촉이나 간접 접촉, 또는 주위 환경에서 기생동물의 중간 숙주와 보균 무생물과의 접촉에 의하여 감염되는 것을 말한다(조양자, 서용선, 정승교, 조영임, 1998).

2) 종류

영유아들이 쉽게 걸리는 질병은 호흡기 질환, 감염병 질환, 눈 질환, 심장 질환, 피부 질환 등으로 나누어 볼 수 있다. 이러한 질병의 종류와 내용에 대해 간단하게 살펴보고자 한다(김라, 2005; 신영규, 이강우, 최성항, 2009; 조양자, 서용선, 정승교, 조영임, 1998).

(1) 호흡기 질환

호흡기는 영유아들에게 가장 빈번하게 병이 생기게 되는 곳으로, 영유아에게 주로 발생하는 종류로는 기침, 감기, 독감, 중이염, 축농증, 편도선염, 수족구병, 폐렴, 천식 등이 있다.

① 기침

기침은 호흡기 질환에서 가장 흔히 나타나는 증상으로 감염된 위치에 따라 기침 소리가 다르다. 후두염은 성대에 염증이 생겨 마치 개 짖는 것과 같이 '컹컹' 기침 소리가 나고, 기관지염은 저음의 젖은 기침 소리가 나며 아침에 심해지는 특성을 보인다. 알레르기 비염의 경우는 멈추기 힘든 마른기침을 유발할 수 있다. 밤에만 기침을 하는 영유아의 경우 천식이 아닌지 의심해 보아야 한다.

기침을 단순히 멈추게 하는 것보다 기침의 원인을 찾아 근본적인 치료를 해야 한다. 영유아가 기침을 심하게 할 때 물을 충분히 먹이고 가습기를 적절히 틀어 놓으면 좀 더 편안해 할 것이다.

② 감기(급성 비인두염)

나이에 상관없이 가장 많이 발병하는 질병으로 여러 가지 종류의 바이러스가 코, 인두, 편도선 등에 감염되어 생긴다. 감기는 건강한 영유아도 호흡에 의해 감염될 수 있으며, 감기 든 사람과의 신체적 접촉을 통해서도 감염될 수 있다. 그러나 감기는 바이러스에 감염되었다고 걸리는 것이 아니라, 신체의 저항력이 약해진 경우, 호흡기 알레르기가 있는 경우, 영양이 부족한 경우 등 개인의 상황에 따라 그 반응이 다르게 나타난다.

그 증상으로 재채기, 코 막힘, 두통, 콧물, 기침, 미열 등이 주로 나타난다. 또한 눈이 충혈되고 눈물이 나기도 하며 귀가 아프기도 하고 임파선이 부을 수도 있다. 때로는 39.4℃ 정도의 고열을 동반하는 경우도 있다. 특히 영아인 경우는 자신이 아픈 것을 말로 잘 표현하지 못하기 때문에 영아가 보채거나 기운이 없고, 식욕이 없으며, 때로는 구토나 설사가 동반될 때 민감하게 살펴보아야 한다. 감기 자체는 무서운 병이 아니므로 5~7일이 지나면 낫게 되지만, 독감 등 특별한 바이러스에 감염된 경우에는 반드시 의사의 진단과 치료를 받아야 한다. 더 나아가 감기가 합병증으로 발전하여 중이염, 경부 림프절염, 후두염, 기관지염, 모세 기관지염, 폐렴, 화농성 부비동염 등의 무서운 병을 유발할 수 있으므로 소홀히 다루어서는 안 된다.

③ 독감

독감은 인플루엔자 바이러스에 의해 생기는 심한 감기로 12월에서 다음해 3월까지 유행한다. 독감은 일반 감기보다 증상이 심하고 합병증이나 후유증이 잘 생긴다. 독감에 걸리면 종류에 관계없이 갑자기 콧물, 눈의 충혈이나 눈곱, 목의 통증, 기침이 나타난다. 또한 다른 감기와 달리 고열과 심한 근육통 때문에 기운이 없고, 두통이 심하다.

근래에 독감을 치료할 수 있는 항바이러스 약품이 개발되었지만, 연령이 제한되어 있고, 효과가 약한 단점이 있다. 그러므로 만성적으로 아픈 영유아에게는 예방이 더 중요하며, 일단 독감에 걸리면 푹 쉬고, 열을 가라앉혀 주고, 근육통, 복통, 두통을 덜어 주는 것이 좋다.

④ 중이염

귓속에 균이 들어가 염증이 발생되는 중이염은 감기의 합병증으로 나타난다. 주로 6개월에서 24개월에 가장 많이 일어나며, 4~6세의 유아에게서도 많이 발생하는 질병이다. 그러나 8세 이후에는 귓속 기관의 해부학적 변화가 일어나기 때문에 중이염의 발생 빈도가 줄어든다. 증상은 38~40℃ 정도의 열이 갑자기 나면서, 어지러움, 설사, 구토, 식욕 부진 등을 동반하기도 한다. 귓속이 아프기 때문에 귀가 아프다고 말로 표현할 수 있지만, 말로 잘 표현을 할 수 없는 영아는 울면서 아픈 귀를 잡아당기거나 비비는 수가 있다. 중이염은 빨리 발견하여 치료하면 고막이 정상으로 되면서 치유될 수 있지만, 너무 늦게 치료를 하거나 적절한 항생제를 사용하지 못하였을 때 중이에 화농물질이 축적되어 일시적인 청력의 손상을 초래할 수도 있다. 또한 한쪽 귀에 생긴 중이염을 빠르게 치료하지 않는다면, 다른 쪽 귀에까지 전이될 수 있으므로 주의해야 한다.

일단 감기에 자주 걸리지 않도록 하는 것이 필요하며, 예방접종을 철저히 해야 한다. 또한 감기에 걸린 영유아가 함부로 귀지를 파지 않게 하며, 영아의 경우 누워서 우유를 먹이지 않도록 한다.

⑤ 축농증(부비동염)

축농증은 코 옆의 광대뼈 속에 동굴 같은 빈 공간에 염증이 생기면 점막이 붓거나 고름 또는 체약이 고이는 현상을 말한다. 축농증은 대개 2살 이상의 유아들에게 나타나는데, 주로 고름이 고이는 성인과 달리 단순한 염증만 있는 경우가 많다. 기침과 콧물이 10일 이상 지속되거나 아침에 눈 주위가 붓거나 고열이 나거나 진하고 누런 콧물이 보일 때, 눈 뒤 혹은 눈 위쪽의 두통을 호소하는 경우 축농증이 생기지 않았는지 살펴보아야 한다.

유아들의 축농증은 감기와 유사하므로 약물로 치료한다. 염증을 가라앉히기 위해 항생제를 쓰지만, 치료 기간이 오래 걸린다. 급성인 경우에는 2주 정도, 만성일 때는 3~6주 정도 치료를 해야 낫는다. 만성인 경우 수일 내 일단 증상이 좋아졌다가 약을 끊으면 재발하는 경우가 많기 때문에 인내를 갖고 치료를 해야 한다. 특히 기관지 천식이 있는 경우 더욱 주의를 기울여야 한다.

⑥ 편도선염(급성후두염)

편도선염은 감기의 합병증으로 인해 발생되는 것으로, 기관지염, 폐렴으로 발전하기 쉽다. 영유아의 기관지에 염증이 생겨 발생한다. 바이러스가 원인일 때 특별한 치료를 하지 않아도 3~4일 지나면 증세가 호전되지만, 목이 아파서 불편하지 않게 치료를 해야 한다. 편도선염에 걸리면, 영유아가 열이 나고 식욕부진을 보이며, 목 주위에 있는 임파선이 붓는 증상을 보인다. 때로는 편도선에 고름이 생기기도 한다. 특히 영유아가 지속적인 목구멍의 통증, 두통, 위통 또는 지나친 피로를 동반하거나 호흡곤란, 침을 흘리면서 삼키질 못하는 증상을 보이면, 심한 감염을 나타내는 것이기 때문에 빨리 소아과 의사의 진찰을 받아야 한다.

편도선염은 감염성이기 때문에 이런 증상을 가진 성인은 영유아와 접촉을 하지 말아야 한다. 그러나 대부분의 환자는 증상이 나타나기 전에 이미 감염력을 갖고 있으므로 영유아가 감기에 걸리지 않게 하거나 감기가 오래 가지 않도록 하는 것이 후두염을 예방하는 방법이다.

⑦ 수족구병

수족구병이란 손, 발, 입 안에 주로 붉은 발진이나 물집이 잡히게 하는 병으로 '콕사키바이러스'가 원인이다. 이 병은 공기를 통해서 감염되며, 환자와의 접촉에 의해서도 옮기는 병이다. 손이나 발에 생긴 물집은 수두와 유사하지만, 수두와 달리 주로 손, 발, 입 안, 무릎, 엉덩이, 팔꿈치 주위에 잘 생긴다. 감기와 비슷한 증상을 보이는 경우가 많지만, 심한 경우 입 안이 헐기 때문에 영유아가 잘 먹지 못하고, 열이 많이 나기 때문에 때로는 탈수 증상이 나타난다. 대략 1주일 정도 앓게 되며, 합병증은 거의 없다.

바이러스 질환이기 때문에 항생제 치료는 효과가 없다. 입이 아파 잘 먹지 못하면 시원한 보리차를 먹여 탈수를 예방하고, 좀 큰 유아인 경우 아이스크림을 먹이는 것도 좋다. 설사가 자주 동반되기도 하는데 이러한 경우에는 아이스크림을 먹이면 안 된다.

⑧ 폐렴

호흡기 질환 중 가장 심한 병 가운데 하나이며, 입원이 필요한 경우가 많다. 폐렴은 공기 중이나 환자의 가래 기침 속에 있는 바이러스, 세균 등에 의해 감염되는 질환으로 폐 조직 자체에 생기는 염증이다. 폐렴은 바이러스성 감기 후에 생기며, 저항력이 약해진 영유아의 기도나 폐에 균이 침범하게 된다. 초기 증세는 감기와 유사하여 콧물, 발열, 구토, 설사, 식욕 부진 등의 증상이 나타나지만, 심해지면 마른기침을 하거나 고열(40.6℃)이 나면서 호흡이 어려워지는 현상이 나타난다. 그러나 증상이나 진찰만으로는 폐렴도 심한 감기나 급성 기관지염과 다를 것이 별로 없어 구별하기가 어려운 경우가 많다. 이럴 때는 가슴 X선을 찍어 진단하는 것이 필요하며, 폐렴이라고 진단이 내려지면 가래 검사와 혈액 검사를 통해 원인을 알아보는 것이 치료에 매우 중요하다.

폐렴은 잘 낫는 경우가 많지만, 치료를 잘 받지 않거나 균의 저항성이 강해 치료가 잘 되지 않는 경우 합병증이나 2차 감염을 유발하는 경우도 있다. 폐렴으로 사망하는 경우는 1% 미만이지만, 심한 세균성 폐렴인 포도상구균 폐렴은 10~30%의 사망률을 보인다. 일반적으로 감기 예방법을 잘 지키는 것이 가장 중요하며, 평소 기관지염이나 천식에 잘 걸리는 영유아는 초기에 치료를 잘 해야 한다. 항상 주변 환경과 몸을 깨끗이 함으로써 폐렴을 예방할 수 있다.

⑨ 천식

천식은 4~5세 유아에게서 주기적·발작적으로 반복하여 발생하는 호흡곤란의 경우를 말한다. 기관지 천식이란 만성 알레르기성 기관지 천식을 말하는 것으로 대개 알레르기 체질에서 나타나고, 부모의 알레르기가 유전되기도 한다. 기관지가 어떤 원인 물질의 자극을 받으면 천식을 일으키게 된다. 이러한 특정 대상을 알레르겐(allergen)이라 하는데 꽃가루, 집 먼지, 가축의 비듬이나 털, 우유나 계란 등의 음식, 감기를 유발하는 여러 종류의 바이러스, 갑작스런 온도의 변화, 공해 등이 알레르겐에 포함된다. 또한 천식을 유발하는 원인은 사람들마다 다르기 때문에 검사가 필요하다.

어린이 천식은 1살 전부터 생기기 시작하며, 5~6살이 되면서 증상도 약해지고 재발 횟수도 줄어들어 환자에 따라 완전히 없어지기도 하고, 젊었을 때 없어졌다 노년기에 나타나는 경우도 있다. 천식은 만성적이고 고질적인 병이지만, 잘 조절하면 별 고생하지 않고 일생을 지낼 수 있다. 그러나 천식은 우선 정확한 진단을 받고, 치료를 위해 원인 물질을 치워 깨끗한 환경을 만들어야 한다. 또한 급성 천식 발작의 치료 방법을 배워 급할 때는 집에서 자가 치료를 먼저 하고, 안 되면 병원에서 응급치료를 받아야 하며 면역 요법을 통해 치료가 가능하다. 아울러 천식이 재발하지 않도록 하기 위해 장기적인 예방 치료를 해야 하며, 먹는 약이나 호흡기를 이용한 약 등으로 꾸준한 치료를 해야 한다.

(2) 소화기 질환

영유아에게 주로 발생하는 소화기 질환의 종류로는 복통, 맹장염, 변비, 설사, 급성 바이러스성 장염, 우유 알레르기, 식중독 등이 있다. 그 내용을 살펴보면 다음과 같다.

① 복통

영유아는 자주 배가 아프다고 말을 한다. 때로는 증상이 저절로 좋아지는 경우가 많지만, 때로는 3~5시간 계속 아파하거나 복통이 점점 심해지거나 열이 나거나 목이 아프다고 하면 병원에 가는 것이 좋다. 이러한 경우 영아 산통, 변비, 급성 장염 등으로 배가 아플 수 있으며, 큰 유아인 경우는 변비, 인후염, 급성 장염, 우유 알레르기 등으로 인해 복통이 발생할 수 있다.

② 맹장염(급성 충수돌기염)

맹장염은 맹장 끝에 붙어 있는 장에 염증이 생기는 경우에 발생한다. 어린 유아는 미열과 함께 잘 안 먹고 배가 아픈 듯이 다리를 굽히고 우는 것이 유일한 증상이며, 염증이 진행된 후에는 복부 오른쪽 아래가 단단하게 뭉치는 경우가 있다. 좀 큰 유아는 처음에는 위염처럼 명치나 배꼽이 아프다고 하다가 반나절이나 하루가 지나면서 배의 오른쪽 아래로 아픈 것이 집중된다. 맹장염은 속이 울렁거리거나 구토가 동반된다.

③ 변비

유아가 성장을 함에 따라 변을 보는 횟수는 점점 감소한다. 보통 하루에 한 번 이상 대변을 봐야 하지만, 2~3일에 한 번을 보더라도 대변이 굳지 않고 편하게 변을 볼 때는 변비가 아니다. 그러나 식사량이 적거나 식물성 섬유질의 섭취량이 적고 단백질을 많이 먹을 때, 혹은 며칠 동안 변을 보지 않아서 대장에 변이 고여 있고, 변에서 물기가 흡수되었을 때 변비로 나타난다. 대변이 점점 더 굳어져 감에 따라 변을 보기 힘들어진다. 그러므로 변비를 예방하기 위해서는 규칙적으로 변을 볼 수 있도록 습관을 길러 주어야 한다.

④ 설사

설사는 영유아에게 감기 다음으로 흔한 증상이다. 설사는 가볍게 지나가는 경우가 대부분이지만, 심한 복통을 동반하기도 한다. 대장균, 살모넬라균 등 감염성 설사가 있으며, 우유 알레르기나 알레르기성 위장염으로 발생되는 알레르기성 설사가 있고, 과식이나 농도가 진한 우유 등을 먹어 발생하는 비감염성 설사가 있을 수 있다. 설사가 멎지 않고 3주 이상 계속 되면 만성 설사가 나타날 수 있다. 설사는 몸속의 물과 전해질이 설사를 통해 나가기 때문에 탈수와 전해질 불균형을 일으킨다. 그러므로 기운이 없이 늘어지고 심한 탈진 상태가 되면서 경련을 일으키기도 한다. 설사와 구토가 심하게 발생할 때는 평소에 먹던 것을 멈추고, 보리차, 미음 등 소화되기 쉽고 부드럽고 따뜻한 음식을 먹여야 하며 보통 분유, 요구르트, 생과일주스, 과일, 녹즙, 찬 음식, 자극적인 음식, 설탕이 많이 들어 있는 음료수 등은 먹이지 말아야 한다.

⑤ 급성 바이러스성 장염(가성 콜레라)

6~24개월 사이의 영아에게 잘 발생되는 것으로 매년 10월경에서 초겨울까지 많이 발생하게 된다. 감염력이 강하여 형제나 이웃에 사는 영유아에게도 쉽게 감염된다. 처음에는 1~2일 정도 열이 많이 나고, 토하다가 물 설사를 시작한다.

설사하기 전 고열과 구토가 먼저 나타나기 때문에 뇌막염으로 의심되기도 한다.

급성 바이러스성 장염이 유행하는 시기에는 환자와의 접촉을 피하고, 사람이 많이 있는 곳에 가지 않는 등 일반적인 주의 사항을 잘 지켜야 한다.

⑥ 우유 알레르기

우유에 대한 알레르기는 흔한 병이 아니다. 이 병은 태어난 지 몇 달 이내에 발생하며, 처음부터 분유를 먹인 경우, 알레르기의 가족력이 있는 경우 그 가능성이 높아진다. 우유 알레르기의 약 50%는 1살 무렵에 증상이 사라지며, 2살 75%, 3~4살까지는 85%가 우유 알레르기에서 벗어나게 된다. 우유 알레르기의 흔한 증상은 복통, 구토, 설사가 있다. 이러한 알레르기가 일어나지 않게 하기 위해서는 우유가 들어간 음식뿐만 아니라 아이스크림, 요구르트, 치즈 등을 피해야 하며, 모유를 먹이는 것이 가장 좋은 방법이다.

⑦ 식중독

식중독은 세균에 오염된 음식을 먹은 후에 복통, 구토, 설사, 열 같은 증상이 나타나는 것이다. 보균자가 중요한 감염원이며, 자연계의 여러 동물도 감염원이 될 수 있다. 가장 흔한 포도상구균은 음식 속에서 독소를 만들어 내는데, 이 독소는 끓이거나 익혀도 파괴되지 않고, 음식을 먹은 지 1~6시간 후에 증상이 시작되어 하루 정도 지속된다. 살모넬라균은 잘 익히지 않은 계란, 소독되지 않은 우유가 원인이 되지만 이것은 끓이면 죽일 수 있다. 식중독은 일시적으로 아무것도 먹이지 않고 장을 쉬게 해주는 것만으로도 증상이 좋아진다. 그러나 구토와 설사가 계속되고 탈수가 생긴다면 수액 공급을 해주는 것이 좋다.

식중독을 예방하려면 날 음식을 요리할 때 특히 주의를 해야 한다. 요리하기 전에 뜨거운 물로 손과 음식을 깨끗이 씻어야 하고, 화장실이나 기저귀를 갈아 준 후 손을 깨끗이 씻어야 한다. 또한 모든 요리는 완전히 익혀 먹어야 하고, 고기는 당장 요리를 하지 않는다면 냉동보관을 해야 하며, 뜨거운 음식도 식히지 않고 즉시 냉장보관을 하고, 요리된 음식은 2시간 이상 방치하지 말아야 한다.

(3) 뇌와 신경의 질환

① **경련성 질환(간질)**

경련이란 여러 가지 원인에 의해 발생되는 뇌파의 이상으로 몸이 전체적으로 또는 부분적으로 굳어지는 현상을 말한다. 특히 원인도 모르는 채 습관적으로 경련이 일어나는 것을 간질이라고 한다. 경련이 일어나면 팔다리가 뻣뻣해지고, 잡아도 멈추지 않으며, 눈동자가 고정되거나 한쪽으로 돌아가고, 숨을 잘 못 쉬어서 얼굴이 파래진다. 한편 간질을 치료하기 위해서는 원인 질환을 찾아야 한다. 간질 환자의 70~80%는 약물로 경련이 예방되며 다른 이상이 없다면 대부분 지능도 정상이며, 먹고 자고 공부하고 운동하는 등 일상적인 생활을 잘 할 수 있다.

② **뇌수막염**

뇌수막염은 뇌와 척수를 덮고 있는 보호막인 뇌수막 조직의 염증을 말하는 것으로 대개 5살 이하에서 발생한다. 고열과 구토 증상을 동반하며, 특히 영아의 경우 갑작스런 쇼크나 탈수 증상 등으로 사망에 이를 수 있는 질병이다. 바이러스성 뇌수막염과 세균성 뇌수막염으로 구분할 수 있으며, 예방접종의 효과가 있는 것은 세균성 뇌수막염 중에서도 '헤모필루스b'형이다. 국내 발병률은 매우 낮지만, 일단 발병하면 사망률이 5~10%이고 20~30%는 청각장애나 혼수상태 등 심각한 후유증을 겪으므로 가능하다면 예방주사를 맞는 것이 좋다.

바이러스성 뇌수막염은 결핵균이 원인균이며, 주로 결핵에 감염된 성인으로부터 직접 공기를 통해 감염되므로, 가족이나 친지 중에 감염원이 있는 경우 쉽게 감염된다. 결핵은 증상이 정확하게 나타나지 않아 초기에 진단하기가 어렵지만, 너무 오래 치료를 하지 않고 내버려두면 결핵균이 혈액, 뇌막, 신장 등 신체의 다른 부분으로 전이되어 심각한 결과를 초래하기도 한다. 결핵성 뇌막염에 걸리면 초기에는 무기력하고 식욕이 감퇴하며, 수면장애, 흥분, 설사를 동반하기도 한다. 1~2주가 경과하고 나면 근육의 경련과 안면근육의 마비가 일어나기 시작하며 곧 혼수상태에 이르게 된다. 발병 후 3주 이내에 사망할 수 있으므로 조기에 발견하고 서둘러 치료해야 한다.

(4) 눈 질환

유아에게 가장 흔한 눈의 이상으로, 가까운 곳에 있는 물체는 잘 보아도 먼 곳에 있는 물체는 선명하게 보지 못하는 근시로 대부분 2살이 지나서야 잘 발견된다. 원시인 경우 안구의 앞뒤 길이가 평균보다 짧아져 가까운 물체를 보는 데 어려움을 느끼는 상태로 아이가 독서를 할 때 눈이 자주 아프다고 하거나 두통이 생긴다고 하면 원시일 수 있다. 난시인 경우, 가까운 곳이나 먼 곳의 시야가 모두 흐릿하게 보인다. 약시는 한쪽 눈이 잘 안보이거나 한쪽 눈을 다쳐서 다른 쪽 눈만 사용하게 될 때 자주 일어나는 문제로 사용하지 않는 눈이 더 약해지는 현상이다. 대개 3살 정도에 발견되어 6살 정도에 시력이 회복되나 그 후에도 지속된다면 사용하지 않는 눈의 시력을 영원히 잃어버릴 수 있다.

(5) 피부 질환

① 아토피성 피부염

영유아 10명 중 1명꼴로 생기는 가장 흔한 피부 질환으로 돌이 지나기 전부터 주로 생기는데 피부가 건조하고 거칠며, 잘 트고 닭살이 돋은 것 같은 살결을 보인다. 아토피성 피부염은 알레르기 체질이 유전되어 발생하므로 가족 중에 만성 피부염이나 알레르기성 비염을 앓고 있는 사람이 있는 경우가 많다. 생후 6개월 정도에는 간지러운 붉은 반점과 미세한 물집이 양볼, 이마, 머리에 나타나고, 팔과 몸통 부위로 번진다. 4살에서 10살 사이에는 가려움을 동반한 비듬이 덮인 반점이 얼굴과 몸통에 나타나며, 처음 보였던 아토피성 피부염보다는 진물이 적고 보다 건조하며 피부가 더 두터워지는 경향이 있다. 아토피성 피부염 환자 10명 중 6~7명은 2살 정도에 증세가 완전히 없어지지만, 나머지는 계속 남아 만성화된다.

아토피성 피부염은 만성질환으로 치료에서 가장 중요한 원칙은 영유아에 대한 사랑과 정성, 그리고 인내하는 것이다. 아토피 증상을 완화하려면 긁지 않게 해야 한다. 가려움이 심하면 긁게 되므로 약을 먹여 가려움을 막거나 손톱을 짧게 해주거나 면장갑을 끼워 주는 것이 좋다. 아토피를 심하게 하는 우유, 밀가루 음식, 땅콩, 생선, 계란 등을 피하게 하고, 주변 환경에 알레르기를 일으킬 수 있는 것을 피해 주어야 한다. 아토피 증상을 가진 영유아는 목욕을 주의해서 해야 하며, 목욕을 마친 후 피부가 마르기 전에 아토피용 로션, 크림, 오일 등을 매일 3회 이상 발라 주어 피부가 건조해지는 것을 막아야 한다.

(6) 감염성 질환

보건복지부 질병정책과는 감염병 예방 및 관리에 관한 법률(약칭 감염병 예방법) 제2조에서 제시하는 감염병의 종류와 그 특성 및 질병관리본부(2018)가 어린이집, 유치원, 학교에 보급한 '대상 감염병 관리 안내서'에서 발췌한 내용을 토대로 다음의 〈표 6-1〉에는 영유아가 걸리기 쉬운 감염병을 제시하였다.

〈표 6-1〉 감염되기 쉬운 질병

영아(1세 미만)	유아(1~6세)
RS바이러스 감염증	
로타바이러스 감염증	로타바이러스 감염증
인플루엔자	인플루엔자
	장출혈성대장균 감염증
	수두
	유행성이하선염
	백일해
	성홍열
	수족구병

출처: 질병관리본부(2018).

1세 미만의 영아인 경우는 RS 바이러스 감염증, 로타바이러스 감염증, 인플루엔자에 걸리기가 쉬우며, 1~6세 유아들은 로타바이러스 감염증, 인플루엔자,

장출혈성 대장균 감염증, 수두, 유행성 이하선염, 백일해, 성홍열, 수족구병에 걸리기가 쉽다.

〈표 6-2〉 감염되기 쉬운 질병

감염병	특성	감염병
제1급감염병	생물테러감염병 또는 치명률이 높거나 집단 발생의 우려가 커서 발생 또는 유행 즉시 신고하여야 하고, 음압격리와 같은 높은 수준의 격리가 필요한 감염병 (다만, 갑작스러운 국내 유입 또는 유행이 예견되어 긴급한 예방·관리가 필요하여 보건복지부장관이 지정하는 감염병 포함)	가. 에볼라바이러스병 나. 마버그열 다. 라싸열 라. 크리미안콩고출혈열 마. 남아메리카출혈열 바. 리프트밸리열 사. 두창 아. 페스트 자. 탄저 차. 보툴리눔독소증 카. 야토병 타. 신종감염병증후군 파. 중증급성호흡기증후군(SARS) 하. 중동호흡기증후군(MERS) 거. 동물인플루엔자 인체감염증 너. 신종인플루엔자 더. 디프테리아
제2급감염병	전파가능성을 고려하여 발생 또는 유행 시 24시간 이내에 신고하여야 하고, 격리가 필요한 다음 각 목의 감염병 (다만, 갑작스러운 국내 유입 또는 유행이 예견되어 긴급한 예방·관리가 필요하여 보건복지부장관이 지정하는 감염병 포함)	가. 결핵(結核) 나. 수두(水痘) 다. 홍역(紅疫) 라. 콜레라 마. 장티푸스 바. 파라티푸스 사. 세균성이질 아. 장출혈성대장균감염증 자. A형간염 차. 백일해(百日咳) 카. 유행성이하선염(流行性耳下腺炎) 타. 풍진(風疹) 파. 폴리오 하. 수막구균 감염증 거. b형헤모필루스인플루엔자 너. 폐렴구균 감염증 더. 한센병 러. 성홍열 머. 반코마이신내성황색포도알균(VRSA) 감염증 버. 카바페넴내성장내세균속균종(CRE) 감염증 서. E형간염

감염병	특성	감염병
제3급감염병	그 발생을 계속 감시할 필요가 있어 발생 또는 유행 시 24시간 이내에 신고하여야 하는 다음 각 목의 감염병 (다만, 갑작스러운 국내 유입 또는 유행이 예견되어 긴급한 예방·관리가 필요하여 보건복지부장관이 지정하는 감염병 포함)	가. 파상풍(破傷風) 나. B형간염 다. 일본뇌염 라. C형간염 마. 말라리아 바. 레지오넬라증 사. 비브리오패혈증 아. 발진티푸스 자. 발진열(發疹熱) 차. 쯔쯔가무시증 카. 렙토스피라증 타. 브루셀라증 파. 공수병(恐水病) 하. 신증후군출혈열(腎症侯群出血熱) 거. 후천성면역결핍증(AIDS) 너. 크로이츠펠트-야콥병(CJD) 및 변종크로이츠펠트-야콥병(vCJD) 더. 황열 러. 뎅기열 머. 큐열(Q熱) 버. 웨스트나일열 서. 라임병 어. 진드기매개뇌염 저. 유비저(類鼻疽) 처. 치쿤구니야열 커. 중증열성혈소판감소증후군(SFTS) 터. 지카바이러스 감염증
제4급감염병	제1급감염병부터 제3급감염병까지의 감염병 외에 유행 여부를 조사하기 위하여 표본감시 활동이 필요한 다음 각 목의 감염병	가. 인플루엔자 나. 매독(梅毒) 다. 회충증 라. 편충증 마. 요충증 바. 간흡충증 사. 폐흡충증 아. 장흡충증 자. 수족구병 차. 임질 카. 클라미디아감염증 타. 연성하감 파. 성기단순포진 하. 첨규콘딜롬 거. 반코마이신내성장알균(VRE) 감염증 너. 메티실린내성황색포도알균(MRSA) 감염증 더. 다제내성녹농균(MRPA) 감염증 러. 다제내성아시네토박터바우마니균

감염병	특성	감염병
		(MRAB) 감염증 머. 장관감염증 버. 급성호흡기감염증 서. 해외유입기생충감염증 어. 엔테로바이러스감염증 저. 사람유두종바이러스 감염증
기생충감염병	기생충에 감염되어 발생하는 감염병 중 보건복지부장관이 고시하는 감염병	
세계보건기구 감시대상 감염병	세계보건기구가 국제공중보건의 비상사태에 대비하기 위하여 감시대상으로 정한 질환으로서 보건복지부장관이 고시하는 감염병	
생물테러 감염병	고의 또는 테러 등을 목적으로 이용된 병원체에 의하여 발생된 감염병 중 보건복지부장관이 고시하는 감염병	
성매개 감염병	성 접촉을 통하여 전파되는 감염병 중 보건복지부장관이 고시하는 감염병	
인수(人獸)공통 감염병	동물과 사람 간에 서로 전파되는 병원체에 의하여 발생되는 감염병 중 보건복지부장관이 고시하는 감염병	
의료 관련 감염병	환자나 임산부 등이 의료행위를 적용받는 과정에서 발생한 감염병으로서 감시활동이 필요하여 보건복지부장관이 고시하는 감염병	

출처: 질병관리본부(2018).

이 중 영유아에게 발생하기 쉬운 감염성 질환의 종류로는 홍역, 풍진, 볼거리(유행성이하선염), 수두, 간염 등이 있다.

① 홍역

몸에 열꽃이 피는 대표적인 병이지만, 요즘은 예방접종의 결과로 환자가 많이 줄었다. 홍역 바이러스는 환자의 코나 목에서 나온 분비물이 기침이나 재채기를 통해 공기 중에 산포되어 있다가 공기를 통해 감염되거나 직접 분비물이 묻은 물체를 통하여 감염된다. 약 10일 정도의 잠복기를 거쳐 3~4일간 발열, 불쾌감, 기침, 콧물, 결막염이 나타난다. 열이 난 지 2~3일부터 빨간 반점이 입 안

양쪽 볼의 점막에 나타나기 시작한다. 반점이 나타난 후 1~2일이 지나면 발진이 시작되며, 발진 출현 후 2~3일째가 증상이 가장 심하여 40도 이상의 고열이 발생한다. 둥근 모양의 발진이 이마와 귀 뒤부터 시작되어 얼굴, 목, 팔, 몸통 상부로 급속히 퍼진다. 홍역은 감염성이 강한 병이기 때문에 다른 영유아와 접촉하지 않게 해야 한다. 홍역은 붉은 반점이 나타나기 3~4일 전부터 감염성이 있으며, 붉은 반점이 완전히 사라져야 감염성이 없어진다.

홍역은 열이 나기 때문에 탈수되기 쉬우므로, 물을 많이 먹어야 하며, 처음 며칠간은 방을 조금 어둡게 해주는 것이 좋다. 이러한 홍역의 예방은 첫돌 이후 12~15개월에 1번, 4~6살에 1번씩, 총 2회에 걸쳐 홍역예방접종을 하면 평생 면역력이 생긴다.

② 풍진

풍진은 발진이 생기는 모습이 홍역과 비슷해서 3일 홍역이라고도 한다. 풍진도 기침이나 재채기 또는 말할 때 튀어나오는 작은 수포로 전파되며, 누구든지 걸릴 수 있다. 풍진에 걸리면 감기 증세를 보이며, 목, 귀 뒤, 뒤통수 아래의 임파선이 잘 붓고, 얼굴부터 시작하여 온몸에 열꽃이 돋는다. 처음에는 얼굴에서 나타나다가 2~3시간 이내에 머리, 팔, 몸통 등 온몸에 나타난다. 풍진에 걸리면 5일까지는 감염성이 있기 때문에 집에 있는 것이 좋다. 특히 풍진 걸린 사람이 임산부를 만나지 않도록 주의를 기울여야 한다. 임신 16주 이내의 임산부가 풍진에 감염되면 본인은 별다른 증상이 없지만, 태아에게 치명적인 영향을 주게 된다. 귀머거리, 심장기형, 지능 지체 등의 선천성 기형을 가진 아기를 출산할 수도 있으므로 조심해야 한다.

풍진은 MMR 혼합백신으로 예방이 되므로 영유아들이 예방접종을 받는 것이 좋다. 예방접종을 해도 10% 정도의 사람은 풍진에 걸릴 수 있다. 그러므로 면역이 되어 있지 않은 영유아를 돌보는 부모나 교사도 주의해야 한다.

③ 볼거리(유행성 이하선염)

볼거리는 소화액을 분비하는 침샘에 바이러스가 들어가 침샘이 붓는 병으로, 볼거리는 홍역과 같이 환자의 타액을 통해 감염된다. 침샘이 부어오르기 수일 전부터 다른 사람에게 감염시킬 수 있으며, 부종이 완전히 가라앉을 때 까지(적어도 10일 정도) 다른 사람과 접촉을 피해야 한다. 볼거리에 걸리면 귀를 중심으로 부어오르며 곪는데, 이 부위에 동통과 압통을 느끼게 된다. 대개 1~3일째에 최고조에 달하며, 6~10일 정도 부어 있는 상태가 계속되다가 차차 가라앉게 된다. 타액선이 붓는 1~2일 동안 발열, 두통, 식욕 부진, 구토, 근육통 등이 나타난다.

편히 쉬도록 하고, 물을 많이 먹게 하며, 침샘이 부은 곳에 따뜻한 찜질을 많이 해준다. 12~15개월 및 4~6살에 예방하는 MMR백신에 볼거리가 포함되어 있다.

④ 수두

수두는 물집 모양의 발진이 온몸에 나타나며 가려움증과 미열이 나타나는 질환으로, 직접 접촉 또는 공기 전염으로 감염된다. 수두는 유아기에 가장 감염력이 강한 질환의 하나로 3~9세까지의 유아에게서 많이 발병한다. 수두 환자와 접촉한 후 2~3주 잠복기가 지나면 발진을 하게 된다. 처음에는 붉은 반점이 생기고, 이어 작은 물집으로 변하고, 물집은 몸통에서 시작하여 얼굴과 팔다리로 퍼지고 1주일 정도쯤 지나면 딱지가 앉게 된다. 딱지가 앉기 전까지 다른 유아와 접촉을 하지 않도록 격리를 해야 한다.

수포가 생길 무렵 몹시 가렵게 되는데 이때에 긁어서 피가 나고 세균에 감염되어서 흉터가 생기게 된다. 그러므로 긁지 못하게 가려움을 덜어 주는 약을 먹이거나 발라 주고, 손톱을 짧게 깎아 주며, 피부를 청결히 해야 한다. 수두 예방접종은 수두를 앓지 않은 생후 12개월 이상의 건강한 영유아에게 한 번 접종을 하게 되어 있다. 이미 수두 환자와 접촉한 경우에도 3일 안에 수두예방접종을 하면 수두에 걸리지 않으며, 한번 걸린 후에는 평생 면역이 된다.

⑤ 간염

바이러스에 의해 발생하는 간염은 A형 간염 바이러스, B형 간염 바이러스, 기타 여러 가지의 바이러스가 있다. A형 간염은 오염된 음료수나 음식을 통해 감염이 되고, 감염된 사람들 중 20~25%만이 간염 증상이 나타나고, 나머지는 가볍게 앓고 지나간다. A형 간염은 주로 2~3세의 영유아에게 많이 나타나는데 발열, 쇠약감, 소화 장애 등 감기와 비슷한 증세가 나타나다가 경우에 따라 황달 증상, 가려움증, 정신적 우울 상태, 식욕 부진, 복통 등을 나타내기도 한다.

그러나 B형 간염은 주로 보균자인 가족이나 수혈에 의해 감염되며, 성인이나 영유아 모두에게서 발생되는 질병이다. 특히 유아의 경우 출산 과정이나 모유수유를 통해 어머니에게서 감염이 되어 발생되기도 한다. B형 간염도 식욕 부진, 구역질, 구토, 소화 불량의 증세와 함께 피로감을 쉽게 느낀다. B형 간염은 대개 만성간염으로 이행되며, 아주 드물지만 급성전격성 간염이 올 수 있다.

02 질병과 감염성 질환에 대한 예방

1) 일반적인 예방

평소에 일상생활에서 건강에 영향을 주는 요인들을 잘 관리함으로써 감염성 질환에 대한 예방을 할 수 있다. 감염병은 항상 발병되는 것은 아니다. 우리 몸의 상태나 침입한 병원균의 양이 얼마나 침입했는지에 따라 그 발병의 여부나 정도는 다르다. 특히 우리의 몸이 병균에 대해 저항할 수 있는 힘, 즉 면역력이 어느 정도인가에 따라 그 질병을 예방할 수 있기도 하고, 그 발병 정도도 줄일 수 있다. 영유아들은 건강할 때 일상생활에서 충분한 영양을 섭취하고, 적절한 양의 수면과 휴식을 취하며, 정서적으로 안정되고, 청결한 환경에서 생활을 한다면 감염병에 대한 일반적인 예방이 가능하다.

또한 적절한 운동과 바람직한 위생습관을 실천하는 것으로 어느 정도 예방이 가능하다. 즉, 교사는 위생교육의 일환으로 영유아의 식사 후 양치질하기, 놀이 전후나 화장실 사용 후 손 씻기 등을 습관화시킴으로써 감염성 질환들을 어느 정도 예방할 수 있다. 뿐만 아니라 정기적으로 건강진단을 받아 성장과 발육이 정상적으로 이루어지는지를 살펴보고, 이상이 있을 때는 빨리 치료를 받고 적절한 운동을 함으로써 감염성 질환을 예방할 수 있게 된다. 아울러 부모나 교사는 매일 매일의 생활에서 영유아의 건강에 영향을 미치는 환경적 요인들을 잘 관리해 주어 감염성 질환을 예방하도록 해주어야 한다.

2) 감염성 질환에 대한 소독

초중등교육법 제2조 및 고등교육법 제2조 규정에 의한 학교와, 영유아보육보육법에 의한 어린이집, 유아교육법에 의한 유치원은 감염병의 예방 및 관리에 관한 법률에 따라 소독을 시행해야 한다.

- 제48조(오염장소 등의 소독 조치) ① 육군·해군·공군 소속 부대의 장, 국방부 직할부대의 장 및 제12조 제1항 각 호의 어느 하나에 해당하는 사람은 감염병환자 등이 발생한 장소나 감염병병원체에 오염되었다고 의심되는 장소에 대하여 의사, 한의사 또는 관계 공무원의 지시에 따라 소독이나 그 밖에 필요한 조치를 하여야 한다.② 제1항에 따른 소독 등의 조치에 관하여 필요한 사항은 보건복지부령으로 정한다. 〈개정 2010. 1. 18.〉
- 제51조(소독 의무) ① 특별자치도지사 또는 시장·군수·구청장은 감염병을 예방하기 위하여 청소나 소독을 실시하거나 쥐, 위생해충 등의 구제조치(이하 "소독"이라 한다)를 하여야 한다. 이 경우 소독은 사람의 건강과 자연에 유해한 영향을 최소화하여 안전하게 실시하여야 한다. 〈개정 2010. 1. 18., 2020. 3. 4.〉

② 제1항에 따른 소독의 기준과 방법은 보건복지부령으로 정한다. 〈신설 2020. 3. 4.〉
③ 공동주택, 숙박업소 등 여러 사람이 거주하거나 이용하는 시설 중 대통령령으로 정하는 시설을 관리·운영하는 자는 보건복지부령으로 정하는 바에 따라 감염병 예방에 필요한 소독을 하여야 한다. 〈개정 2010. 1. 18., 2020. 3. 4.〉
④ 제3항에 따라 소독을 하여야 하는 시설의 관리 · 운영자는 제52조 제1항에 따라 소독업의 신고를 한 자에게 소독하게 하여야 한다. 다만, 「공동주택관리법」 제2조 제1항 제15호에 따른 주택관리업자가 제52조 제1항에 따른 소독장비를 갖추었을 때에는 그가 관리하는 공동주택은 직접 소독할 수 있다. 〈개정 2015. 8. 11., 2020. 3. 4.〉

출처: 감염병의 예방 및 관리에 관한 법률(2020).

3) 감염성 질환에 대한 예방접종

우리의 몸은 병균에 따라 얼마나 저항할 수 있는가 하는 면역력은 질병을 예방할 수 있고, 그 발병 정도도 줄일 수 있다. 이러한 우리 몸의 면역력은 대개 자연적으로 생기기도 하지만, 대체로 의도적으로 면역력을 갖도록 해야 한다. 신생아의 경우, 어머니로부터 면역체를 받아 태어나고, 모유 수유를 통해 면역능력을 갖게 되지만, 이러한 면역 능력은 일시적인 것이기 때문에 영유아는 스스로의 면역 능력을 갖추어야 한다. 영유아가 면역 능력을 갖출 수 있도록 하는 방법 중 하나는 예방접종을 하는 것이다. 유아기에 발병되는 감염성 질환들은 1차 예방접종 및 추가접종을 통해 어느 정도 예방이 가능하기 때문에 적절한 시기에 필요한 예방접종을 해주는 것이 중요하다. 예방접종의 일차적인 책임은 부모에게 있지만, 교사도 예방접종에 관심을 가져야 한다. 감염병이 유행할 때, 부모에게 가정통신문을 통해 필요한 예방접종이나 예방접종 시 주의 사항을 알려 줄 수 있기 때문에 교사도 감염성 질환에 대한 접종의 확인과 함께 질병에 대해 바르고 충분한 이해를 하여 병의 조기 발견과 그에 대한 신속한 대응을 할 수 있어야 한다.

4) 감염성 질환의 조기 발견과 대응

예방적 대응이 곤란한 감염성 질환에 노출된 영유아는 조기에 발견하고 격리시킴으로써 그 감염성 질환이 확산되는 것을 방지할 수 있다. 영유아를 주의 깊게 관찰하여 감염병의 발병 여부를 될 수 있으면 빨리 파악한다. 이후 부모에게 통지하여 적절한 치료를 받도록 하며, 완치 후 등원하도록 유도한다. 다음의 표에는 감염병별로 환자가 발생할 때 취해야 할 조치 사항 및 감염병 환자와 접촉한 자가 취해야 할 조치를 정리해 놓은 표이다(표 6-3 참조).

〈표 6-3〉 감염병 환자 발생 시 조치 사항

군명	감염병명	잠복기	전염기간	환자 관리 및 격리기간
제1군	장출혈성 대장균 감염증	2~10일 (평균 3~4일)	• 이환기간 및 증상 소실 후 대변에서 균이 검출되지 않을 때까지 전파 가능하며, 보통 성인에서 1주일 이하, 어린이의 1/3은 3주가량 균 배출 • 드물지만 보균상태가 수개월 이상 지속 가능	• 설사 증상 소실되고, (항생제 치료한 경우 완료) 48시간 후 24시간 간격 대변배양검사를 실시하여 2회 연속 음성 확인 시까지 격리
제2군	백일해	4~21일 (평균 7~10일)	• 전구기 시작 또는 발작성 기침 시작 후 3주간 전염 가능 • 적절한 항생제로 치료 시 투약 5일이 지나면 전염력 소실	• 적절한 항생제 투약 후 5일까지 호흡기(비말) 격리하며, 치료를 받지 않은 경우 기침이 멈출 때까지 최소한 3주 이상 격리
	유행성 이하선염	12~25일 (평균 16~18일)	• 증상발현 3일 전부터 5일 후까지	• 이하선염 발현 후 5일까지 격리
	수두	10~21일 (평균 14~16일)	• 발진 발생 1~2일 전부터 모든 피부병변에 가피가 생길 때까지	• 모든 피부 병변에 가피가 형성될 때까지 격리(발진 발생 후 최소 5일간 격리) • 예방접종을 받은 사람은 수두가 발병하여도 가피가 생기지 않는 경우가 있으며 이때에는 24시간 동안 새로운 피부병변이 생기지 않을 때까지 격리해야 함 • 수두에 걸린 엄마에게서 출생한 신생아가 입원 중인 경우에는 생후 21일까지 격리

군명	감염병명	잠복기	전염기간	환자 관리 및 격리기간
제3군	성홍열	1~7일	• 적절한 항생제로 치료 시작하면 24시간 후 전염력 소실 • 치료하지 않는 경우 수주에서 수개월 동안 전염 가능	• 적절한 항생제 치료 시작 후 24시간까지 호흡기(비말)격리
	인플루엔자	1~4일 (평균 2일)	• 전염력은 증상 시작 1일 전부터 4~5일간 가장 높아짐 • 단, 소아나 면역저하자에서는 바이러스 배출기간이 2주 이상 길어지기도 함	• 증상 발생 후 5일이 경과하여야 하고 해열제 없이 정상체온 회복 후 48시간까지 타인과 접촉을 제한
	결핵	명확하지 않음	• 전염성 결핵이 의심되었을 시점에서부터 치료 시작 후 2주 이상	• 일반적으로 2주 이상 효과적인 항결핵제들을 복용하고 호흡기 증상이 소실되었고, 객담 항산균 도말검사에서 음전될 때까지 격리 * 결핵예방법 제13조(업무 종사의 일시 제한)
지정	로타바이러스 감염증	1~3일	• 대변 내 로타바이러스 배출은 임상 증상이 나타나기 전에 시작되어 대개 2주 이내에 전파 가능	• 증상이 없는 아이들과 구분
	노로바이러스 감염증	10~50시간 (12~48시간)	• 최대로 바이러스 배출이 높은 시기인 증상 발생 2~5일 후에 대변 1g당 약 50억 개 바이러스를 보유	• 증상 호전 후 2주 이상 바이러스를 배출할 수 있음 • 증상 소실 후 24~72시간 집단생활 제한
	RS바이러스 감염증	2~8일 (평균 5일)	• 바이러스는 증상이 나타나기 수일 전부터 배출될 수 있으며, 증상 발생 후 약 1주간 바이러스 배출	• 표준주의 • 영유아 및 면역저하자에서 RSV 감염증이 있는 경우 접촉주의 추가
	수족구병	3~7일	• 증상의 발현 유무에 상관없이 감염 후 호흡기로는 1~3주 이내, 분변을 통해서는 7~10주까지도 바이러스 배출	• 증상이 있는 경우 의사의 진료를 받고 스스로 자가 격리

출처: 질병관리본부(2018).

〈표 6-4〉 감염병 환자의 접촉자 조치사항

군명	감염병명	접촉자 관리 대상	접촉자 관리 방법
제1군	장출혈성 대장균 감염증	• 환자와 음식, 식수를 같이 섭취한 공동폭로자 • 환자의 접촉자	• (발병 여부 관찰) 환자와 음식, 식수를 같이 섭취한 접촉자는 마지막 폭로 가능 시점부터 10일간 발병 여부를 감시 – 증상자 : 증상이 있는 접촉자는 진단을 위해 의료인에게 진료 및 격리하고, 대변배양검사 실시 – 무증상자 : 접촉자 중 전파위험이 높은 군은 증상이 없어도 대변배양검사에서 실시 고려 * 전파위험이 높은 군 : 개인위생을 스스로 관리할 수 없는 사람(대소변을 가리지 못하는 영유아, 장애인, 고령자, 중증질환자), 보육교직원, 요양시설 종사자, 조리종사자, 의료종사자 – 증상 발생 시 즉시 의료기관을 방문하도록 지도
제2군	백일해	• 동거인, 고위험군 또는 고위험군에게 전파 위험이 있는 집단 – (동거인) 동거 또는 동숙인으로 가족이나 기숙사 룸메이트 등 – (고위험군) 생후 12개월 미만의 영아, 면역저하자, 중등증 이상 천식 및 만성폐질환 – (고위험군에게 전파 위험이 있는 집단) 고위험군의 동거인(부모, 형제, 조부모, 산모), 고위험군에 접촉이 예상되는 청소년 및 성인(임신부3기, 의료종사자, 영유아 돌봄이, 산후조리원 종사자 등)	• (노출 후 예방요법) 연령, 예방접종력, 증상 발현 유무와 관계없이 항생제 복용, 격리 • (예방접종) 불완전한 예방접종력을 가진 사람의 경우 예방접종 실시
		• 기타 밀접접촉자 – 유증상자와 1m 이내 대면접촉 – 호흡기 비인두 구강 분비물에 직접 접촉 – 전염기 환자와 1시간 이상 한정된 같은 공간에서 가까이 머문 경우	• (예방접종) 불완전한 예방접종력을 가진 사람의 경우 예방접종 실시
	유행성 이하선염	• 면역력이 있는 사람 – 과거 유행성이하선염을 앓았거나, 예방접종 완료한 사람	• 증상 발생 모니터링
		• 면역력이 없는 사람(감수성자) – 과거 유행성이하선염을 앓은 적이 없고, 예방접종력이 없거나 불완전한 사람	• 예방접종 실시
		• 감수성자 중 백신 접종 금기인 사람 – 6개월 미만 영아, 임신부, 면역저하자 등 • 백신 접종 거부자	• 집단발생 시, 마지막 환자의 증상 발생일로부터 최소 26일까지 등교/등원 중지

군명	감염병명	접촉자 관리 대상	접촉자 관리 방법
	수두	• 면역력이 있는 사람 – 과거 수두를 앓았거나, 예방접종 완료한 사람	• 증상 발생 모니터링
		• 면역력이 없는 사람(감수성자) – 가족 및 동거인 – 같은 실내 공간에서 5분 이상 있었거나, 대면 또는 직접 접촉이 있었던 사람 – 의료기관 내 같은 병실을 사용했거나, 대면 또는 직접 접촉이 있었던 사람	• (예방접종) 접촉 후 가능한 3일(최대 5일) 이내에 백신 접종
		• 감수성자 중 백신 접종 금기인 사람 – 수두 감수성이 있는 임신부 – 분만 전 5일부터 분만 후 2일 이내 수두가 발병한 임신부에게서 태어난 신생아 – 수두에 감수성이 있는 산모에서 재태 기간 28주 이상으로 태어난 미숙아 – 수두에 대한 산모의 감수성 여부에 관계없이 재태 기간 28주 미만 혹은 1kg 미만으로 태어난 미숙아 – 면역저하자(면역결핍증 환자, 암질환자 등)	• (노출 후 예방요법) 면역글로불린(VZIG)을 10일 이내에 되도록 빨리 1회 근육주사
		• 감수성자 중 입원 환자	• (예방접종 또는 노출 후 예방요법) 면역력 및 접종 가능 여부에 따라 시행 • 퇴원하거나, 퇴원할 수 없는 경우 노출 후 8~21일 때까지 격리(면역글로불린 투여받았다면 생후 28일까지)
		• 감수성자 중 의료인	• (예방접종 또는 노출 후 예방요법) 면역력 및 접종 가능 여부에 따라 시행 • 노출 후 8~21일 때까지 환자 접촉 금지
제3군	성홍열	• 환자와 접촉한 사람(일상적으로는 관리하지 않으나, 집단발생 시 관리할 수 있음)	• 유행 역학조사 시 마지막 노출일로부터 7일까지 접촉자 중 추가 발생 여부 감시 • 환자와 접촉한 가족은 잠복기 동안 추가 발생 여부 확인 • 집단 시설에서 침습성 A군 연쇄구균 감염증*, 급성 류마티스열, 연쇄구균감염 후 사구체신염 유행 의심 시 보균자에 대한 항생제 치료 고려 * 괴사성 근막염, 독성쇼크 증후군 등
	인플루엔자	• 환자와 접촉한 사람	• 일상적으로 관리하지 않음 • 고위험시설*에 인플루엔자 유행 시에는 접촉자에 대해 예방화학 치료 고려 * 노인복지법에 따른 노인주거복지시설(양로시설), 노인의료복지시설(노인요양시설) 등

군명	감염병명	접촉자 관리 대상	접촉자 관리 방법
	결핵	• 전염성 결핵환자의 접촉자	• 전염성 결핵환자의 접촉자에 대해 접촉자조사 실시(흉부 X선 검사, 잠복결핵감염 검사)
지정	로타바이러스 감염증	• 공동노출자 • 환자의 접촉자	• 발병 여부 감시
	노로바이러스 감염증	• 환자와 음식, 식수를 같이 섭취한 공동폭로자 • 환자의 접촉자(같은 반, 가족, 동일 기숙사방 사용자 등)	• 마지막 노출일(공동 섭취 또는 환자 접촉)로부터 50시간 동안 증상발생 여부 관찰 • 노로바이러스 감염증 집단발생이 있는 경우 7일간 추가 발생 여부 모니터링
	RS바이러스 감염증	• 공동노출자 • 환자의 접촉자	• 발병 여부 감시
	수족구병	• 공동노출자 • 환자의 접촉자	• 발병 여부 감시, 발병 시 스스로 자가 격리

출처: 질병관리본부(2018).

감염병은 가장 심하게 앓고 있을 때보다 회복되는 시기에 감염률이 가장 높다. 회복기에 접어들면, 감염병을 앓은 영유아의 경우 다 나은 것처럼 보이지만, 이 시기에 더 쉽게 건강한 영유아에게 감염이 되기 쉽다. 그러므로 교사는 이러한 사실을 부모에게 충분히 주지시켜(부모가 직장을 다녀 영유아를 돌봐줄 여분의 인력이 없는 경우 회복기에 기관에 보내길 원하는 부모가 있음), 일정 기간 동안 영유아가 기관에 오지 않도록 해야 한다.

〈표 6-5〉

군명	감염병명	소독 부분	소독방법
제1군	장출혈성 대장균 감염증	환자가 있었던 장소	• 소독액(염소 0.05%(500ppm))을 이용하여 뿌려 사용
		옷, 침구 등	• 소독액(염소 0.05%(500ppm))에 30분 이상 담근 후 또는 끓여서 소독 후 세탁하여 직사광선에서 말려 사용
		화장실	• 소독액(염소 2%(20,000ppm))을 이용하여 소독하여 사용(소독 시 장갑 착용 필수)
		바닥, 손잡이 등	• 소독액(염소 0.05%(500ppm))을 이용하여 뿌리고, 닦은 후 사용
제2군	백일해 유행성 이하선염 수두	환자가 있었던 장소(화장실 포함)와 접촉한 모든 표면(의자, 장난감, 벽 등)	• 최소한 2~3시간 동안은 창문과 문을 열어 환기함 • 끓일 수 있는 것들은 끓여서 소독하며, 책상을 포함한 교실 내부의 환자가 접촉한 모든 표면은 락스(물 4리터에 락스 15mL를 희석)나 알코올 소독제(70%) 등의 소독제를 사용하여 닦아내며 소독 실시

<table>
<tr><th>군명</th><th>감염병명</th><th>소독 부분</th><th>소독방법</th></tr>
<tr><td rowspan="5">제3군</td><td>성홍열</td><td>접촉이 빈번한 환경 표면 등</td><td>• 소독액(예, 염소 100~1,000ppm)으로 소독</td></tr>
<tr><td>인플루엔자</td><td>환자가 접촉한 장소</td><td>• 소독액(염소 200~1,000ppm)을 종이타월 등으로 묻혀 표면을 닦고 3~5분 후 깨끗한 물로 표면을 닦아냄.</td></tr>
<tr><td rowspan="3">결핵</td><td>환자가 있었던 장소 등</td><td>• 결핵균은 공기로 전파되는 공기매개 감염균으로, 결핵 환자가 머물렀던 환경 표면에 의한 접촉보다 공기를 통한 감염 전파의 가능성이 더 높음</td></tr>
<tr><td>옷, 침구 등</td><td>• 일반적인 방법으로 세탁</td></tr>
<tr><td>구토물, 분변</td><td>• 일반적인 방법으로 처리</td></tr>
<tr><td rowspan="10">지정</td><td rowspan="4">로타바이러스 감염증</td><td>환자가 있었던 장소</td><td>• 세제 등으로 더러워진 곳을 닦은 후 소독액(염소 2%(20,000ppm))을 뿌린 후 10분 후에 물로 씻어냄</td></tr>
<tr><td>화장실</td><td>• 소독액(염소 2%(20,000ppm))을 종이타월 등으로 묻혀 닦고 10분 후에 물(깨끗한 물걸레)로 닦아냄</td></tr>
<tr><td>옷, 침구 등</td><td>• 더러워진 곳을 닦고 염소 0.5%(5000ppm) 소독액에 30분 정도 담근 후 세탁</td></tr>
<tr><td>구토물, 분변</td><td>• 소독액(염소 2%(20,000ppm))을 이용하여 키친타올, 걸레 등으로 닦아내면서 제거한 후 쓰레기봉투에 넣고 소독액을 뿌린 다음 버림</td></tr>
<tr><td rowspan="4">노로바이러스 감염증</td><td>환자가 있었던 장소</td><td>• 세제 등으로 더러워진 곳을 닦은 후 소독액(염소 0.1%(1,000ppm) ~0.5%(5,000 ppm))을 뿌린 후 10분 후에 물로 씻어 냄</td></tr>
<tr><td>화장실</td><td>• 소독액(염소 0.1%(1,000ppm)~0.5%(5,000ppm))에 묽은 소독액을 종이타월 등으로 묻혀 닦고 10분 후에 물(깨끗한 물걸레)로 닦아 냄</td></tr>
<tr><td>옷, 침구 등</td><td>• 더러워진 곳을 닦아 염소 소독액(염소 0.5%(5,000ppm))에 30분 정도 담근 후 세탁함. 노로바이러스는 젖은 수건을 대고 스팀다리미로 85도, 1분 이상 가열하는 것도 효과 있음</td></tr>
<tr><td>구토물, 분변</td><td>• 소독액(염소 0.1%(1,000ppm)~0.5% (5,000ppm))을 이용하여 키친타올, 걸레 등으로 닦아내면서 제거한 후 쓰레기봉투에 넣고 소독액을 뿌린 다음 버림</td></tr>
<tr><td>RS바이러스 감염증</td><td>접촉이 빈번한 환경 표면 등</td><td>• 소독액(예, 염소 500ppm)으로 소독</td></tr>
<tr><td>수족구병</td><td colspan="2">• 환자가 만진 물건이나 표면 등은 소독액(염소 0.5%(5,000ppm))을 뿌린 후 10분 후에 물로 씻어 냄</td></tr>
</table>

출처: 질병관리본부(2018).

전염병의 전파를 차단하기 위해 먼저, 지켜야 할 사항들은 환자 및 의심증상자는 완치될 때까지 조리, 음식취급, 보육 등을 금지하고, 둘째, 환자 및 의심증상자는 식사 전 및 배변 뒤에는 올바른 손 씻기를 수행하며, 마지막으로 환자 및 의심증상자는 완치될 때까지 타인과의 신체적 접촉을 금지한다. 감염병 발생 시, 감염병별 소독방법을 할 때, 다음과 같은 점을 유의해야 한다.

- 장갑, 마스크, 앞치마를 착용 후 소독 실시
- 소독을 할 때는 창문을 연 상태(외부 공기와 접촉된 상태)에서 실시하고 소독 후에도 충분히 환기 실시
- 소독액은 가연성 물질에 가까이 두지 말고 사용 후에는 소독 효과가 떨어지므로 보관하지 말고 버릴 것
- 소독 후에는 반드시 올바른 손 씻기
- 직업적으로 사용빈도가 높거나, 노출이 심한 경우는 산업안전보건법에 따름

03 아픈 영유아의 간호

영유아교육기관에서 영유아가 갑자기 아픈 경우, 다른 영유아의 건강을 위해 가정에서 영유아를 간호해야 한다. 어머니의 직업이나 가정 사정에 의해, 혹은 질병의 종류에 따라 영유아가 영유아교육기관에서 하루 일과를 보내는 경우도 있고, 때로는 질병이 완치되었다고 생각했지만 완치되지 않아 기관에서 갑자기 상태가 나빠지는 경우도 있기 때문에 영유아교육기관의 교사는 아픈 영유아를 적절히 보살필 수 있어야 한다.

1) 아픈 영유아 돌보기

(1) 휴식 제공

아픈 영유아의 회복을 위해 가장 필요한 것은 휴식이므로 이들이 충분히 쉬고 잠을 잘 수 있는 기회가 주어져야 한다. 그러나 질병의 종류와 정도에 따라, 영유아의 상태에 따라 교사는 영유아가 누워서 쉬게 하거나 조용한 활동을 하면서 쉴 수 있도록 해주어야 한다.

(2) 체온 측정

아픈 영유아의 증상이 나타나면, 교사는 우선 영유아를 편안하게 쉬거나 조용한 활동을 할 수 있도록 한다. 그리고 체온을 측정하고 특별한 증세가 나타나는지, 영유아의 상태가 어떠한지를 주의 깊게 관찰하여야 한다. 체온은 영유아 건강의 이상 유무를 알려 주는 정확한 신호이기 때문이다.

수은 체온계, 전자 체온계, 이마 체온계, 귀 체온계 등 여러 가지 유형의 체온계가 있으며, 각각의 특징이 있다. 무엇보다도 체온계를 선택할 때에 가장 중요한 것은 쉽게 사용할 수 있고 정확하게 체온을 읽을 수 있는 체온계를 선택하는 것이다.

체온계를 사용할 때, 여러 사람이 사용을 하기 때문에 소독을 깨끗이 하는 등 위생에 신경을 써야 한다. 1회용 체온계 커버를 사용하는 것이 가장 좋지만, 1회용 사용이 여의치 않을 때에는 사용 후 찬물에 비누로 씻고 알코올 스펀지로 닦아 소독한 후 체온계용 보관통에 넣어 두어야 한다.

입에서 체온을 측정할 때는 다음과 같은 것을 주의해야 한다. 우선, 차갑거나 뜨거운 음료수를 마신 경우라면 15분 정도 기다렸다가 체온을 측정해야 한다. 둘째, 체온계를 물리기 전 입 안에 껌, 사탕 등의 음식물이 없는지 확인한다. 셋째, 체온계를 물릴 때에는 체온계를 혀의 오른쪽 아래로 넣어 혀와 입술로 가볍게 물게 한 다음 입을 다물고 코로 숨을 쉬게 한다. 넷째, 수온 체온계를 사용한 경우 3분 정도, 전자 체온계를 사용한 경우 경보음이 울리면 꺼내서 체온을 읽는다.

2) 아픈 영유아를 위한 간호

(1) 열이 날 때

- 영유아에게 열이 난다고 해서 교사가 임의로 해열제를 투약해서는 안 된다.
- 영유아에게서 정상체온보다 1~2℃ 정도 높은 미열이 일시적으로 발생하면 부모에게 즉시 연락할 필요는 없다. 하지만 건강한 영유아와 함께 활동하는 것은 무리가 되거나 심각한 문제를 일으킬 수 있는 원인이 되므로 다른 장소에서 조용한 활동을 하게 하거나 안정을 시키는 것이 좋다.
- 며칠 동안 지속적으로 미열이 나서 병적인 미열로 의심될 때에는 그 원인이 규명되도록 전문의의 진단을 받는 것이 중요하며 반드시 부모에게 알려 정확한 진단과 치료를 받도록 해준다.
- 겨드랑이에서 잰 체온이 39℃ 이상으로 고열이 나는 경우, 바로 의사에게 진료를 의뢰하는 것이 원칙이다.
- 병원에 가기 전까지 또는 가는 동안에 영유아를 안정시키고 맑은 음료수를 조금씩 자주 준다. 물, 사과 주스, 전해질 음료수, 가스를 뺀 사이다나 콜라 등 맑은 음료수를 주고, 우유나 오렌지 주스는 주지 않는다. 맑은 음료수란 햇빛이나 전등불 빛에 비추었을 때, 불투명하지 않은 음료수이다.
- 영유아의 옷을 벗기고 속옷 정도만 입혀 얼음주머니, 얼음 베개 등을 베어 주거나 미지근한 물수건으로 몸을 닦아 주어 체온을 내려 준다. 방 안의 공기를 너무 덥지 않게 하고 자주 환기해 준다.
- 몇 도의 열이 얼마나 지속되었는지, 다른 증상을 동반하지 않았는지 등 관찰/기록한 내용을 부모나 의사에게 전달한다.

(2) 설사할 때

- 설사를 할 때에도 원인을 찾는 것이 중요하기 때문에 설사를 멎게 하는 지사제를 함부로 투약해서는 안 된다.
- 한두 번 정도 설사한 후 열이 나거나 구토하는 등의 다른 증상 없이 식욕을

되찾고 잘 놀면 부모에게 연락하거나 병원으로 당장 데리고 갈 필요는 없다. 영유아에게 소금을 조금 탄 보리차, 이온음료 등을 주면서 영유아를 관찰하고 보통 때처럼 활동에 참여시킨다. 이 때, 설사하고 난 영유아에게 손을 깨끗이 닦도록 지도한다.

- 설사의 횟수가 잦으며 피곤해하고, 창백하게 보이며, 열이 나거나 구토를 하거나 복통을 호소하는 등의 다른 증상이 함께 나타나면 곧바로 부모에게 연락하거나 병원으로 데리고 간다. 이때는 설사의 횟수와 소변본 횟수를 기록하여 부모나 의사에게 알리는 것이 좋다.
- 설사가 심하면 탈수증을 유발하므로 부모를 기다리는 동안, 또는 병원에 가는 동안 물이나 희석된 맑은 음료수를 약 15분 간격으로 마시게 해준다. 영유아가 배고파하면 크래커나 시리얼을 조금 줄 수 있다.

(3) 토할 때

- 단순히 구토만 멈추게 하는 구토 이완제를 투약해서는 절대 안 되며, 그 원인을 찾아 치료하는 것이 중요하다.
- 일반적으로 구토를 하면 의사에게 데리고 가는 것이 이상적이다. 그러나 음식을 많이 먹은 후라든가 급하게 먹은 후 한두 번 정도 토하면서 다른 증상이 나타나지 않으면 2~3시간 동안 아무것도 먹이지 않으면서 관찰해 본다. 관찰하는 동안 계속 토하면서 열이 난다든지 하는 다른 증상이 나타나면 곧바로 부모에게 알리고 병원으로 데리고 간다.

(4) 감기가 들었을 때

- 심하게 감기가 들었다면 집에서 쉬게 하지만 그렇지 않은 경우 영유아교육기관에 오게 되므로 교사는 실내 온도를 18~20℃ 정도로 유지시켜 준다. 겨울철이라면 빨래를 널거나 깨끗하게 청소된 가습기를 틀어 습도를 조절해 준다. 적절한 실내 습도는 60~65%이다.
- 부모가 의뢰하지 않은 감기약은 함부로 먹이지 않는다.

- 1~2시간마다 공기를 환기시켜 준다.
- 몸을 따뜻하고 편안하게 해주며 무리하지 않도록 해준다. 특히 기침을 많이 하는 영유아를 쉬게 할 때에는 머리 부분을 높이 고이고 눕혀서 호흡이 쉬워지도록 도와준다.
- 따뜻한 레몬차나 보리차 등 마실 것을 많이 주고 코 푸는 것을 도와준다. 코를 푼 다음에는 교사나 영유아 모두 손을 씻어야 한다.

3) 병원에 데리고 가기

영유아가 아프면 병원에 데리고 가는 것이 가장 좋지만, 언제 병원에 데리고 가야 할지 그 시기를 결정하는 것이 어려울 수 있다. 부모나 교사는 영유아의 상태를 관찰하면서 다음의 증상이 나타나면 서둘러서 병원에 데리고 가야 한다.

- 영유아가 고열이 나거나 온몸을 떨며 한기를 느낄 때 병원에 즉시 가야 한다. 이 때 고열이 나는 경우는 0~3개월인 영아가 겨드랑이에서 잰 체온이 38℃, 3~6개월인 영아는 겨드랑이에서 잰 체온이 38.3℃, 6개월 이상인 영유아의 경우는 겨드랑이에서 잰 체온이 39℃ 이상인 경우를 의미한다.
- 영유아가 의식을 잃었을 때나 너무 오랜 시간 동안 잠에서 깨어나지 못하거나 알 수 없는 혼수상태에 빠졌을 때 병원에 즉시 가야 한다.
- 영유아의 몸 어느 한 부분에 갑자기 힘이 빠지거나 마비가 되거나 경련을 일으키거나 팔이나 다리를 통제할 수 없을 만큼 흔들 때 병원에 즉시 가야 한다.
- 영유아가 코가 막히거나, 눈, 이마 주위에 통증을 호소하거나 무거워할 때, 혹은 냄새가 심하거나, 피가 섞이거나 변색된 콧물이 나올 때 병원에 즉시 가야 한다.
- 영유아가 갑자기 청력을 잃거나 귀의 통증을 호소하거나 귀에서 액상의 분비물이 나올 때 병원에 즉시 가야 한다.
- 영유아의 눈이 충혈되고 부어오르며 눈물이 나올 때나 두통, 뻣뻣한 목, 열을 동반하면서 눈이 극도로 빛에 민감한 반응을 보일 때, 혹은 눈의 흰자위

나 피부가 노랗게 되면서 복부의 통증을 호소하고 홍차색의 소변을 볼 때 병원에 즉시 가야 한다.

- 영유아가 두통과 열을 동반한 목의 통증을 호소하거나 목이 빳빳해지거나 말하기나 삼키기가 거북할 정도로 편도선이 부었을 때 병원에 즉시 가야 한다.
- 영유아가 손톱이나 입술이 새파래지면서 호흡이 곤란해지거나 비정상적인 숨을 가쁘게 쉴 때, 혹은 심하고 지속적인 기침을 하면서 피가 섞이거나 변색된 가래가 나올 때 병원에 즉시 가야 한다.
- 영유아가 12시간 이상 연속적으로 구토를 하거나 피를 토할 때 병원에 즉시 가야 한다.
- 영유아가 집중적이고 비정상적인 복통을 호소하거나 복부가 부어오르거나 비정상적으로 커질 때, 혹은 점액이나 피가 섞인 설사를 할 때 병원에 즉시 가야 한다.
- 영유아의 입술이 마르면서 소변보는 횟수가 줄어들거나 소변볼 때 불편함을 호소하고 열을 동반하면서 등 가운데 통증을 호소할 때, 혹은 너무 소변을 자주 보거나 소변보면서 통증을 호소할 때, 변색되거나 피가 섞이거나 흐리고 탁하거나 보통 때와 다른 냄새가 나는 소변을 볼 때 병원에 즉시 가야 한다.
- 남아나 여아의 성기에서 분비물이 나올 때 병원에 즉시 가야 한다.
- 다치거나 운동을 하지 않았는데 관절이 부어오르거나 빨갛게 되거나 통증이 있다고 호소할 때 병원에 즉시 가야 한다.
- 베이거나 까진 상처에서 고름이 나오거나 주위에 열이 나며 빨갛게 되어 부어오를 때 혹은 갑자기 발진이 돋거나 여러 개의 부스럼이나 물집이 몸 전체에 걸쳐 생길 때 병원에 즉시 가야 한다.

제 7 장

영유아 정신건강

오늘날 의학의 발달로 질병에 의한 신체적 건강 문제는 줄어들고 있다. 그러나 가족제도의 변화 및 저출산에 따른 자녀수의 감소로 부모의 지나친 기대가 자녀에게 조기교육 실시 및 경쟁을 조장하는 인지발달 위주의 교육을 지향하면서 영유아의 스트레스가 늘어나 정신건강의 문제가 급속하게 증가하고 있는 실정이다. 이에 본 장에서는 발달단계에 따른 영유아의 정신건강과 관련되는 문제를 중심으로 그 원인이 무엇인지를 살펴보고, 이에 대한 적절한 해결방안을 모색하고자 하였다.

01 정신건강의 개념

정신건강(mental health)은 건전한 개인생활의 유지와 원만한 대인관계 그리고 성숙한 사회생활에 기초가 되는 개념이다. 또한 정신건강이란 모든 사람의 정신적 건강을 향상시키기 위해 생물학적, 의학적, 교육적, 사회적인 측면에서 협력하여 보다 더 좋은 인간관계를 이룩함은 물론 나아가 사회에 잘 적응할 수 있도록 하는 분야로서, 정신장애의 예방·치료 및 정신적 건강의 유지·증진을 위한 이론이나 실천적 방법을 총칭한다.

그러므로 정신적으로 건강한 사람은 주변 환경에 잘 적응하며, 다른 사람들과 원만한 관계를 유지할 수 있고, 어려운 문제나 갈등상황에 부딪혔을 때 적극적으로 스스로의 능력을 충분히 발휘하여 문제를 잘 해결해 나갈 수 있는 바람직한 성격의 소유자라 할 수 있다(류경화, 정명순, 지주영, 2008).

건강이란 용어는 복합적인 의미를 가지고 있기 때문에 일반적으로 정상성(normality)에 근거하여 정신건강을 판단한다. 어떤 행동 특성이 얼마나 정상적인지는 다음과 같은 기준들에 근거하여 판단한다(김진호, 이병래, 2006; 이태연, 최명구, 2006).

1) 정신건강 판단의 기준

- **통계적 기준** 어떤 행동이 특정한 집단의 평균적인 행동으로부터 얼마나 일탈되었는가를 기준으로 정상적인지의 여부를 판단하는 것이다. 평균치에 가까울수록 정상으로, 평균치에서 멀어질수록 이상이라고 간주한다. 그러나 정신에 대해 수치만으로 정상과 이상을 판단하는 것은 큰 오류를 범할 수 있다. 예를 들면, 정신지체와 같이 지능이 평균보다 아주 낮은 경우는 비정상적이라고 판단하며, 주의력 결핍장애와 같은 발달장애의 경우에도 평균에 비해 얼마나 일탈되어 있는지가 진단의 근거가 된다.
- **병리적(임상적) 기준** 정신적인 문제도 신체적 질병과 마찬가지로 원인이 있

어 그 증상이 나타난다고 본다. 그러나 정신적인 문제는 신체적 문제와는 달리 동일한 원인이라도 증상이 다르게 나타날 수 있으므로 이 기준으로 분류하는 것에 신중해야 한다. 예를 들어, 부모에 대한 애정을 원하는 영유아가 자신의 욕구를 표현하고자 주의를 끌기 위해 과잉행동을 나타낼 수도 있는 반면, 애정결핍에 대한 상처로 자신감이 없어져서 수동적이고 내성적인 영유아가 될 수도 있다.

사회문화적 기준 인간은 사회를 형성하면서 살아가므로 자신이 속한 사회의 문화와 규범에 비추어 얼마나 일탈되었는지에 따라 정상성을 판단하게 된다. 그러나 오늘날 급속한 변화 속에서 사회문화적 기준이 각각의 사회에 따라 일관적이지 못하다. 예를 들어, 우리나라에서는 자녀의 잘못을 고치기 위한 부모의 체벌에 대해 어느 정도 허용하지만 서구에서는 영유아학대로 간주될 가능성이 높다.

발달적 기준 수정에서 죽음에 이르는 전 생애를 통해 이루어지는 모든 변화의 양상과 과정을 발달이라고 하며, 연령이나 발달단계에 따라 나타나는 발달특징을 발달적 기준이라 한다. 그러나 발달적 특징에 대한 충분한 이해가 없으면 분류 시 오류를 범할 수 있다. 특히 오늘날 교육을 받게 되는 연령이 계속 빨라지고 있고, 신체변화도 빠르게 나타나며, 수명의 연장 등으로 발달적 기준이 계속 변화되고 있기 때문에 일괄적으로 발달단계의 기준을 분류하는 것이 어렵다.

행동의 적응성 기준 어떤 행동이 그 개인과 집단, 사회의 복지와 안전에 나쁜 영향을 줄 때, 그 행동을 비정상적 행동이라고 판단하게 된다. 예를 들면, 죄 없는 사람에게 종종 폭력을 가하거나 해를 입히는 것은 타인의 안전과 복지에 큰 지장을 준다는 점에서 비정상적 행동으로 본다.

주관적 고통의 기준 개인이 경험하고 있는 심리적 그리고 신체적 고통의 정도가 얼마나 심한가에 따라 정상과 이상을 구분하는 것을 말한다. 불안, 우울, 죄책감 같은 것은 남들이 보기에는 대수롭지 않아 보이지만 그것을 경험하는 사람에게는 매우 고통스러울 수 있다. 예를 들면, 건강염려증을 비롯한 신체와 장애들은 개인적 고통의 기준에 의해서 이상으로 구분되는 대표적인 경우이다.

위에서 제시한 다양한 측면을 고려하여 어느 한 관점에서가 아닌 통합적 관점에서 정신건강의 여부를 판단해야 할 것이다.

한편 영유아의 정신건강은 정서발달과 밀접한 연관성을 갖는다. 정서는 생리적, 신체적, 표현적, 인지적, 인성적 요소를 포함하는 보다 포괄적인 개념(박성연, 2006)이다. 정서발달은 자신을 둘러싼 가족 내외적인 인간관계 및 주변 환경의 영향을 받으면서 이루어지므로, 영유아가 자신에게 영향을 미치는 다양한 인간관계 및 일상에서 직면하게 되는 다양한 상황 안에서 자신의 욕구충족을 위해 적절하게 자신의 정서를 표출하고 관리하는 것은 매우 중요하며, 이것은 정신건강과 밀접한 관련을 갖게 된다.

2) 정신건강에 영향을 미치는 요인

정신건강에 영향을 주는 개인 내적·외적 요인은 매우 다양하나 이 중 영유아에게 큰 영향을 미치는 개인 내적 요인으로는 유전적·생리적 요인과 신체적 요인을, 개인 외적 요인인 사회화 요인으로는 가족, 영유아교육기관(학교), 사이버 환경 등을 들 수 있다.

(1) 개인 내적 요인

① 유전적·생리적 요인

정서적 표현이나 행동은 두뇌의 발달적 변화와 관련이 있어서 신경계의 발달 이상이 있으면 정신건강에 문제가 생기게 된다. 특히 신경생리적 특성의 영향을 받는 기질은 직·간접으로 정서표현에 영향을 갖고 있는데, 즉 반응성, 활동성 수준, 쉽게 달래지는 정도는 부정적 정서 및 긍정적 정서표현과 직접적인 관련이 있다. 또한 기질은 부모의 양육행동에도 영향을 줌으로써 간접적으로 영유아의 정서적 반응에 영향을 미친다. 예를 들어, 까다로운 기질을 가진 영유아의 경우 양육자는 애정적인 태도를 덜 취하게 되고, 영유아는 이에 대한 부정적인 반응을 하게 되는 악순환을 겪게 되면서 슬픔과 분노 등의 부정적인 정서 경험을 통해 스트레스를 받게 되고 결국 정신건강은 나빠질 것이다. 이처럼 정신건강의 문제에 유전적 요인이 관여하기는 하지만 어떤 사람에게는 결정적으로 작용하나 다른 사람에게는 그렇지 않을 수도 있어서 어떠한 유전인자가 결정적으로 작용하는지에 관해서는 아직 명확히 설명하기 어렵다(박선환, 박숙희, 이주희, 정미경, 김혜숙, 2008).

② 신체적 요인

비만이나 만성 신체질환과 같은 신체적 요인이 개인의 정신건강에 영향을 미칠 수 있다. 비만이 열등감이나 우울증을 일으키게 되는 원인은 인간이 저마다 형성하게 되는 신체상(body image)과도 관련이 있다. 신체상은 자신의 신체를 마음속으로 떠올려 보는 것으로 자아개념을 이루는 중요한 요소 중 하나이다. 즉, 인간은 자신의 신체에 만족할수록 자신을 존중하며 신체에 불만족할수록 자신감을 잃고 자신을 비하한다(박선환 외, 2008). 개인이 신체상을 형성하는 시기는 영유아기 무렵이지만 최근 매스컴의 발달로 대중스타를 모델로 따라하려는 대상의 연령이 점차 하향화되고 있는 추세이며, 스타들이 인위적으로 만든 신체상을 이상적인 것으로 삼아서 자신을 비하하거나 건강을 해치는 경우가 늘고 있는 실정이다.

(2) 사회화 요인

① 가족

가족은 인간이 접하는 최초의 사회로서 인간발달에 가장 중요한 영향을 미친다. 특히 부모와 대부분의 시간을 함께 보내면서 밀접한 관계를 유지하는 영유아는 부모가 자신을 어떻게 대하느냐에 따라 많은 영향을 받게 된다. 예를 들어, 남아에게 용감하고 씩씩함만을 강조한다면 슬픔에 대한 정서를 표현하고 싶은 상황에서 이를 솔직하게 표현하는 것에 제약을 느끼게 되고 그 결과 정신건강에 손상을 입게 될 것이다. 반대로 여아에게 자신을 적극적으로 내세우기보다 조용함과 상냥함을 요구하는 사회분위기라면 외향적인 여아는 스트레스를 받게 될 것이다. 또한 가족환경에 대한 자녀의 지각이 긍정적일수록 정신건강이 양호하며, 부정적일수록 정신건강에 부정적 영향을 미친다.

가정의 분위기가 적대감, 정신증, 우울, 편집증, 불안, 강박증, 대인예민성, 신체화 등 정신건강의 8개 증상 차원에 영향을 미치며, 부모자녀 관계 또한 정신건강의 8개 증상 차원 모두에 영향을 미친다는 보고도 있다(박지희, 1987; 이현만, 한성희, 1996).

② 영유아교육기관(학교)

영유아교육기관은 영유아에게 가정 다음으로 중요한 의미를 갖는 장소이다. 영유아교육기관에서 교사와 관계가 좋을수록 영유아의 사회적 지지가 높고 자신에 대한 존중감도 높아질 뿐만 아니라(홍상욱, 엄경순, 배옥현, 2003), 또래관계도 좋아지고 정신건강에도 긍정적 영향을 미친다. 반면 초등학생을 대상으로 한 연구결과에 의하면(송인섭, 2000), 학교로 인한 시험불안이나 우울증과 같은 정신건강에 문제가 있는 경우에는 학습부진이 나타나기도 하며, 최근에는 학교 폭력의 문제가 정신건강의 원인으로 심각하게 대두되고 있다.

③ 사이버 환경

우리나라 인터넷 사용은 1990년대 이후로 급속하게 증가하였으며, 주요 정보원으로 또 하나의 사회 및 커뮤니티를 형성하는 원동력으로 기능하고 있다. 특히 다양한 배경을 가진 사람과 의사소통을 할 수 있게 되어 사회적 배경, 연령, 성 등에 상관없이 개방적이고 평등한 인간관계 형성에 도움을 주고 있다. 이처럼 사이버 문화는 영유아에게 긍정적인 역할도 하지만, 과다한 사용으로 인한 부작용 역시 간과하기 어려운 수준에 도달하고 있다. 초등학생을 대상으로 한 연구결과(강란혜, 2008; 엄미경, 2002)에 따르면, 게임중독 경향이 높은 집단은 신체화, 강박증, 대인예민성, 사회적 위축, 우울, 불안, 적대감, 공포불안, 편집증, 정신증 등에서 게임중독이 낮은 집단에 비해 더 높게 나타났다.

02 영아기의 정신건강

1) 정서발달과 정신건강

영아가 양육자와의 관계, 자아에 대한 인식, 환경에 대한 탐색 등 자신의 주변에서 일어나는 사건들을 이해하는 데 정서는 결정적인 역할을 담당하게 된다. 특히 자신의 정서상태를 편안한 수준으로 다스려서 자신이 목적하는 바를 이루는 정서관리는 다른 사람의 정서를 이해하는 능력이나 부모와의 상호작용 경험과 밀접한 관련을 갖는다. 따라서 영아기의 정신건강은 영아가 얼마나 적절하게 자신의 정서를 표현하고 조절할 수 있느냐에 따라 다르게 나타난다.

영아는 자신을 돌보는 양육자와의 관계가 중요하며, 대부분의 경우 그 역할을 담당하고 있는 어머니의 양육행동이 중요하다. 즉, 어머니가 영아의 정서적 신호를 정확히 파악하여 즉각적이며 애정적으로 반응하면 영아는 비교적 쉽게 달래지지만, 어머니가 영아의 반응에 민감하지 못하여 방관하다가 영아가 강하게 표현한 후에야 뒤늦게 반응을 함으로써 적절한 정서조절을 못하게 만들 수도 있다. 그러므로 영아가 너무 격해져서 통제가 안 될 정도가 되기 전에 영아를 달래주어야 한다(Thompson, 1994). 이처럼 부모는 자녀가 처한 상황에 대하여 정확하게 인식하고 그 상황에 맞는 적절한 반응과 대처를 함으로써 자신의 정서를 적절하게 통제할 수 있도록 도와주는 것이 영아의 정신건강을 잘 유지시켜 주는 것임을 명심해야 한다.

한편 영아는 언어발달과 함께 점차 자신을 표현할 수 있게 되고 신체발달과 함께 스스로 환경에 대응하여 움직일 수 있게 됨으로써, 정신적인 능력이 발달하게 된다. 이를 통해 여러 측면에서 좋고 싫음에 대한 지적인 발달이 이루어지고, 그 결과 다양한 정서적 반응을 나타내게 된다. 따라서 부모나 영아에게 중요한 영향을 미칠 수 있는 주변인물과의 긍정적 경험은 영아의 정신건강에 도움을 주게 된다.

2) 애착과 정신건강

영아의 정신건강에 영향을 주는 중요한 요인은 애착이다. 애착이란 영아와 양육자 간의 친밀하고 강한 정서적인 유대관계를 말하는 것으로 영아는 긍정적인 애착관계 형성을 통해 기쁨과 위로를 받는다. 즉, 양육자가 영아의 신호에 즉각적으로 민감하고 긍정적으로 반응을 해 준다면, 긍정적인 애착관계가 형성되어 영아는 행복할 것이고, 정신건강에 문제가 없을 것이다.

Ainsworth와 Wittig(1969)의 '낯선상황 실험'은 12~24개월 된 영아들이 어머니에게 나타내는 애착행동을 측정하기 위해 널리 쓰이는 실험이다. 양육자와 영아 간의, 상호작용과 분리상황 및 재결합상황에서 영아가 나타내는 행동을 근거로 '안정애착', '불안정－회피애착', '불안정－저항애착'으로 분류된다. Main과 Solomon(1990)은 이 세 가지 유형에다가 불안정애착의 한 유형으로 행동이 비조직적이고 어머니를 지향하지 않는 '비조직적애착' 유형을 추가하였다. 애착유형별 영아의 행동특성은 〈표 7-1〉과 같다.

〈표 7-1〉 애착유형별 영아의 행동특성

애착유형	특 성
A유형 (회피애착)	• 어머니가 있어도 별 반응이 없으며 어머니가 떠나도 괴로워하지 않음. • 낯선이에게도 어머니에게 하는 행동과 비슷함. • 재결합 시 어머니를 피하거나 마지못해 반김. • 안으면 매달리지 않음.
B유형 (안정애착)	• 어머니를 탐색활동을 하기 위한 안전기반으로 이용함. • 분리 시 울거나 또는 울지 않음. • 재결합 시 어머니에게 달려가 안기고, 쉽게 달래짐.
C유형 (저항애착)	• 분리 전에도 어머니에게 가까이 있으려 해서 탐색을 하지 못함. • 재결합 시 어머니에게 화를 내고 저항하거나 때리거나 밀쳐내는 행동을 함.
D유형 (비조직적애착)	• 가장 불안정한 애착으로 재결합 시 비조직적이고 모순된 행동을 보임.

출처: 박성연(2006).

애착은 불안정애착보다는 안정애착의 경우가 안정성이 높아서 안정애착을 형성한 영아들은 유아기, 심지어는 청소년기 및 성인기에도 안정애착의 특성을 보이며, 특히 중류층 가정의 경우 비교적 지속적으로 안정적 애착이 나타난다. 사회계층이 낮은 경우는 애착이 불안정하며, 특히 부정적인 양육행동이 심한 가정에서 학대를 받고 자라게 되는 경우에는 정서조절능력의 결함을 갖게 되고 그 결과 불안정한 애착행동이 지속될 수 있다. 그러나 생활의 스트레스나 변화 그 자체보다는 그로 인한 아버지나 어머니의 양육행동이 더 중요한 요인이 된다(박성연, 2006). 불안정 애착아는 걸음마기에 행동억제나 부정적인 정서 문제를 나타내며(Calkins & Fox, 1992), 5세에는 다른 영유아에 대한 적대감을 보이고 영유아기에는 의존성을 나타내었다(Kochanska, 2001).

3) 애착발달에 영향을 미치는 요인

(1) 양육행동과 애착

Ainsworth(1979)는 애착발달에서 가장 중요한 요인은 생후 첫 1년간 영아가 부모와 함께 하는 상호작용의 질이며, 특히 영아의 신호에 대한 어머니의 반응성 혹은 민감성이 아기의 세상에 대한 신뢰감을 갖게 해주므로 중요하다고 하였다. 반면 영아의 신호에 대해 어머니가 무반응적이거나 비일관적인 행동을 보이는 경우에는 불안정애착아 중에서도 저항하는 행동을 많이 나타내며, 어머니의 지나친 간섭이나 과잉 자극은 회피아를 만들게 된다. 어머니와 마찬가지로 아버지의 민감성이나 반응성도 영아의 안정애착과 관련이 있는 것으로 보고되고 있다(이영환, 1992).

부모와의 긍정적인 상호작용 경험으로 안정된 애착관계를 보이는 영아는 어머니를 탐색을 위한 안전기지로 생각할 수 있기 때문에 어머니를 떠나 자유롭게 환경을 탐색할 수 있으며, 두려운 상황이 되면 곧 다시 어머니에게 돌아와 위안을 구한다. 그러나 불안정애착아는 이러한 방식으로 행동하지 못하므로 어머니 곁을 떠나 환경을 탐색할 수 없어서 학습의 기회가 제한되고, 성취감을 느낄 기회가 적어지며, 환경에 대한 통제력을 갖지 못한다(박성연, 2006).

(2) 기질과 애착

영아의 특성에 의해서도 애착은 영향을 받는다. 즉, 영아의 기질이 어머니의 양육행동에 영향을 주어 결과적으로 애착유형에 영향을 준다(박성연, 2006). 예를 들어, 영아의 기질이 까다로울 경우 어머니의 민감성도 낮게 나타나 영아의 기질이 양육의 질과 상호작용하여 애착에 영향을 준다. 그러나 영아의 기질보다는 어머니의 반응적인 양육행동이 애착의 질에 결정적인 요인으로 보고되고 있다(Van den Boom, 1994).

4) 영아의 정신건강을 돕기 위한 부모역할

영아기의 부모는 애정적인 양육자로서 영아에게 기본적인 신뢰감을 제공해줌으로써 긍정적인 자아개념을 형성할 수 있도록 도와주어야 한다. 최근에는 어린이집에서 지내는 영아들이 늘고 있는데 영아를 돌보는 교사는 어머니와 동일한 역할을 담당하게 된다.

영아의 긍정적 자아개념 형성을 위한 부모 및 교사의 역할

기본적인 신뢰감 형성하기

- 아이가 울거나 자신의 욕구에 대한 신호를 보낼 때 즉각적이고 일관적으로 반응해 준다.
- 헤어짐이 필요한 경우에 아이 몰래 떠남으로써 불신감을 조성하지 않는다.

긍정적인 자아감 형성을 도와줄 것

- 칭찬과 부드러운 신체접촉을 통하여 아이가 사랑받고 있음을 느끼게 해준다.

자율감 길러 주기

- 아이의 수준에 맞는 일을 제공하여 스스로 하도록 격려해 준다.

영아의 기질을 파악하여 적절하게 대응해 주기

- 아이의 기질을 파악하고 그에 맞는 적절한 양육방법을 사용한다.

03 유아기의 정신건강

1) 정서발달과 정신건강

유아기는 상징적 표상 및 언어의 발달로 정서적 경험을 언어로 표현하게 되며, 자기와 다른 사람의 정서에 대한 이해능력이 더욱 향상되는 시기이다.

최근에는 정서를 단순히 개인 내적인 현상으로 보기보다는 기능주의적 관점에서 특정한 상황에 적응하기 위한 개인적인 노력의 결과로 정서가 나타난다고 보는 관점이 확대되고 있다(Campos, 1994). 특히 유아기는 활동범위가 가정에서 사회 환경으로 확대되고 또래 간의 관계가 활발해지는 시기이므로, 상황에 맞는 자신의 정서상태와 정서적 반응을 이해하고 감정이나 행동을 조절하는 정서조절능력이 유아의 정신건강에 중요한 역할을 한다.

유아기가 되면 갈등관계에서 부정적인 정서를 최소화하는 대처능력이나 스트레스를 효과적으로 처리할 수 있는 능력이 발달되면서 영아기 때와는 달리 유아는 성질부리기나 감정적 폭발을 나타내는 일이 거의 없어진다. 즉, 유아기에는 점차 자기 자신과 다른 사람의 감정이나 정서를 구별하여 이해하고, 이러한 정보를 바탕으로 자신의 생각이나 행동을 적절하게 분리해서 정서를 인식할 수 있는 능력인 정서지능이 점차적으로 발달하게 된다. 정서지능은 행동과 감정을 분리해서 정서를 인식할 수 있는 능력, 정서를 조절할 수 있는 능력, 다른 사람의 정서를 이해할 수 있는 능력 및 대인관계에서의 문제를 해결할 수 있는 능력 등으로 구성된다.

한편 정서지능과 유사한 개념으로 정서적 유능성이 있는데, 정서적 경험의 적응적 측면을 중시하면서 사회적 상황에서 다음과 같은 기술을 포함한다.

- 자신의 정서상태에 대해 이해하기
- 다른 사람의 정서상태에 대해 이해하기

- 자신의 정서를 상황과 문화에 적절한 방식으로 말로 표현하기(감정이입 행동)
- 내적인 정서와 외적으로 표현된 정서는 다르다는 것을 이해하기
- 자기조절 방법을 통해 부정적인 정서에 대해 적응적으로 대처하기
- 정서가 대인관계에 영향을 준다는 것을 이해하기

따라서 2012년 3월부터 어린이집과 유치원에서 시행되고 있는 5세 누리과정의 기본 방향에서 강조하고 있는 내용 중 특히 질서, 배려, 협력 등 바른 인성을 기르는 데 중점두기, 사람과 자연을 존중하기 및 전인발달이 고루 이루어진 창의적 인재 기르는 데 중점두기 등은 정신건강에 미치는 정서발달의 중요성을 고려하여 볼 때 매우 중요한 의미를 갖는다.

2) 조기교육과 정신건강

오늘날 대다수의 부모들은 자녀가 여러 방면에서 유능한 능력을 갖춘 우수한 인재로 성장하여 명문학교를 졸업하고, 좋은 직장에 취직하여 사회적으로 인정받는 지위를 얻고, 경제적으로도 윤택한 삶을 살게 되는 것이 성공적인 삶을 사는 것이라고 생각한다. 따라서 자녀가 이러한 삶을 누리려면 가능한 일찍부터 준비를 해야만이 치열한 경쟁사회에서 살아남을 수 있을 것이라 생각하여 조기교육에 관심을 집중하게 된다.

우리나라에서의 조기교육은 '조기사교육'이라 불리는 것이 더 적절하다는 지적이다. 이는 '학령기에 도달하지 않은 영유아들을 대상으로 학원이나 가정에서 이루어지는 특기 또는 과외교육으로, 영유아의 발달단계적 특성이나 능력에 맞는 교육이라기보다는 인지적 자극을 중심으로 한 과도한 학습자극'(우남희, 현은자, 이종희, 1992)이기 때문이다.

1980년대 말부터 과열화되기 시작한 우리나라 조기사교육의 현황을 살펴보면, 종류가 많아졌을 뿐만 아니라 내용면에서도 지나치게 세분화되어 가고 있는 추세이다. 특히 교육 대상의 수적인 팽창과 함께 대상연령이 한없이 낮아지고 있다는 데에도 '조기사교육'의 심각성이 높아지고 있다. 전국을 대상으로 한

연구결과(이기숙 외, 2002)를 보면, 약 86%의 유아들이 조기사교육을 받고 있으며, 특히 1, 2세의 영아들조차도 교육을 받고 있었고, 4가지 이상의 조기교육을 받고 있는 유아들이 약 21%에 이르렀으며, 심지어 10가지 이상의 조기 사교육을 받는 유아들도 있었다.

주로 학원이나 학습지를 통해 시행되고 있는 영유아 대상 조기사교육은 영유아의 재능이나 동기와는 무관하게 선행학습을 위한 정답 맞추기나 단순 암기와 같은 기능 위주의 교육(김순혜, 2001)으로 영유아에게 학습에 대한 부정적인 태도와 이미지를 심어 주고 더 나아가 다양한 정서 및 행동장애를 불러일으키기도 한다. 유아기는 주로 우뇌가 발달하는 시기로 좌뇌가 발달하는 영유아기에 학습해야 할 내용들을 미리 학습하게 함으로써 비효율적인 투자를 할 뿐만 아니라 창의성과 정서를 담당하는 우뇌발달을 어렵게 하는 잘못을 범하고 있어서, 만약 지금처럼 너무 일찍부터 인지과제를 부여하거나 너무 많은 자료나 교구를 부여할 경우 유아의 발달에 다음과 같은 심각한 영향을 줄 수 있다(김유미, 2009).

조기사교육이 유아에게 미치는 부정적 영향

1. 유아들은 엄청난 호기심으로 적극적인 정보처리방식을 갖고 있으나 지나친 정보의 유입은 부정적인 정보처리방식을 갖게 하여 뇌에 무리를 줄 수 있다.
2. 빠른 속도로 진행되는 비디오 내용을 하나하나 다 습득하기 어려우므로 과도한 비디오 시청(학습 비디오)이나 학습경험은 주의 산만을 촉진한다.
3. 부모가 원하는 행동만 하게 하고 원치 않는 행동에 제재를 가하게 되므로 유아의 자기주도성이 저해된다.
4. 학습에 대한 지나친 요구는 유아에게 많은 스트레스를 주어 기억을 담당하는 해마가 위축될 수 있다.

5. 유아의 발달 단계에 비해 어려운 과제를 제시하고 이를 어려워하는 경우 꾸중을 가하게 된다면 유아는 학습에 대한 부정적 태도가 형성될 수 있다.
6. 정서지능이 낮아질 수 있다. 즉, 과도한 선행학습 중 부모나 교사의 다그침을 받게 되면 타인의 정서를 이해하지 못하는 사람이 될 수 있다.
7. 발달단계에 비해 난이도가 너무 높은 과제를 도입할 경우 좌절감이 높아진다.

3) 정신건강문제

영아기와 유아기를 구분하여 정신건강문제를 다루기는 어렵다. 왜냐하면 정신건강에 연관되는 문제는 단기간에 나타나서 갑자기 없어지는 것이 아니기 때문이다. 즉, 연령에 따라 구분되어 각각의 단계에서 나타나서 그 단계에서 해결되는 것이 아니라 상호 연관성을 가지고 점진적으로 나타나므로 이를 해결하기 위해서는 지속적인 관심과 노력이 요구되기 때문이다. 앞에서 살펴본 애착문제나 조기사교육문제 외에 영유아기에서 나타나는 정신건강과 관련되는 대표적인 문제 및 이를 위한 지도방법은 다음과 같다(박선환 외, 2008; 박성연, 2006; 박응임, 김지신, 김상희, 2002; 이순형 외, 2008).

(1) 분리불안(Seperation Anxiety)

분리불안은 영유아가 집 또는 애착대상과 이별할 때 경험하는 것으로 발달적으로 볼 때 부적절할 정도로 지나친 불안을 보이는 것이 특징이다. 영유아가 갖는 최초의 애착대상인 어머니와의 관계에서 형성되는 감정으로, 성장 후 모든 대상관계의 원형이 된다. 애착관계가 형성된 대상 인물이나 환경으로부터 격리될 때 아이는 복통, 두통, 구역질, 구토 등의 신체적 이상이나 불편을 나타내거나 호소한다. 이러한 분리불안은 자기와 대상의 분리를 감지할 수 있는 생후 6~12개월 사이에 나타나, 18개월 이후에 절정기에 이르고, 36개월 이후부터는 어머니에 대한 심리적·정신적 표상이 생기기 때문에 서서히 사라진다.

격리불안에 따른 불안감을 해소시켜 주기 위해서 부모나 교사는 영유아가 느끼는 감정을 충분히 이야기하도록 허용하고 그들의 감정을 수용해 준다. 영유아가 불안감으로 일상생활에 지장을 초래하는 영역을 탐색하고 과도한 걱정이 비합리적이라는 것을 인식시켜 준다. 또한 영유아가 비합리적 사고를 떠올리면 중지시키고, 걱정에 대한 대안적 사고를 학습시켜서 긍정적인 자기표현을 통하여 자신감을 갖도록 도와준다.

(2) 반응성 애착장애(Reactive Attachment Disorder)

반응성 애착장애는 안락함, 자극, 애정 등 영유아의 기본적인 감정적 욕구를 지속적으로 방치하는 경우, 영유아의 기본적인 신체적 욕구를 지속적으로 방치하는 경우, 양육자가 반복적으로 바뀜으로써 안정된 애착을 형성하지 못하는 경우에 나타난다. 심하게 손상되고 발달적으로 부적절한 사회적 관계가 특징인데, 보통 생의 초기 몇 년 사이, 즉 5세 이전에 시작된다. 태어날 때는 정상적으로 태어났으나 어머니가 자녀에게 적극적 관계의 형성을 시도하지 않아 후천적으로 자폐증과 유사한 상태가 된 것을 말한다. 조기에 발견하여 적절한 지지적 환경이 주어지고 어머니와 영유아가 함께 치료받으면 정상적 회복이 가능하지만, 그렇지 못할 경우 지속적 경과를 보인다. 부모에 대한 반응을 억제하고 양가적이며 상반된 반응을 보이는 억제형과 아무 성인에게나 무차별적인 애착반응을 보이는 탈억제형이 있다.

반응성 애착장애는 부모의 양육태만, 학대 또는 잘못된 양육방법에 기인하며 부모의 적극적 치료참여가 요구된다. 특히 사회적 놀이가 저해되어 대인관계에서 안정된 관계를 맺지 못하는 경향이 있으므로 정서 상태 및 능력에 맞는 놀이를 적극적으로 시도하고 사회적 상호관계나 정서적 유대관계를 최대한 확장할 수 있도록 도와준다. 즉, 치료자와 반응애착장애아 간의 애착형성을 바탕으로 풍부한 언어자극을 제공하고 근본적 원인을 제거하기 위해 가정 내 갈등이나 양육자의 성격 문제 등도 함께 풀어나가도록 해야 한다.

(3) 주의력-결핍 및 과잉행동장애(Attention-Deficit/Hyperactivity Disorder)

주의력-결핍 및 과잉행동장애(이하 ADHD로 지칭)는 선천적으로 뇌 기질상의 미세한 이상으로 인해 과잉운동, 집중력 결핍, 충동성이 나타나는 질병으로 3~5%의 유병률을 보이며, 남아가 여아의 3배 정도 많다. ADHD 영유아는 지속적인 집중이 요구되는 활동(예: 대집단 활동)을 회피하거나 대단히 싫어한다. 일상적 활동(예: 약속, 도시락 갖고 다니기)도 자주 잊어버리고, 다른 사람의 말에 귀를 기울이지 못하며, 대화에 전념하지 않고, 게임이나 집단활동 시 규칙을 잘 따르지 않는다. 쉽게 분노하며 지배적 태도, 완고함, 나태, 과도하고 빈번한 욕구충족의 주장, 불쾌감 등의 특징 때문에 또래로부터 따돌림을 당하기 쉽다.

ADHD 영유아는 반항적이고 공격적인 행동을 보이거나 규율을 잘 지키지 않는 등 문제 행동을 지속적으로 보이기 때문에 ADHD 영유아의 부모는 건강한 영유아의 부모에 비해 자녀양육과 관련된 스트레스 수준이 높다. 그러므로 어머니가 우울한 경우, 무기력감과 짜증을 보이기 쉽고, 쉽게 처벌을 하는 등 강압적 양육행동을 나타낼 가능성이 높아지며, 우울한 어머니는 자신의 기분에 따라 비일관적인 양육태도를 보여 결국 자녀의 저항과 공격성을 불러일으키고 부모는 다시 반항적인 자녀를 통제하기 위해 더욱 강압적으로 대처하는 악순환이 지속된다. 따라서 지금까지는 ADHD 영유아의 문제에만 초점을 맞춰 치료를 실시해 왔지만 앞으로는 영유아의 ADHD 치료와 더불어 ADHD 영유아의 어머니의 우울증상에 대한 적극적인 조기 평가 및 치료가 필요하다(연합뉴스, 2010.1.21).

특히 ADHD를 방치하면 영유아기에 대인관계 형성 등에 어려움이 생길 수 있고, 나이가 들면서 주의산만·충동성이 남는 경우가 많아 학습에 문제가 따를 수 있다. ADHD는 행동을 통제하는 신경전달 물질이 제대로 작용하지 않아 생기는 문제이기 때문에 약물치료를 받으면 75% 정도는 효과를 볼 수 있다.

ADHD 영유아는 교사를 매우 힘들게 하므로 부모는 교사와 충분히 상의하여 자녀에 대한 이해와 치료, 교육에 협조해 줄 것을 당부할 필요가 있다. 치료는 가능하지만 만성경과를 갖기 때문에 오랜 시간이 걸리며 상황에 따라 증상의 변화가 있을 수 있다. 증세가 심각하지 않을 때는 집안환경이나 주위환경을 차분하게 정리해 주고, 야단치거나 지시하거나 체벌하기보다는 가능한 칭찬을 많이 받을 수 있도록 배려한다. 영유아의 정신건강에는 무엇보다도 부모의 일관된 양육태도와 따뜻한 관심이 중요하므로 영유아의 말에 귀를 기울이고, 선택권을 주고, 스킨십을 자주 시도하고, 작은 변화에도 칭찬을 해 줌으로써 자신감을 키워 주어야 한다.

(4) 공격성 및 분노

공격성은 다른 사람 또는 동물에게 상처를 입히는 행동, 친구에게 욕을 하고 때리고 괴롭히는 행동, 장난감이나 물건을 손상시키거나 파괴하는 행동 등의 모든 부정적인 행동을 의미한다. 영유아들은 자신의 욕구가 좌절되거나 분노를 느끼는 경우 적절한 해소방법을 알지 못해서 공격적인 행동으로 표출한다. 특히 언어발달이 미흡하여 자신의 감정을 언어보다 신체적인 공격성으로 더 많이 나타낸다. 이러한 공격적 행동은 또래로부터 부정적인 피드백을 받고 이에 대해 다시 공격적인 행동을 나타내는 악순환이 진행된다.

공격성을 나타내는 이유는 부모나 매스컴의 공격적 행동에 대한 관찰학습, 바람직한 행동이나 사회적 기술을 학습하지 못해서, 부모나 교사 혹은 또래의 관심을 끌기 위한 수단, 정서적 원인 등 다양하다. 영유아의 공격성은 적절한 지도의 시기를 놓치면 성인이 되어서도 자신의 정서나 행동을 통제하지 못하여 사회생활을 못하게 될 확률이 높다. 그러므로 교사는 충분한 관찰을 통해 영유아 공격성의 원인을 파악하여 구체적인 지도방법을 모색해야 한다.

영유아 공격성의 지도방법

1. 공격적 행동이 일어나기 전 예방이 중요하며 어떤 상황에서도 공격적 행동은 용납될 수 없음을 인식시킨다.

2. 영유아가 흥분하지 않고 감정을 다스릴 때까지 기다려 준다. 일시적 격리나 타임아웃을 사용한다.
3. 관심끌기 위한 수단으로 공격성을 보이는 영유아에게는 바람직한 행동을 했을 때 더 많은 관심과 칭찬을 제공하고 분노나 공격성을 보일 때는 무시한다.
4. 모방행동으로 나타나는 공격성은 원인제거를 위해 TV나 인터넷 등을 효율적으로 운영해야 한다.
5. 사회적 기술이 부족해서 나타내는 공격성 방지를 위해서는 사회적으로 인정된 해소방법(예: 찰흙놀이, 펀치백)을 알려 준다.

(5) 위축행동

위축행동은 두려움이나 낮은 자존심에서 기인한다. 심한 수줍음을 가진 영유아는 사회적 행동을 회피하고 과도하게 불안해하며 심한 우울감, 자기비하를 경험하게 된다. 즉, 다른 사람들에게 비판받고 거절되는 것에 대한 두려움, 사회적 상황에서 적절하게 반응할 수 없는 것에 대한 두려움, 친교에 대한 두려움 등이 위축행동의 원인이 된다. 위축행동은 영유아의 인성과 성격형성에 장애요인이 된다. 따라서 이들에게 자신감을 고취시키고, 사회성을 증가시킬 수 있는 경험을 제공하고, 자신의 역할을 수행하게 하고 집단에 대한 소속감을 경험시켜 준다. 또한 위축행동은 지나치게 높거나 낮은 기대로 인해 나올 수도 있으므로 영유아의 수준에 맞는 적절한 기대를 해야 한다. 아울러 영유아들에게 다양한 역할을 경험하도록 역할놀이의 기회를 제공하는 것도 중요하며 영유아의 위축행동에 반응적으로 대하되 이에 적절한 통제를 함으로써 위축행동에서 벗어나도록 격려해 주는 양육행동이 중요하다.

(6) 고립

영유아가 또래집단에서 잘 수용된다는 것은 사회성 발달에 중요하기 때문에 또래들과의 관계형성을 원하지 않거나 관계를 형성하지 못하는 경우 그 원인을 파악하여 적절한 지도가 요구된다. 고립되는 원인은 영유아의 기질이나 성격이 내성적이고 혼자 노는 것을 좋아하여 친구를 사귀고 싶은 욕구가 없는 경우, 성인과의 지나친 밀착으로 또래관계 형성 경험이 없는 경우, 체구나 외모가 매력적이지 않아 배척당하는 경우, 사고발달이 늦어 참여 못하는 경우 등을 들 수 있다. 성인의 개입에 의한 지도보다는 영유아 스스로 또래놀이에 참여하고 적절히 어울릴 수 있는 자질을 길러 주어야 한다. 먼저 고립아를 주의 깊게 관찰하여 놀이상황 및 상호작용 특성을 분석한 뒤 또래와 즐겁게 할 수 있는 놀이를 제공함으로써 또래와의 관계에서 재미를 깨닫게 해준다. 둘째, 친구들과 놀 때 필요한 사회적 기술을 가르친다. 셋째, 배척당하는 영유아에게 자신감을 가질 수 있도록 도와주고 다른 영유아에게 장점을 부각시켜 준다. 또한 또래와 잘 어울려 노는 경우에는 칭찬과 격려를 제공한다.

(7) 선택적 함구증

선택적 함구증은 어떤 상황에서는 말을 잘함에도 불구하고 말을 해야 하는 특정한 사회적 상황(예: 영유아교육기관, 놀이 친구와 함께 있을 때)에서는 지속적으로 말을 하지 못하는 것이 특징이다. 예를 들면, 집에서는 말을 잘하면서도 밖에 나가면 입을 다무는 경우를 말하며 이러한 장애가 적어도 1개월 이상 지속되고 교육적 성취나 사회적 의사소통을 저해할 때 선택적 함구증이라 할 수 있다. 동반되는 특징으로는 심한 부끄러움과 사회적으로 어려운 상황에 대한 두려움, 위축, 매달림, 강박적 특성, 거절, 분노발작, 반항 등이 있으며 사회적·학업적 기능에 심한 장해가 초래되기도 한다. 또래에게 놀림을 당하거나 집단따돌림을 당하는 경우도 흔하며 불안장애, 정신지체, 입원, 극심한 심리사회적 스트레스와 관련되기도 한다. 대개 5세 이전에 발병하며 몇 달 정도 지속되지만 더 오래 지속되기도 하고 몇 년 동안 지속될 수도 있다. 정서적 어려움과 언어 및 사회성 미발달과 연관되어 있으며 빠른 시간 내에 해결되도록 도와야 한다.

(8) 배설장애

배설장애에는 대변을 가리지 못하는 유분증과 소변을 가리지 못하는 유뇨증이 있다.

유분증 적절치 않은 곳(옷 또는 방)에 반복적으로 대변을 보는 것으로 대부분은 불수의적이지만 때로는 의도적이기도 하다. 유분증은 적어도 3개월 동안 최소한 매달 1회 발생해야 하고, 생활연령이 최소한 4세는 되어야 하며, 약복용이나 의학적 질환에 의한 것이 아니어야 한다. 유분증이 있는 영유아는 수줍음이 많고 난처한 일이 일어날 수 있는 상황(예: 캠프, 영유아교육기관)을 피하려 한다. 장애의 정도는 영유아의 자존심, 또래의 놀림, 돌보는 사람의 분노와 처벌, 거부 등에 의해 영향을 받는다. 5세 영유아의 약 1% 정도가 유분증이 있으며, 남아가 여아보다 흔하다. 유분증은 몇 년 동안 간헐적으로 악화되면서 지속될 수도 있으나 만성화되는 경우는 거의 없다.

유뇨증 밤이나 낮에 침구나 옷에 반복적으로 소변을 지리는 것으로, 적어도 연속 3개월 동안 주 2회의 빈도로 일어나고, 생활연령이 적어도 5세는 되어야 하며, 약복용이나 의학적 질환에 의한 것이 아니어야 한다. 밤에 잠잘 때만 나타나는 야간형, 깨어 있는 낮 동안에 나타나는 주간형, 야간형과 주간형이 복합된 주야간형이 있다. 주간유뇨증은 여아에게서 흔하며, 9세 이후에는 드물다. 유뇨증에 동반되는 장애의 정도는 영유아의 사회활동 제한, 자존심에 미치는 영향, 친구에 의한 배척 정도, 부모의 분노, 처벌, 거부 등에 의해 영향을 받는다. 유발 원인으로는 지연된 또는 느슨한 대소변 가리기 훈련, 심리사회적 스트레스, 요 농축능력의 장애, 자발적 배뇨를 할 수 없을 정도의 낮은 방광용적 등이 거론되지만 유뇨증 영유아의 약 75%가 직계가족이 같은 장애를 갖는 것으로 보고되었다. 5세 남아 7%, 여아 3% 정도로 남아가 많다. 일반적으로 나이가 들면 점차 나아진다. 영유아가 소변을 가리게 되는 것은 신경계통이 성숙되면서 자연히 이루어지는 것이다.

유뇨증은 1차성과 2차성으로 나뉜다. 1차성 유뇨증은 대소변 가리기가 이루어진 후부터 줄곧 증상을 보이고, 2차성 유뇨증은 5~8세부터 증상이 나타난다. 2차성 유뇨증은 동생의 출생, 전학 또는 생활에서의 큰 변화에서 오는 지나친 정서적인 부담으로 인해 퇴행현상을 일으킴으로써 일어나는 수가 많다. 예를 들어, 동생을 본 영유아가 자기도 모르게 무의식적으로 실수를 하게 되는 경우가 있는데, 이때 부모는 야단을 치기보다는 동생에게 애정을 빼앗겼다고 생각하는 자녀의 마음을 읽어 주고 보다 많은 사랑을 느끼도록 해 주어야 한다. 그래도 낫지 않으면 약물치료와 함께 영유아의 불안을 다스릴 수 있도록 전문가의 치료를 받는 것이 좋다.

(9) 틱장애(Tic Disorder)

틱(tic)은 반복적으로 갑작스럽고 빠르게 나타나는 근육의 움직임이나 어떤 형태의 소리를 말하며, 음성 틱 또는 운동성 틱이 특징이다. 틱장애는 투렛장애, 만성 운동 또는 만성 음성 틱장애, 일과성 틱장애 등이 포함된다(박선환 외, 2008; 박응임 외, 2002).

투렛장애(Tourette's Disorder)는 다양한 운동 틱(예: 눈 깜박임, 코 찡그리기, 어깨 움츠리기, 얼굴 찡그리기, 기침하기, 발 구르기, 대상의 냄새 맡기 등)과 하나 또는 하나 이상의 음성 틱(예: 헛기침, 킁킁거리는 소리, 코 훌쩍임, 짖기, 관계없는 단어나 구절 반복하기, 반향 언어증 등)이 1년 이상 지속될 때를 말한다.

만성 운동 또는 만성 음성 틱장애(Chronic Motor or Vocal Tic Disorder)는 동시에 1~3개의 근육군이 틱을 보이거나 음성 틱이 적어도 1년 이상 있는 경우이다. 일과성 틱장애(Transient Tic Disorder)는 단일의 또는 다양한 운동 틱이나 음성 틱이 하루에 여러 번 거의 매일같이 최소 4주 이상 12개월 이내 지속해서 나타나는 경우이다.

투렛장애와 만성 운동 또는 음성 틱장애는 유전적 요인이 중요한 역할을 하는 것으로 추정되고 있으며, 일과성 틱장애는 기질적 원인, 심리적 원인 또는 복합적 원인으로 추정된다.

투렛장애는 약물치료, 정신치료, 행동치료 등을 하며, 만성 운동 또는 음성 틱

장애는 무관심한 척 내버려 두는 것이 좋으나, 심해질 경우 가족상담과 지지적 정신치료, 행동요법 등을 시작한다. 영유아의 틱 증상을 일부러 만들어 내는 것으로 오해하는 경우가 많으나 뇌의 이상이나 사회심리적 요인에 원인이 있으므로 부모 및 주변에서 이를 이해하는 태도가 요구된다. 또한 교사의 지지적 태도가 중요하며 비슷한 증상을 가진 자조모임이 도움이 되기도 한다.

(10) 인터넷 중독

인터넷 중독이란 정보이용자가 인터넷에 대한 심리적 의존도가 극도로 심해져 일상생활에 심각한 사회적·정신적·육체적·금전적 지장을 받는 상태를 일컫는다. 최근 우리 사회는 인터넷을 하루라도 접하지 않으면 어려움을 겪을 정도로 인터넷이 우리 생활에 깊숙이 자리 잡고 있다(박선환 외, 2008). 특히 인터넷을 사용하기 시작하는 연령이 점차 낮아지고 이용자 수는 해마다 늘어나고 있는 실정이다. 2008년 7월 기준 만 3세 이상 인터넷 사용률은 76.5%이고(한국인터넷진흥원, 2008), '우리 아이는 아니겠지'라고 넘기기 쉽지만 인터넷을 이용하는 9~19세 청소년의 14.3%(103만 5,000여 명)는 인터넷 중독으로 일상생활에 어려움을 겪고 있다. 즉, 지나치게 많은 시간을 컴퓨터게임에 몰두하여 일상생활에 지장을 초래하고 가상과 현실을 구분하기 힘들게 되며, 게임을 못하게 되면 불안, 초조, 우울, 공허감을 느끼며 신경질적, 반항적, 충동적이 되고 참을성이 없어진다(박선환 외, 2008).

이러한 인터넷 중독을 예방하기 위해서는 영유아가 컴퓨터를 처음 시작할 때부터 사용시간 등 규칙을 정하고, 방문한 사이트의 경로를 파악하거나 유해 사이트를 차단할 수 있는 '아이지킴이 프로그램' 등의 도움을 받는 것이 좋다. 방임적이거나 반대로 권위적·독재 스타일의 부모 아래에 있는 유아들이 인터넷 중독에 노출되기가 더 쉬우므로 부모는 자녀와 대화를 자주 하고 일관된 양육 태도를 보이는 것이 중요하다.

인터넷 중독 예방지침

1. 특별한 목적없이 컴퓨터를 켜지 않는다.
2. 컴퓨터 사용시간을 가족들과 협의하여 결정한다.
3. 컴퓨터 사용시간과 내용을 사용일지에 기록하는 습관을 들인다.
4. 컴퓨터 옆에 알람시계를 두어 사용시간을 수시로 확인한다.
5. 인터넷 사용 이외에 운동이나 취미활동시간을 늘린다.
6. 인터넷 때문에 식사나 취침시간을 어기지 않는다.
7. 스스로 인터넷 사용조절이 어려울 경우, 시간관리 소프트웨어를 설치한다.

출처: 한국정보화진흥원 인터넷중독센터(www.iapc.or.kr).

제 8 장

영유아 건강 평가

영유아의 건강관리를 위해서는 무엇보다도 건강상의 문제를 사전에 발견하는 것이 가장 중요하다. 즉, 영유아의 신체적 발육상태를 주기적으로 측정하고 건강상태를 파악하여야 한다. 건강평가는 출생에서 성장발달이 완성되는 시기까지 계속적으로 이루어져야 하며, 건강에 특별한 이상이 없다하더라도 출생 후 6개월 또는 기본 예방접종이 끝날 때까지는 월 1회, 그 후 첫돌까지는 격월, 출생 후 두 번째 해에는 3~4개월 간격으로, 그 후 초등학교에 입학하기 전까지는 연 2회 정도로 건강평가를 정기적으로 하는 것이 이상적이다. 아울러 젖니가 나서 영구치로 바뀔 때까지 치아가 제대로 나는지, 비뚤어지거나 상한 치아는 없는지 치과 검진도 필수적으로 이루어져야 한다.

01 건강기왕력

건강기왕력 평가는 가계질환(예: 비만체질), 유전성 질환요인 유무, 임신 시 위험요인에 노출된 사실여부, 분만 시 분만형태, 진통시간, 태반반출시간, 모성의 감염성 질병의 경험 유무, 산후에 신체적·정신적 건강상태 등이 포함된다.

건강기왕력 항목

- 가계질환, 유전성 질환요인 여부
- 어머니의 임신, 분만, 산욕 동안의 상태
- 신생아 기간의 상태
- 수유방법과 이에 대한 반응
- 성장발달에 필요한 뒤집는 시기, 혼자 앉는 시기, 기는 시기, 일어서는 시기, 걷기 시작한 시기, 말을 시작한 시기 등
- 영유아의 행동, 질병상태, 의료혜택을 받은 경험 여부

••• 생각해 보기

최근 관동의대 제일병원 건강의학센터에서 건강검진을 받은 3백27명의 아이에 대한 자료를 분석한 결과, 3명에 한 명꼴로 질환을 갖고 있는 것으로 나타났다. 치아우식증(충치), 치주염이나 부정교합, 총생(치아가 한쪽으로 몰리는 것) 등 치과 질환을 가지고 있는 경우가 44.3%에 이르며, 근시나 사시 등 안과 이상이 52%에 이르렀다. 또한 치료가 필요한 부비동염(축농증)이 14.7%, 혈뇨나 단백뇨 등의 소변 이상 5.5%, 빈혈 3.7% 등의 순이었다. 그 외에도 간염, 간질, 면역결핍증, 지방간, 범혈구감소증, 과인산화효소혈증, 양성 종양, 고콜레스테롤혈증, 부정맥, 요충감염, 척추측만증, 청력장애, 방광뇨관 역류,

위식도역류 등의 여러 질환이 약 35%에 해당하는 115명에서 발견되었다. 발달 항목에서도 언어나 운동, 사회성 등 여러 영역에서 발달 지연을 나타내고 있는 경우가 약 9.8%나 되고, 심리적인 적응 면에서 문제를 나타내는 경우도 8% 정도나 되는 것으로 조사되었다.

02 체격검사

성장하는 영유아들의 건강을 평가하려면 우선 신체부터 측정해야 한다. 태어났을 때부터 한 달에 한 번 이상 키, 몸무게, 머리둘레 등을 재보고 이것이 정상 범위 내에 있는지 지난번과 비교하여 적절한 속도로 자라고 있는지를 확인한다. 키, 몸무게, 머리둘레가 균형이 맞지 않거나 크는 속도가 갑자기 달라지면 건강에 이상이 있음을 짐작할 수 있다.

구체적으로 영유아의 건강상태를 평가하기 위해 가장 유용한 자료로 많이 이용되고 있는 방법은 신체계측으로 신장, 체중, 상완삼두근 피부겹두께(Triceps Skin Fold, TSF), 상완위둘레(Mid-arm Circumference, MAC), 머리둘레 등의 측정이 있다.

신장과 체중은 영유아에 있어서 성장과 영양 상태를 나타내주는 가장 좋은 척도로 사용되고 있으며, 영아기와 같이 급성장을 보이는 시기에는 정기적인 측정이 요구된다. 이를 통해 발육이 부진한 영유아들을 조기 발견하고 그 원인을 규명할 수 있다.

뇌의 발달을 나타내주는 중요한 지표로 머리둘레는 생후 1년 동안 현저하게 성장한다. 머리둘레의 급속한 증가는 뇌종양, 뇌수종 등의 문제를 암시하며, 지나치게 느린 발달은 뇌발달의 부진을 의미하므로 주기적으로 측정하여 그 변화를 파악하도록 해야 한다.

발달 단계의 특징에 따라 권장되는 체력검사 항목은 〈표 8-1〉과 같다.

〈표 8-1〉 발달단계별 권장 신체계측 항목

발달단계	권장항목
신생아 및 영아	체중, 누운 길이, 머리둘레, 가슴둘레, 삼두박근 피부두께
유아	체중, 신장, 머리둘레, 상완위, 가슴둘레, 삼두박근 피부두께

1) 신장과 체중

신장과 체중은 영유아의 성장을 나타내는 가장 기본적인 계측으로 표준치와 비교하여 사용될 수 있다. 그러나 표준치는 나이, 체력 단련 정도 및 질병의 영향들이 고려되지 않은 것으로 단순 비교보다는 영유아의 건강상태를 고려하여 현재 체중을 비교하는 것이 더 바람직하다.

신장과 체중을 일정 기간을 두고 반복 측정하여 변화양상을 관찰함으로써 영유아의 영양상태나 발육상태의 변화추이를 간접적으로 알 수 있다. 영아는 1~3개월, 유아는 3~6개월마다 측정하여 성장속도의 이상 유무를 확인해야 하며, 신장에 비해 체중이 적을 경우 영양불량 상태이며 연령에 비해 신장이 작은 경우에는 만성적인 영양부족 상태를 의미한다.

우리나라 영아의 출생 시 평균 체중은 남아 3.4kg, 여아 3.3kg이며, 평균 신장은 남아 50.1cm, 여아 49.4cm이다. 건강한 아기는 체중이 빠르게 증가하여 생후 3개월에 2배가 되고 차츰 증가율이 낮아져 1년 후에 3배, 2년 후 4배가 된다. 신장은 생후 1년 동안 25~30cm 정도 자라서 출생 시의 1.5배가 되고 만 4세에 2배가 된 후 매년 5~7cm씩 지속적으로 자란다. 즉, 영유아기는 체중증가가 신장증가보다 먼저 나타나기 때문에 영아의 통통하던 모습에서 유아기에는 차츰 살이 빠지는 느낌을 받게 된다.

2세 미만의 영아는 누운 키(length)를 측정하고 2세 이상의 유아는 성인과 동일하게 가벼운 옷차림 상태에서 뒤꿈치를 발판에 밀착시키고 허리와 다리를 곧게 펴고 선 자세로 신장을 측정한다. 바닥과 평행상태를 유지한 측정막대는 머리의 가장 윗부분에 밀착하며, 2회 측정하여 차이가 0.6cm 이하이어야 한다. 1년 동안 신장을 관찰하여 신장이 표준치의 90% 미만인 경우를 영양불량이라고 평가하고 있다.

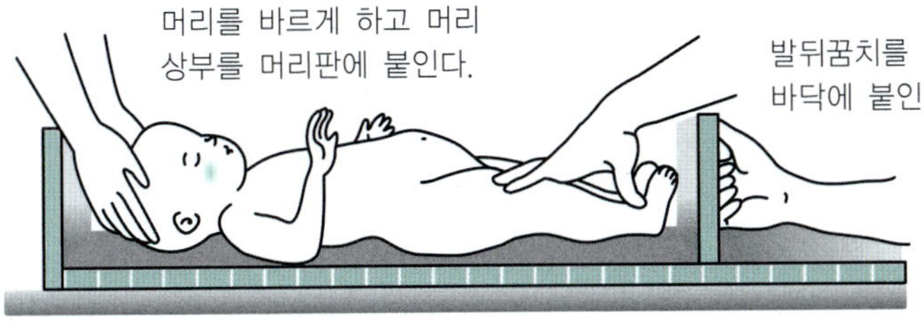

〈그림 8-1〉 누운 키 측정 방법

체중은 건강상태뿐만 아니라 영양요구량과 약물의 용량을 결정하는 데 사용된다. 측정 전에 체중계의 작동여부를 점검하고 나서 깨끗한 시트를 깔아주며, 영아의 몸 위에 손을 얹어 저울로부터 낙상을 방지해야 한다.

연령을 기준으로 평균보다 30% 이상 적은 경우를 저체중으로 보고 성장발육의 부족이나 질병에 걸린 것으로 생각하며, 체중이 평균보다 20% 이상 많은 경우는 비만으로 체중조절이 요구된다고 볼 수 있다.

체중은 영유아기에 변화가 심하기 때문에 한 번의 측정에 의해 영양상태를 판단하기 어려운 경우도 있으므로 일정한 간격으로 측정이 필요하다.

성장이 의심되는 유아의 특징

- 키와 몸무게의 백분위수*의 차이가 큰 경우(예: 키는 제 10백분위수인데 몸무게는 제 90백분위수이고, 특히 피부주름 두께가 평균치 이상인 유아)
- 키와 몸무게가 평균치만큼 증가하지 않는 경우
- 이전의 일정한 성장속도에서 갑작스런 증가나 감소를 보이는 경우

* 백분위수는 가장 작은 영유아부터 제일 큰 아이까지 순서대로 100명을 세워 두었을 때 이 영유아가 몇 번째에 해당하는지를 나타내는 수치이다. 즉, 1백분위수라면 가장 작은 영유아이고, 50백분위수에 해당한다면 중간인 셈이 되고, 100백분위수는 가장 큰 영유아라는 의미이다.

소아의 경우 우리나라에서는 1994년 대한 소아과학회에서 측정한 한국소아의 신장별 체중 백분율의 50%일 때를 표준 체중으로 사용하여 비만도를 계산한다.

비만도(표준체중의 백분율) = 현재체중 / 표준체중 × 100(%) 또는

비만도 = 실측체 − 신장별 표준체중 / 신장별 표준체중 × 100(%)

비만도 판정은 표준체중과 비교할 때 보통 10%를 초과하면 과체중, 20%를 초과하면 비만이라고 하며, 비만은 다시 20~30% 초과할 때 경도비만, 30~50%초과할 때 중등도비만, 50% 이상을 초과할 때 고도비만이라 한다. 위 계산법은 어느 정도 오차가 생길 수 있음을 감안해야 하며, 보다 더 정확한 비만도를 측정하기 위해서는 체성분 검사를 하는 것이 좋다.

〈표 8-2〉 비만도 판정

비만도	
〉 150	고도비만
131~150	중등도비만
121~130	경도비만
111~120	과체중
90~110	정상
80~89	저체중
〈 80	극심한 저체중

소아의 비만을 판정할 때는 Kaup(카우프) 지수와 RÖhrer(뢸러) 지수가 사용되고 있다. Kaup(카우프) 지수는 2세 이하 영아의 영양상태 평가에 적합한데, 18~20이면 비만 경향으로 20 이상이면 비만으로 판정할 수 있다.

$$\text{Kaup 지수} = \text{체중(g)} / [\text{신장(cm)}]^2 \times 10^4$$

1세 미만	판정기준	1~2세
15 이하	영양불량	14 이하
15~18	정상	14~17
18~20	비만경향	17~18.5
20 이상	비만	18.5 이상

RÖhrer(뢸러) 지수는 3세 이상의 영양평가에 주로 이용된다. 신장 110~129cm에서는 180 이상, 130~149cm 범위에서는 170 이상, 150cm 이상에서는 160 이상을 비만의 판정기준으로 삼고 있다.

$$\text{Röhrer 지수} = \text{체중(kg)} / [\text{신장(cm)}]^3 \times 10^7$$

측정값	판정기준
92 이하	매우 마름
92~109	마름
110~140	정상
140~156	비만
156 이상	고도비만

체질량지수는 비만정도를 설명하는 지표로 알려져 있으며 한국소아발육표준치 기준에 의한 연령과 성별에 따른 체질량 지수 백분위수와 비교하여 평가한다. 2세 이상의 영양평가에 사용되는데 영유아는 비만이라는 용어를 사용하지 않고 95백분위수 이상인 경우 과체중으로 판정한다.

$$체질량지수 = 체중\ (kg) / [신장(m)]^2$$

••• 생각해 보기

미국 노스캐롤리나 대학교의 어린이 병원 소아청소년과 전문의 엘리아나(Eliana Perrin)와 그의 연구팀은 1999년부터 2008년까지 2세부터 15세의 비만 영유아 5,000여 명의 자료를 분석했다. 그 결과 이들 영유아의 부모 22%만이 의사나 의료진으로부터 자녀가 비만이고, 치료가 필요하다는 말을 들었으며, 이 수치는 1999년 19.4%에서 2004년 23.4%, 2008년에는 29.1%로 증가했다. 그러나 연구팀은 부모가 자녀의 비만을 알았다면 의사가 조언해 준 건강한 식사 방법과 운동 방법을 자녀에게 교육시켜 비만을 치료했겠지만, 소수의 부모만이 의사로부터 그 사실을 들었다고 말했다. 또한 부모에게 자녀의 비만을 말해 주는 추세는 최근 몇 년간 나아지긴 했지만 앞으로 갈 길이 멀다고 덧붙였다.

2) 피부겹두께(TSF), 머리, 가슴, 팔둘레

체내 지방은 필수구성 지질이기에 골수, 중추신경계, 유선조직 등 주요장기에 분포되어 있으면서 정상적인 생리기능을 유지시켜 주는 것과 단순저장 지질로 소화기관이나 기타 장기를 둘러싸고 있는 근육 사이의 지방과 피하지방으로 구성되어 있다.

피하지방을 간단하게 측정하는 방법은 피부겹집기로 보통 상완삼두박근부위를 측정하는 것이 가장 많이 이용되고 있다. 피부겹두께(TSF)값이 35~40% 이면 경증 영양결핍, 25~35%는 중증도 영양결핍, 25% 이하는 중증 영양결핍을 의미하고 있다.

체지방의 약 50%는 피하지방층으로 존재하므로 피부두께를 측정하여 체지방을 추정할 수 있다. 캘리퍼(caliper)를 사용하여 팔 뒤쪽 삼두근 주위의 피부두께를 반복 측정한다.

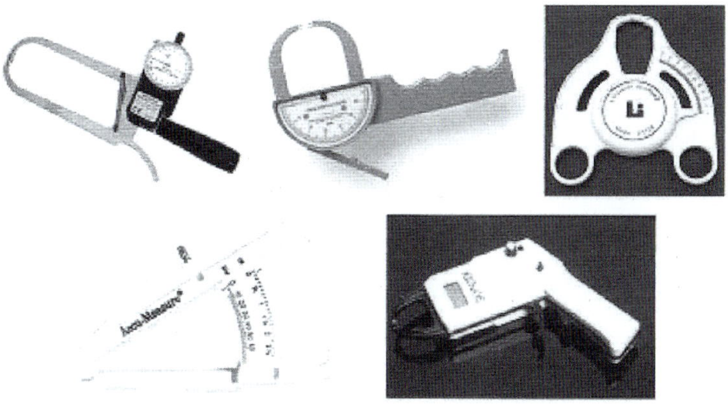

〈그림 8-2〉 캘리퍼 종류(harpenden, Lange, Lafayette, Accu-Measure, Skyndex)

삼두근 피부두께의 측정

- 자연스럽게 늘어뜨린 팔을 직각으로 굽혀 어깨뼈와 팔꿈치의 중간지점을 표시한다.
- 표시된 지점 상단 1cm 지점의 피하지방을 왼손의 엄지와 검지를 이용해 수직으로 잡는다.
- 캘리퍼를 눈금이 잘 보이도록 하여 측정부위를 잡고 약 3초 후 눈금을 읽는다.

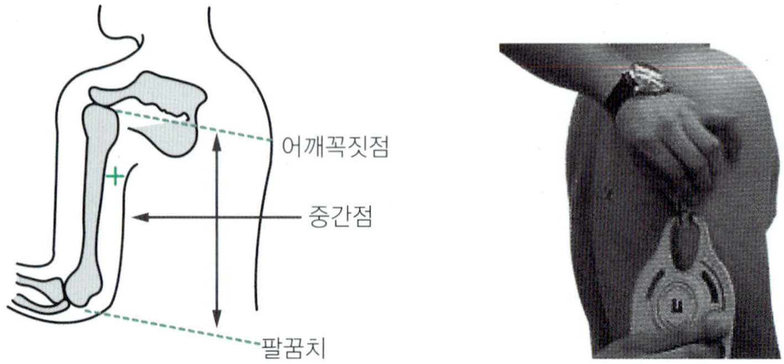

〈그림 8-3〉 삼두근 피부두께의 측정

머리둘레는 줄자를 이용하여 이마와 뒤통수의 가장 튀어나온 부분의 둘레를 두 차례 이상 측정한다. 출생 시 머리둘레(약 34cm)는 가슴둘레(약 33cm)보다 약간 크다. 처음 1년간 약 12cm가 증가하여 1세가 되면 36cm, 4세가 되면 40cm로 성인의 90%에 달한다. 36개월까지 유아의 머리 크기가 의심스러운 경우 정규적으로 측정하여야 하며, 머리둘레는 2세까지 키의 증가와 밀접한 관계가 있어 영양상태 평가 수단으로 쓰이나 그 이후에는 머리둘레의 성장이 느려지므로 영양상태 평가 수단으로 적합하지 않다. 영유아의 머리둘레가 표준보다 현저히 작다면 생후 2년 동안 심각하고 장기적인 영양부족이 있었음을 나타내나, 영양적인 요인 외에 질병에 의해 머리둘레에 영향을 받을 수 있으므로 결과를 판정할 때 주의하여야 한다.

가슴둘레는 줄자로 겨드랑이 밑과 젖꼭지선을 지나 척추에 직각인 둘레를 측정한다. 신생아의 흉위는 32cm정도로 두위보다 2cm정도 작으나 12개월이 되면 두위와 같거나 더 커진다. 영유아는 성인과 달리 가슴둘레가 체중증가와 밀접한 관련이 있고 질환이나 영양불량에 민감하게 감소하므로 건강평가 지표로 사용된다.

팔둘레는 근육량의 간접적인 측정치이며, 배둘레는 누워있는 영아의 배꼽 수준에서 줄자로 재며, 영양상태 및 신장질환 유무를 확인하는 데 중요한 단서가 될 수 있다.

〈표 8-3〉 체격검사와 그 평가기준

측정항목	적용연령	평가기준
몸무게	모든 연령	키-체중% 이상적인 체중의 120% 이상: 비만
누운 길이 키	36개월 미만 36개월 이상	2% 미만의 키: 성장부진 3% 미만의 체중: 영양결핍 부적절한 영양
머리, 가슴둘레	2세 전까지	3% 미만의 머리둘레는 심한, 오랜 기간의 영양결핍을 의미
삼두근 피하지방 두께	모든 연령	90~95% 이상: 비만
상완위 근육둘레	36개월 이상	키, 몸무게 측정이 어려울 때 PEM(단백질 에너지 영양불량) 판정에 유용하게 사용된다. 5% 미만은 영양불량

출처: 김일옥, 최경순(2009).

3) 기타

유전적으로 결함이 있는 유아는 연령에 대한 신장 또는 체중을 비교하는 것보다 신장에 있어서 체중비교가 발육 정도와 영양 필요량을 평가하는 데 유용할 수 있다. 즉, 다운증후군이 있는 유아의 경우 Baldwin-wood표를 이용하여 느린 성장률을 보정할 수 있으며, 미숙아의 성장 정도는 보정연령 또는 Balson의 성장그래프를 이용하여 평가한다.

03 체질검사

1) 생리적 측정

기초 활력 징후를 알 수 있는 생리적 측정으로 체온, 맥박, 호흡, 혈압을 들 수 있다. 또한 성인 건강검진을 할 때 가장 기본적으로 실시하는 혈액 검사는 영유아들에게도 꼭 필요한 검사이다. 혈액 검사를 통해 빈혈 여부를 확인할 수 있기 때문이다. 유아기에는 성장이 왕성하게 이루어지고 식사 형태가 변화해가고 있는 특성이 있으므로 돌을 전후한 나이에는 빈혈이 많이 발생한다는 것을 명심해야 한다. 특히 비만 영유아가 늘고 있는 현실에서 콜레스테롤 수치도 측정해 볼 필요가 있다.

(1) 체온

구강, 액와(겨드랑이), 직장(항문), 피부, 고막 등 신체의 여러 부위에서 측정할 수 있으며, 체온계의 종류도 다양하기 때문에 정확한 사용법을 지켜야 한다. 수은체온계의 경우 몇 분 동안 재어야 하는 지에 대한 규정은 없으나 구강은 7분, 액와는 5분, 직장은 3분 동안 측정하는 것을 권장한다. 정상체온은 구강으로 쟀을 때 37℃인데, 액와체온은 0.2℃ 낮고, 직장체온은 0.2℃가 높다.

〈표 8-4〉 체온계의 비교

종류	특징
수은체온계	끝이 길고 가는 구강용, 액와용과 끝이 짧고 둥글게 만들어진 직장용이 있다. 영유아에게 구강용으로 잴 때는 파손 시 수은중독의 위험이 있으므로 주의한다.
일회용 종이압착 체온계	온도에 민감한 점(dot)으로 체온을 표시하며 건조한 상태에서 주로 이마에서 잰다. 가격이 저렴하고 사용법이 쉬우며 교차감염을 방지하는 장점이 있는 반면, 정확성이 떨어지는 단점을 가진다.
고막체온계	적외선을 이용하여 고막의 온도를 측정하는 체온계로 측정시간이 짧아서 편리하다(1초). 귓바퀴를 상후방으로 당긴 상태에서 귀속으로 고막체온계를 넣어 잰다.
전자체온계	스위치를 켜고 액와, 혀 밑, 직장 등 온도 감지부를 끼운 후 약 3분 후에 읽는다. 온도를 측정하는 마이크로칩이 내장되어 있어 다른 체온계에 비해 값이 비싼 편이다.

(2) 맥박, 호흡

심장의 좌심실 수축으로 혈액이 박출되고 그 압력에 의하여 동맥벽이 팽창되며, 이것이 동맥혈관으로 전해져 촉진되는 것이 맥박이다. 영아는 심첨부에서 측정하는 것이 정확하며, 만 2세 이후 영유아는 성인과 같이 어느 맥박이든 쉽게 측정된다.

심첨맥박은 청진기로 듣고 동맥혈관의 맥박은 손가락으로 촉진한다. 영유아는 심박동의 리듬이 불규칙할 수 있으므로 1분을 재는 것이 바람직하다.

〈표 8-5〉 연령별 맥박의 정상범위

연 령	범 위(회/분)	평 균(회/분)
신생아(출생~1개월)	70~170	120
1세	80~160	120
3세	80~130	110
5세	80~120	100

맥박을 관찰해야 할 상태

- 쇼크상태
- 의식이 흐려짐
- 열이 남
- 갑자기 실신함
- 머리를 다친 후
- 입술이나 손톱 끝이 청색으로 변함
- 얼굴빛이 창백하거나 푸른색으로 변함

호흡은 인체와 대기 사이의 가스교환을 의미하며, 박을 재면서 동시에 혹은 연속적으로 가슴운동을 관찰하여 호흡의 깊이, 특징, 리듬, 규칙성을 측정한다. 호흡수와 맥박수는 약 1:4의 비율이다.

〈표 8-6〉 연령별 호흡수의 정상범위

연 령	호흡수(회/분)
신생아	40~90
1세	20~40
3세	20~30
5세	20~25

(3) 혈압

혈압을 재는 일반적인 방법은 수은혈압계 또는 전자혈압계를 이용하며, 혈압은 3세부터 매년, 특히 고혈압의 증상이 있거나 고위험상황의 영유아는 자주 측정을 하여야 한다. 혈압을 잴 때는 안정되어 있어야 하며, 커프의 너비가 적당한 것을 사용해야 한다. 즉, 영유아가 울거나 부적절한 커프를 사용하면 의미가 없다.

〈표 8-7〉 연령별 혈압의 정상범위

연령	수축기압(mmHg)	이완기압(mmHg)
신생아	50~52	25~30
1세	65~60	50~55
4세	85~95	55~60
8세	95~105	60~65
10세	100~115	67~70

2) 전반적인 조사

(1) 피부

정상적으로 영유아의 피부는 기름기나 끈적임이 없이 약간 건조하다. 피부의 탄력성은 엄지와 검지로 복부의 피부를 팽팽히 잡아당겼다가 재빨리 놓음으로써 평가할 수 있으며, 적절한 건강상태의 좋은 척도이다. 피부질환은 모든 연령의 영유아에게 생기지만 영아는 기저귀발진, 유아는 감염성 피부발진이 잘 생긴다. 이외에 가려움·반점·여드름·발진·발적·멍이 쉽게 드는 경우·정상출혈·지나친 건조상태 여부를 평가한다.

모발성장이 조숙하거나 지연되는 것이 비정상적인 발달에 중요한 단서가 될 수 있으며, 건조하고 잘 부서지는 약한 모발은 좋지 않은 영양상태를 의미할 수 있다.

정상적인 손톱은 보통 매끈하고 볼록하고 투명하고, 단단하며 손톱판(nail bed)은 분홍색을 띄며 끝이 희다. 손톱이 푸르거나 자색이면 산소부족으로 인한 청색증, 창백하면 빈혈, 노란색이면 황달, 검은색은 상해로 인한 손톱 아래의 출혈을 암시한다(김일옥, 최경순, 2009).

(2) 머리와 목

머리를 관찰하는 동안 두부의 전반적 모양과 대칭성, 안면마비 유무, 움직임 등을 관찰한다. 비대칭이 현저한 경우는 두개골의 비정상적 융합을 의심할 수 있다.

대부분의 영아는 만 4개월까지 머리를 똑바로 들 수 있다. 6개월까지 머리를 가누지 못하는 것은 뇌의 이상을 의심해 볼 수 있다. 연령이 높은 유아의 경우는 머리를 양 방향과 위 아래로 직접 움직여 보라고 하거나 연령이 낮은 유아의 경우는 손으로 각 방향으로 움직여 봄으로써 움직임의 범위를 평가한다.

영아의 목 부근에서 덩어리가 만져지면 기도를 막을 수 있으므로 정밀검사가 필요하며, 압통이 있고 커져있는 림프절은 일반적으로 그 위치의 부근에 감염이나 염증이 있음을 의미한다(김일옥, 최경순, 2009).

(3) 눈, 귀, 코, 구강, 인후

몸의 여러 감각기관 중 성장하는 동안 가장 영향력이 있는 곳은 눈과 귀이다. 시력 검사, 사시 검사 등 안과 검진 및 청력에 대한 검사가 정기적으로 필요하다.

출생 시 눈의 기능은 제한적이나 몇 년 내에 완전히 성숙된다. 예민한 시각부인 황반은 출생 시에는 없으나 4개월에 발육되고 8개월에 성숙된다. 빛을 비추면 눈을 감는 반응은 생후 수일 내에 나타난다. 주변시야 검사는 3세 이상이면 시행해야 하며, 검사동안 한 자리에 앉아 있을 수 있으면 가능한 일찍 시작한다. 신생아는 물체를 40~90° 내에서 움직이면 눈을 고정시키거나 따라서 보다가 2개월이 되면 180° 각도에서 물건을 좇아 바라본다.

생후 1개월이 되도록 밝은 빛에 아무런 반응을 하지 않을 때, 생후 2개월이 되도록 사물에 시선을 고정하지 못할 때, 생후 3~4개월이 되도록 움직이는 물체로 시선을 돌리지 못할 때 시력 이상을 의심해 볼 수 있다. 또한 생후 6개월이 지나도록 물체에 눈을 맞추지 못하고 양쪽 눈이 서로 다른 방향을 향하거나 햇빛이 비치는 곳에서 한쪽 눈만 찡그린다면 사시가 의심되므로 병원을 찾아 검사를 받아야 한다. 특히 사시는 조기에 치료하지 않으면 시력에 이상을 부를 수 있으므로 빠른 조치를 취해야 한다.

〈표 8-8〉 연령별 시력검사의 지침

연령	일반적인 시력검사
신생아	정중선까지 물체를 따라 움직이는 능력을 검사한다. 25~30cm거리에 있는 물체에 초점을 맞춘다.
영아	중앙선을 지나 불빛을 따라 본다.
유아	시력검사를 위한 Allen cards나 학령전기 E-chart검사 색상인식검사를 위한 Ishihara(색맹검사표)검사

〈표 8-9〉 영아의 시각 장애 징후

- 실명으로 추측되는 산만한 눈의 움직임
- 갑자기 움직이거나 동요하는 눈의 움직임
- 양쪽 눈이 서로 다른 방향으로, 또는 교차된 방향으로의 움직임(생후 3개월 이후)
- 초점이 없거나 움직이는 물체를 따라가지 않는 눈의 움직임(생후 3개월 이후)
- 양쪽 눈의 동공이 크게 차이가 나는 눈
- 깜박이는 반응이 없는 눈
- 눈꺼풀이 한쪽 또는 양쪽 다 처진 눈
- 안구가 혼탁한 눈
- 만성적인 눈물어림

〈표 8-10〉 유아의 시각 손상을 알리는 행동 징후

- 종종 눈을 비빈다.
- 눈의 흐릿함을 지우려고 시도한다.
- 세밀한 작업에 짜증을 낸다.
- 먼 곳에 있는 목적물에 무관심하다. 예) 영화, 공 잡기 등
- 먼 곳에 있는 사물을 볼 때 긴장하고 사시가 되거나 얼굴을 찌푸린다.
- 책을 읽을 때 자주 깜빡인다. 책을 너무 가까이 또는 멀리 본다.
- 가까이에서 하는 작업에 주의력이 약하다. 주의 집중 시간이 아주 짧다.
- 더 잘 보기 위해 한쪽 눈을 감거나 가리고 본다.
- 한쪽으로 고개를 기울인다.
- 동시에 내사시가 된다.
- 문자, 단어를 거꾸로 본다.
- 사물에 잘 걸려 넘어진다. 사물로 돌진한다.
- 반복되는 두통이나 영상이 이중으로 보이는 것을 호소한다.
- 눈과 손의 협응이 잘 안 된다.
- 반복되는 다래끼, 충혈 또는 눈물이 어린다.

위의 증상이 하나 이상 나타나면 전문기관을 찾아서 안구검사, 시력검사, 색맹 검사를 한 후 전문가의 의견에 따라 치료하도록 한다.

귀는 평형감각과 청력기능을 담당하며 외이, 중이, 내이의 세 부분으로 나뉘어진다. 내이의 발달은 임신 1기 동안에 이루어지기 때문에 그 시기에 임신부가 풍진에 감염되면 청력상실이 나타나기도 한다.

청력 이상은 눈에 보이는 질환이 아니어서 조기검진을 받지 않는 이상 육안으로 알아채기 어렵다. 우리나라만 하더라도 난청으로 태어나는 신생아가 매년 2000여 명에 달한다. 국민건강보험공단에서 실시하는 영유아 건강검진에도 청력 검진 목록이 있는데, 문진표를 통해 선천성 난청을 선별하는 방식이 있고, 집에서는 '눈 깜빡 반사'를 통해 청력을 테스트해 볼 수 있다. 영유아와 조금 떨어진 곳에서 손바닥을 '탁' 치면 영유아는 순간적으로 눈을 깜빡인다. 만약 소리에 전혀 미동하지 않고 눈을 깜빡이지 않는다면 청력에 이상이 있을 수 있다. 이 밖에도 청력이 좋지 않은 영유아들은 대부분 언어 발달 지연이 동반된다. 생후 4~6개월이 되도록 이름을 부르거나 큰 소리를 내도 소리나는 쪽으로 고개를 잘 돌리지 않고, 생후 6~10개월이 지나도록 전화 벨소리에 반응을 보이지 않는 경

우 청력 이상을 의심해 보아야 한다.

〈표 8-11〉 영아의 비정상적인 청력의 증거

- 커다란 소음에 깜짝 놀라는 반응이 없다.
- 어른이 아기에게 말할 때 울음을 그치지 않고 계속 운다(3개월).
- 초인종이나 개가 짖는 소리의 방향으로 고개를 돌리지 않는다(4개월).
- 옹알이나 간단한 음성을 흉내 내지 않는다(6~8개월).
- 성인의 명령에 "싫어" 같은 대답이 없다.

코의 경우 코의 대칭과 윤곽을 시진하고, 잦은 콧물, 코막힘, 비강폐쇄, 후각 문제, 코피를 자주 흘리는가 등을 평가하며, 비타민 B 결핍이거나 비위생적일 때 입술의 구석이 갈라질 수 있고 입술의 청색증은 추위나 저산소증을 의미한다.

혀는 작은 돌기로 우둘투둘한 모양을 형성하는 유두를 관찰하며, 영유아기 동안 편도가 부었거나 발적, 혹은 하얀 반점은 편도염을 의심한다(김일옥, 최경순, 2009).

(4) 가슴, 복부, 척추, 소화기

흉곽은 뼈와 연골로 구성되며 폐와 심장을 보호한다. 유방비대, 분비물, 종기, 겨드랑이의 림프 비대, 만성적 기침, 잦은 감기(연간횟수조사), 천식, 휴식 시 또는 운동 시 급박한 호흡, 가래생성, 감염(폐렴, 결핵), 흉부 X-ray 검진일, 운동 시 청색증, 혹은 피로, 심잡음 혹은 류마티스성의 과거열, 빈혈, 최근의 혈액 검사일, 혈액형과 RH형이 －인지 ＋인지, 최근의 수혈사항 등을 평가한다.

영유아가 서 있거나 누워있을 때 전반적인 복부의 윤곽, 피부, 배꼽의 모양, 눈에 띄는 박동 등이 있는지 확인한다. 정상적으로 영아와 유아의 복부는 거의 원통형으로 똑바로 서면 돌출되어 보이고 누웠을 때는 편평하게 보인다. 4세 이하의 영유아는 서 있거나 앉아 있을 때 약간 올챙이배처럼 보이는 것이 정상이다. 배꼽의 크기, 위생 상태, 탈장 등의 이상 여부도 관찰한다.

영유아를 똑바로 서게 한 후 앞과 옆, 뒤에서 척추의 전체적인 만곡과 어깨, 엉덩이의 대칭성을 관찰한다. 영유아의 등이 바닥과 평행하도록 등을 굽힌 후 옆에서 갈비뼈 간의 대칭성과 돌출여부를 관찰한다.

소화기의 경우 식욕, 음식의 내성, 배변습관, 오심, 구토, 황달 또는 황색피부, 트림, 복부가스팽만, 최근의 배변습관의 변화(혈변, 변 빛깔의 변화, 설사 또는 변비) 등을 평가한다(김일옥, 최경순, 2009).

(5) 생식기, 항문, 팔, 다리

남아 생식기는 귀두, 포피, 요도, 음낭 등을 관찰하며 여아 생식기에 음순의 안쪽 표면은 분홍빛을 띠고 축축해야 하며 덩어리가 없는 것이 정상이다(김일옥, 최경순, 2009).

생식기를 검진한 후 영유아를 엎드려 항문과 엉덩이의 전체적인 모양, 주름, 탄력성, 대칭성 등을 관찰한다.

팔과 다리는 양쪽의 길이와 크기, 온도, 색이 반드시 같아야 하며 손가락, 발가락의 수와 위치를 관찰하여 다지증(polydactyly)이나 합지증(syndactyly)을 살펴본다.

영유아를 발을 붙이고 똑바로 세워 뼈의 모양을 관찰할 때 양 무릎 사이가 5cm 이상 벌어지면 내반슬(bowleg)이며 반대로 무릎은 서로 가까이 붙는데 양 발이 떨어지는 경우를 외반슬(know-leg)이라고 한다. 양쪽 복사뼈 사이의 거리는 7.5cm 이하가 정상이다(〈그림 8-4〉).

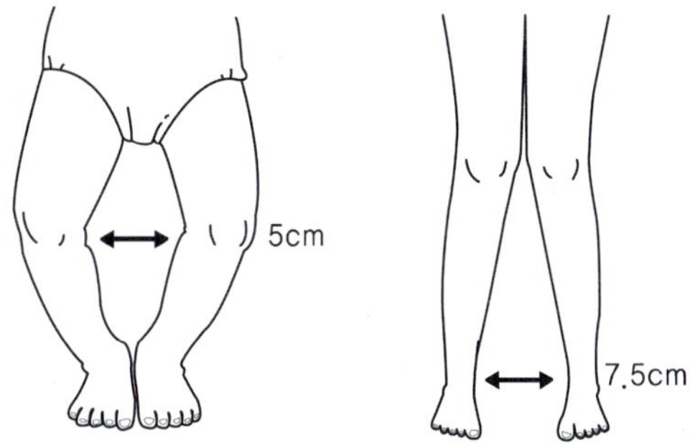

출처: 김일옥, 최경순(2009).

〈그림 8-4〉 내반슬과 외반슬

(6) 영양상태

영양상태가 양호한 영유아는 피하지방이 적절하고 근육이 잘 발달되어 있고 전반적으로 혈색이 곱고 표정이 밝다. 반면에 영양상태가 불량한 영유아는 자주 병에 걸리고 주의 집중능력도 약하고 피부나 점막이 건조하고 창백한 빛을 띤다. 신체부위에 따른 영양상태의 비교는 〈표 8-12〉와 같다.

〈표 8-12〉 신체부위에 따른 영양상태

신체부위	영양이 좋은 상태	영양이 좋지 않은 상태
몸무게	키, 나이, 체격에 적당한 몸무게	과체중, 저체중
자세	체격이 똑바르고 팔과 다리가 곧게 뻗음.	어깨가 처지고 몸통이 빈약함, 등이 굽음.
신경조절	주의력이 좋고 침착함. 반사작용이 정상적임. 정상적으로 안정됨.	주의가 산만하고 혼돈이 되어 있고, 침착하지 못함. 손발에 지각이상. 다른 자극이나 감각이 온 위치를 알지 못함. 근육이 약함(심한 경우 걷지 못함). 무릎과 발목의 반사작용이 줄거나 없음.
근육	근육이 잘 발달되고 단단하며, 색깔이 건강해 보임. 피부 밑에 어느 정도의 지방이 있음.	근육이 잘 발달되어 있지 않으며 연약하고, 무기력하고, 색이 건강해 보이지 않고 소모된 듯한 모양임.
소화기관의 기능	식욕과 소화기능이 좋음. 규칙적인 배설과 만져지는 혹 같은 것이 없음.	식욕감퇴, 소화불량, 변비나 설사, 간이나 비장의 확장
순환계 기능	정상적인 맥박, 잡음이 없음. 정상혈압	너무 빠른 맥박(100분/이상), 비대한 심장, 비정상적 맥박, 혈압
머리카락	윤기가 흐르고 단단하며 잘 뽑혀지지 않고, 머리 밑의 하부가 건강함.	윤기가 없고 건조해 보이며 머리카락이 가늘고, 머리가 띄엄띄엄 났으며 머리색깔이 변하고 빠지기 쉬움.
피부	부드럽고 약간 촉촉하며 피부색이 좋음.	거칠고 말랐으며 각질화되었거나, 창백하고 피부색이 변해 있음. 염증이 있음. 멍이 있고 붉은 색 부분들이 있음.
얼굴과 목	피부색이 동일하고 부드러우며 건강한 모습이며, 붓지 않음.	기름기가 흐르고 색깔이 변해 있으며 피부가 벗겨지기 쉬움. 뺨이나 눈 밑의

신체부위	영양이 좋은 상태	영양이 좋지 않은 상태
		피부가 검고, 코와 입 주위에 피부가 벗겨지거나 부스럼 같은 것이 있음.
입술	부드럽고 색깔이 좋으며, 터지거나 붓거나 하지 않고 습기가 촉촉함.	건조하여 껍질이 벗겨지고 부어 있음. 구각염이 있으며, 입 주위에 상처가 있거나 터진 자리가 있음.
입과 입안의 피부, 잇몸	입안에 붉은 색이 많은 분홍점막. 보기 좋은 붉은 색이 도는 분홍색임. 붓거나 피가 나지 않음.	입안의 점막이 붓고 구멍이 있음. 푸석푸석하고 피가 잘 나며 붉은 기가 적고 염증이 있으며, 잇몸이 가라앉음.
혀	보기 좋은 분홍색이거나 붉은 색임. 붓거나 너무 반반하지 않음. 상처 난 부위가 없고 표면이 오돌토돌함.	부었고, 주황색이 나는 붉은 색으로 고기 색깔 같음. 혀의 돌기가 충혈되거나 이상 비대하고, 돌기의 크기가 작음.
치아	충치가 없고 통증이 없으며 이가 고르고 반짝임. 이가 너무 몰려 있지 않고, 아래턱이 반듯하고 이는 깨끗하고 색이 변해있지 않음.	충치, 빠진 이가 있으며, 표면이 닳았고 이의 위치가 고르지 않음. 반점이 있음.
눈	맑고 반짝임. 눈가에 무른 곳이 없으며, 점막은 물기가 있고 건강한 분홍색임. 정맥이나 조직이 튀어나온 것이 없고, 피곤한 기가 없음.	눈 점막이 창백하고 눈가가 핏발이 섰으며, 건조하고 염증이 있음. 반점이 있으며 붉은 기가 있고, 눈의 점막이 건조함. 눈동자가 흐릿하며 연해 보임.
목	갑상선이 비대해 있지 않음.	갑상선이 비대해 보임.

출처: 김일옥, 최경순(2009).

04 건강검진

영유아에게 실시하는 건강검진은 성인의 건강검진과 다르다. 성인 건강검진의 목적이 병을 조기에 발견하고 예방하는 데 있다면 영유아 건강검진은 영유아의 발육상태를 체크하기 위함이다.

영유아의 성장 상태를 알아보기 위해 키, 몸무게, 머리둘레, 체질질량지수 같은 신체를 계측한다. 단순한 검사 같지만 이를 통해 성장지연, 과체중, 소두증,

대두증을 가려낸다. 키, 몸무게 등을 주기적으로 측정하여 성장표에 기록함으로써 이상이 생기는지를 조기 발견할 수 있다. 청각과 시각 문진을 통해서도 영유아의 성장을 체크할 수 있다.

영유아 건강검진은 안전사고 예방과 건강교육도 함께 한다. 부모가 꼭 받아야 하는 건강교육은 영유아가 안전하고 건강하게 성장할 수 있도록 안전사고 예방과 영양교육에 대한 교육으로 성장 시기에 따라 각각 다르다.

영아돌연사증후군이 자주 발생하는 4개월에는 수면자세를 비롯하여 영아돌연사증후군 예방을 위한 안전 수칙에 대해 알려준다. 9개월 때는 구강 보건 교육이 시행된다. 구강관리는 젖니가 나기 시작하는 6~12개월 사이에 시작되어야 한다는 치의학계의 권고에 따라 생후 9개월 검진 시에는 구강보건교육을 시행한다. 2세 건강검진 때에는 대소변 가리기 교육을 한다. 영유아의 신경계가 성숙함에 따라 스스로 조절하는 법을 배워나가게 되는데 2세 검진 시에는 영유아의 대소변가리기에 효과적인 방법에 대해 교육한다. 3세 때는 정서 및 사회성 교육이 실시된다. 앞으로 유치원과 학교 등 집단 사회생활에 순조롭게 적응하는 데 필요한 정서 및 사회성 교육을 하는 것이다. 4세는 개인위생 교육을 시행한다. 손을 씻는 것만으로도 감염 질환을 효과적으로 줄일 수 있다. 4세에는 상황별 올바른 개인위생방법에 대한 교육인 것이다. 5세 때에는 취학 준비를 지원한다. 취학을 앞둔 5세 때에는 지적발달과 정서발달, 사회성발달 등에 대한 종합적인 평가와 상담을 통해 학교생활에 적응할 수 있도록 취학준비교육을 실시한다.

영유아 구강검진은 2세(18~24개월), 4세(42~48개월), 5세(54~60개월) 3회에 걸쳐 시행된다. 아직 영구치도 나오지 않은 상태에서 구강검진을 시행하는 이유는 젖니가 튼튼하기 때문이다. 젖니에서 치아우식증(충치)이 나타나면 소홀히 생각하는 경우가 많다. 젖니에서 치아우식증은 잘못된 수유습관이나 구강관리를 소홀히 하는 데서 생긴다. 구강검진이 2세, 4세, 5세로 지정된 것은 2세, 4세, 5세 때가 아이의 치아 건강상태를 판단할 수 있는 가장 적절한 시기이기 때문이다.

치아는 음식물을 통하여 충분한 영양을 섭취할 수 있도록 음식물을 잘게 부수어 주는 중요한 역할을 한다. 건강을 유지하기 위해서는 건강한 치아를 가지고 있어야 하는데, 이를 위해 평소에 이를 닦는 습관을 갖게 하여 충치가 생기지 않도록 미리 예방하는 것이 가장 좋다. 또한 정기적 치과검진을 통해 충치를 조기에 발견하고 치료해야 하며 유치라고 하더라도 적절한 치료나 예방적 조치를 해 주어야 한다. 따라서 교사나 부모는 영유아들에게 바르게 이 닦는 방법을 가르쳐 주어야 하고, 간식 후 물 양치질을 하거나 식사 후 이 닦는 시간을 의도적으로 마련해 주어 바른 습관이 형성되도록 한다.

••• 생각해 보기 [발달 장애의 적신호]

01. 언어발달의 적신호

아기의 첫 번째 언어는 울음소리와 웃음소리이다. 정상적인 경우 돌이 가까워지면 무의미한 엄마, 아빠를 말하게 되고, 세 돌을 전후로 말하는 것이 능숙해진다.

- 0~3개월 : 얼러도 반응이 없다.
- 4~6개월 : 옹알이가 없다.
- 7~12개월 : 이름을 불러도 아기가 돌아보지 않는다. 부모의 주의를 끌기 위해 울음으로만 표현한다. 말소리를 흉내 내거나 다른 소리를 내지 않는다.

02. 시각발달의 적신호

- 밝은 빛에도 눈을 깜박거리지 않는다.
- 물체에 시선을 집중하지 못한다.
- 움직이는 물체를 따라 보지 않는다.
- 눈동자가 불규칙하게 움직인다.

03. 청각발달의 적신호

- 큰 소리에 반응하지 않는다.
- 엄마의 목소리에 반응이 없다.
- 옹알이를 하지 않는다.
- 소리 나는 방향으로 고개를 돌리지 않는다.

04. 뇌성마비의 가능성

- 사지를 비틀어 꼰다.
- 얼굴표정이 자연스럽지 않다.
- 좌우 비대칭운동을 보인다.
- 발달지체를 보인다.
- 손으로 쥐기, 펴기, 손을 뻗어 물건 잡는 것이 어렵다.
- 젖을 먹는 것이 어렵다.
- 많이 토하고 너무 쉽게 놀란다.
- 몸이 뻣뻣하거나 축 늘어져서 안아주기 힘들다.
- 경련을 자주 한다.
- 기저귀를 갈거나 옷을 갈아입히기 힘들다.

05 성인의 역할

건강을 유지하기 위해서는 질병이 생기지 않도록 예방하는 것이 가장 중요하지만 일단 질병이 생긴 경우에는 빨리 찾아내어 조기에 치료하는 것도 중요하다. 그렇지 않으면 병이 깊어지거나 예상하지 않았던 합병증이 생길 수 있기 때문이며 이는 특히 영유아의 경우 더욱 그러하다. 그러므로 감염의 징후가 있을 때 부모나 교사는 영유아의 상태를 잘 관찰하여 질병의 유무를 신속히 파악하고 필요한 경우 조기치료가 가능하도록 해야 한다. 특히 유치원의 종일반이나 어린이집의 경우 영유아가 하루 중 깨어 있는 대부분의 시간을 함께 하는 보육교사는 등원 시 또는 하루의 일과를 진행하면서 영유아의 건강상태를 살피고 필요한 경우 부모에게 알려 전문의의 진단을 받을 수 있도록 하여야 한다.

더 나아가 건강 문제는 영유아의 학습 능력에 부정적인 영향을 미치고 있지만 복합적이고 뚜렷하게 드러나지는 않는 특징이 있다. 단순한 감기나 치통, 일시적인 청각상실, 혹은 만성 편도선염 정도라 할지라도 영유아의 기력이나 협

동작업, 주의 집중하는 시간, 흥미도, 그리고 능동적인 학습활동에 방해가 될 수 있다. 따라서 교사들은 항상 영유아의 건강상태를 주의 깊게 관찰해야 한다. 결과적으로 다양한 건강 문제의 초기 징후를 미리 알게 되면 질병으로 인해 학습활동이 방해받는 것을 줄일 수 있다.

영유아기 프로그램은 건강 서비스, 교육 프로그램, 건강하고 안전한 학습 환경, 그리고 좋은 영양 공급을 통해 영유아의 복지에 의미 있는 기여를 하게 된다. 질높은 프로그램은 교사가 매일 영유아들의 건강을 관찰하고 계속적으로 그들의 건강 상태와 필요를 점검하는 것 등의 다양한 방법을 적용하는 것이다. 영유아의 건강 상태는 비교적 짧은 시간 동안에도 급변할 수 있기 때문에 교사의 관찰과 매일의 건강 검진이 지속적으로 이루어져야 한다.

영유아들의 건강을 평가하는 데 필요한 정보는 다음과 같은 다양한 자료에서 모을 수 있다.

- 식생활 평가
- 신체 검사 결과
- 치아 검진
- 말하기 평가
- 발달 평가
- 영유아의 건강력
- 교사의 관찰과 건강 검진
- 시력과 청력 검사
- 심리 테스트
- 부모 면담

건강 정보는 영유아의 상태를 최종적으로 결론 내리기 전에 다양한 자료들을 통하여 수집한 것이어야 한다. 특히 한 가지 건강평가 방식만으로 얻어진 제한된 결과는 영유아의 문제를 한쪽으로 치우쳐서 보게 될 수도 있다.

〈표 8-13〉 건강 관찰 체크리스트

일반적 외관	몸무게 변화(증, 감), 피로 또는 비정상적인 흥분, 피부색(창백함 또는 붉음), 연령대에 맞는 크기 등의 검사
두피	가려움, 청결한 정도, 머릿니, 탈모, 상처 등의 관찰

얼굴	일반적 외관, 표정(예: 두려움, 걱정, 행복함), 피부색, 긁힌 자국, 타박상, 또는 부스럼 등의 확인
눈	충혈, 눈물, 부은 눈, 눈의 움직임, 빛의 민감성, 사시, 잦은 문지름, 다래끼, 따끔거림 등의 관찰
귀	물이 있는지의 여부, 중이염, 어리둥절한 표정이나 엉뚱한 반응 등의 검사
코	콧물, 재채기, 더러움, 자주 문지름, 충혈 등의 검사
입	치아 사이를 볼 것; 충치, 따끔거림, 염증, 입으로 숨쉬기 등의 검사
인후	부었는지 검사, 붉거나 감염된 편도선, 또는 하얀 반점 여부 관찰, 염증, 숨쉴 때 나는 냄새 검사
목	침샘이 커졌는지 검사
가슴	가쁜 호흡, 가르릉거림, 괴로워하는 호흡, 다른 증상 여부와 상관없는 잦은 기침 등의 관찰
피부	영유아의 가슴과 등의 색상 관찰, 뾰루지, 찰과상, 혹, 타박상, 전에 없던 흉터, 또는 부상, 열, 식은땀 등의 관찰
사지	자세 관찰, 조정 능력; 굽은 다리, 발가락이 안으로 휘었거나 팔다리 길이가 다른지 관찰
행동과 기질	활동 수준 변화 관찰, 경계, 협조, 식욕, 잠자는 모습, 배변 습관, 과민성, 또는 계속적인 움직임 등의 관찰

출처: 김일옥, 최경순(2009).

〈표 8-13〉은 관찰자를 위한 관찰 지침이다. 이것은 먼저 영유아의 앞면을 머리부터 발끝까지, 그 다음 뒷면을 다시 머리부터 발끝까지 검사하도록 구성되어 있다. 이 검사의 과정은 또한 프로그램의 특별한 요구, 영유아의 수, 그리고 영유아교육기관의 환경 등에 따라 변경할 수 있다.

교사는 관찰자로서, 그리고 영유아 건강 정보의 기록자로서 매우 중요한 위치에 있다. 따라서 교사들이 영유아와 밀접한 접촉을 자주 하는 것은 영유아의 건강 증진에 중요한 역할을 수행하는 것이다. 개별 영유아의 건강 검진 뒤에는 기록이 즉시 이루어져야 한다. 〈그림 8-5〉에서 볼 수 있는 것과 같은 특별한 형식이나 혹은 날마다 출석을 기록하는 것은 일화적 정보를 기록하는 좋은 예가 된다. 특히 체크리스트 방법은 영유아의 건강 상태를 체계적으로 관찰하고 기록할 수 있는 유용한 방법이 될 수 있다.

기록된 관찰법은 정확하고 구체적이어야 한다. 영유아가 "아파 보인다"라고 말하는 것은 너무 막연하고 다른 사람이 그것을 읽었을 때 다르게 해석할 수도 있다. "38.3℃의 열이 있고 얼굴이 상기되었으며, 미세한 붉은 반점이 퍼져 있었다"고 진술하는 것이 훨씬 더 의미가 있다.

상세하게 기록된 관찰들은 질병과 건강 손상의 조기 예방에 유용하다. 이런 정보들은 전문의가 진단할 때 매우 유용하게 쓰인다. 기록된 관찰은 아픈 영유아를 교실에 그대로 남아 있게 할지 아닐지를 결정하는 데도 유용하게 쓰일 수 있다. 질병의 유형 또는 영유아의 행동 변화에 대한 것은 매일의 건강 기록에서 알 수 있다. 예를 들면, 머리의 이나 수두를 확인한 경우, 영유아들을 몇 주 동안 가까이에서 세심하게 지켜보아야만 한다.

어떤 기록 방법을 사용하든지 간에 기억해야 할 중요한 일은 그 정보가 영유아와 함께 생활하는 다른 사람들에게 의미 있고 유용해야 한다는 것이다. 또한 영유아의 건강 상태에 대한 정보는 개인적인 것이므로 영유아와 함께 직접 생활하는 교사들과 부모에게만 공유되어야 한다.

영유아교육기관

건강 검진 기록 형식

제 ______________ 주

-관 찰 내 용-

영유아의 이름	월	화	수	목	금

〈그림 8-5〉 일화적 정보 기록 형식의 예

제 9 장

영유아 응급처치

영유아교육기관에서는 영유아에게 닥치는 위험을 최소화하기 위하여 각 응급상황에 대처하기 위한 절차를 개발하고, 교사의 역할과 책임, 그리고 일련의 대처 사항이 분명하게 진술되어야 한다. 또한 응급상황에 관한 문서화된 정책과 모든 교직원이 응급처치에 필요한 기술과 지식을 익히고 응급상황에 대한 정책과 각자의 역할은 부모들에게도 알려져야 하며 실제로 연습이 이루어져야 한다. 이에 본 장에서는 안전사고 발생에 대비하여 모든 교직원과 부모가 응급처치를 하는 데 필요한 기술과 지식을 알아보고, 응급처치의 실제에 대해 살펴보았다.

01 영유아의 응급처치

응급처치란 사고나 갑작스럽게 병이 난 사람에게 의사의 진료를 받기 전에 취하는 즉각적이고 일시적인 처치를 말하며, 인명구조, 고통경감, 상처나 질병의 악화 방지, 심리적인 안정을 목적으로 한다. 긴급 상황이 발생했을 때 교사는 신속, 침착, 정확한 처치를 취함으로써 가능한 피해를 줄여야 한다. 일상생활 속에서 예기치 못한 사고가 발생할 가능성은 언제나 존재하고 있으며, 특히 영유아들은 판단 능력과 신체 조절 능력이 미숙하여 예기치 않은 사고나 긴급 상황이 일어날 위험의 가능성은 매우 높다. 따라서 주변의 성인들이 안전한 환경을 마련해 주고 안전하게 생활하는 데 필요한 지식이나 태도를 갖추도록 도와주어야 하는 것은 물론, 불의의 사고에 대비한 준비도 갖추고 있어야 한다. 응급상황에서 교사가 대처 방법 및 순서를 알고서 익숙하게 처리할 수 있다면 생사의 갈림길에 있는 영유아의 생명을 구할 수도 있고 사고의 후유증도 크게 줄일 수 있다. 특히 교사는 사고를 당한 영유아가 안정감을 취하도록 해야 한다. 따라서 영유아를 보호하고 교육하는 교사는 사전 준비에 있어 응급처치에 대한 정확한 지식과 더불어 응급상황에 대처할 수 있는 능력을 길러야 한다(최혜순 외, 2013).

영유아교육기관에서의 응급처치는 반드시 전문가인 간호사가 행하며, 간호사가 없을 경우에는 교사가 실시하되 배우지 않은 조치를 상식적인 판단으로 함부로 행하는 일이 없어야 할 것이다.

02 영유아를 위한 응급처치의 기본 원칙

일반적으로 응급환자가 발생하면 침착하고 신속하게 주변 상황과 영유아의 상태를 관찰한 후에 무엇을 할 것이며, 무엇을 하지 말아야 할 것인지를 판단하여야 하고, 그러한 판단에 따라 응급처치를 취해야 한다. 응급상황에서 기본적으로 실시하는 응급처치의 기본원칙은 다음과 같다

- 아무리 긴박한 상황일지라도 처치자 자신의 안전과 현장 상황의 안전을 확보해야 하며, 사고 시를 대비해 역할 분담을 미리 해 둔다.
- 응급상황이나 안전사고 발생 시 도움을 구할 수 있는 곳의 전화번호를 쉽게 찾을 수 있도록 준비해 두고, 교사가 취할 수 있는 응급처치법과 손쉽게 참고할 수 있는 응급처치 관련 책자 및 상비 의약품 기구를 준비해 두는 것이 필요하다. 또한 119 의료기관에 도움을 요청할 경우 정확한 환자 상태 및 응급처치 내용을 알려야 한다.
- 치료 시 알아 두어야 할 영유아에 대한 개인 정보를 미리 수집하여 기록 보관해 두고, 응급상황의 대처과정에 필요한 부모의 동의서를 미리 받아두며 필요한 정보를 준비해 둔다.
- 전문가에 의해 정확한 판단이 내려지기 전까지는 의약품 사용은 하지 말아야 하며, 환자나 부상자의 생사를 함부로 판단하지 말아야 한다.
- 응급환자의 구강을 통한 음식물 섭취는 기도 폐쇄의 가능성이 있고 응급수술이나 중요한 검사의 지연을 초래할 수 있으므로 제공하지 않아야 한다.
- 현장에서 응급처치로 의식이 회복되었더라도 전문 의료인에게 반드시 인계해야 한다.

이와 같은 기본 원칙을 기초로 응급상황이 발생하였을 때 해야 할 일을 순서에 따라 단계적으로 알아보자.

응급상황이 발생하면 우선 교사 자신이 당황하지 않는 것이 무엇보다도 중요하다. 교사가 당황하게 되면 사고를 당한 영유아나 나머지 영유아가 함께 당황해하거나 더 불안해 할 수 있기 때문이다. 차분히 응급상황에서의 기본 지침에 따라 개개 교사는 역할을 분담하면서 다음의 순서에 따라 응급상황에 대처해 나가야 한다.

1) 당황하지 말고 신속히 사고 상황을 파악한다.

2) 다친 영유아의 상태를 파악하여 적절한 조치를 취한다.

① 이때 가장 먼저 영유아의 의식 유무를 살피고 영유아를 무리하게 움직이지 않아야 하며, 맥박과 호흡의 유무를 살펴야 한다. 필요한 경우 기도를 열어 주고 인공호흡이나 심폐소생술 등 심장마사지를 실시한다.

② 출혈 정도를 파악하여 골절되었다고 의심되면 상처 부위에 부목을 대어 응급처치하고, 가급적 영유아를 들어 올리지 않아야 한다.

③ 중독의 가능성을 파악하고 중독 물질을 찾는다.

④ 쇼크의 가능성을 파악하고 쇼크에 적절한 응급처치를 하되 가급적 영유아의 머리를 흔들지 않아야 한다.

⑤ 응급처치를 하면서 동시에 119 구조대나 병원의 응급실에 도움을 요청한다.

3) 부모에게 연락한다.

대부분의 부모들은 어떤 일이 일어났는지에 관하여 담임교사로부터 듣기를 원한다. 만약 담임교사가 다친 영유아를 돌보느라 다른 성인이 부모에게 연락을 취했다면, 담임교사는 긴급한 상황에 대처하고 난 후 부모와 전화 또는 직접 만나 사고에 대해 이야기 나눈다. 심각한 상해라면 교사나 영유아와 친숙한 다른 사람이 병원까지 다친 영유아와 함께 가야 하며 그곳에서 부모를 만나기로 계획할 수도 있다.

4) 남은 영유아를 안심시킨다.

사고가 발생하면 상해를 입지 않은 영유아도 응급상황에서 야기된 긴장으로 인하여 당황하기 쉽다. 그러므로 교사는 응급처치 대상자의 상처가 비교적 가벼우면 다친 영유아를 돌보면서 다른 영유아가 당황하지 않도록 상황을 설명하여 조용하게 하며 응급처치에 방해가 되지 않도록 당부한다. 그러나 심각한 경우에는 교사 혼자 다친 영유아를 돌보면서 다른 영유아를 돌보는 것이 어려우므로 다른 사람의 도움이 필요하다.

5) 사고보고서를 작성한다.

사고 상황의 보고서를 작성하여 필요한 경우 교육청이나 시·군·구청 또는 보험 회사 등 관계기관에 제출한다. 사고보고서는 일정한 양식이 있는 것이 아니라 언제, 어디서, 누가, 무엇에 의해 어떤 사고를 당하였으며 사고 후 어떤 처치를 했는지 소상하게 기록해야 한다. 복사한 보고서 한 부는 사고 당일 부모가 원할 경우 부모에게 주도록 하며, 한 부는 영유아의 개인 파일에, 다른 한 부는 기관의 사고 일지에 첨부하여야 한다. 사고보고서의 예는 다음과 같다.

〈표 9-1〉 사고보고서

사 고 보 고 서

1. 영유아 이름 ______________ (남/여)
2. 생년월일
3. 사고 일시 ____월 ____일 ____시 ____분
4. 사고 발견자 ______________
5. 부모에게 연락한 시간 ____시 ____분
6. 사고 장소　　실외 ____________________________________
　　교실 ____ 복도 ____ 현관 ____ 화장실 ____
　　계단 ____ 주방 ____ 놀이실 __ 기타______
7. 사고 관련 시설 · 설비
　　전기 ____ 수도 ____(더운물 __ 찬물 __) 난로 ____
　　선풍기 ____ 현관문 ____ 교실문 ____ 창문 ____ 교구장 ____
　　놀이기구 ____

	놀잇감 ________________
	교재 ________________
8. 사고의 원인	영유아의 부주의 ________ 시설·설비문제 ________
	다른 영유아의 부주의 ________ 동·식물의 가해 ________
	성인의 부주의 ________ 기타 ________

9. 사고 상황(사고에 대해 '언제, 어디서, 누가, 무엇을, 어떻게, 왜'의 요인을 구체적으로 서술)

10. 사고 대처(사고 대처 과정에 대해 언제, 어디서, 누가, 무엇을, 어떻게 요인을 구체적으로 서술)

11. 응급처치 담당자 ______

이와 같은 응급상황 이외에도 경미한 상황에서 아픈 영유아에게 응급처치를 한 후 교사는 부모가 데리러 오기 전까지 보살펴 주어야 한다. 영유아교육기관에서는 아픈 영유아를 관리하는 문서화된 지침이 있어야 하며, 이 지침은 보육사업지침서(보건복지부, 2020)에 따라 영유아가 영유아교육기관에 등록할 때 영유아의 보호자에게도 알려 주어야 한다.

교사는 다음과 같은 사항을 익혀야 한다.

- 일반적인 영유아기 질병
- 질병의 증상
- 교사와 부모가 아픈 영유아를 보살필 간호 계획
- 온도계, 약, 기구를 사용하는 법
- 안전하게 약을 주는 법
- 증상 점검 목록에 기록하는 법
- 영유아교육기관에서 아픈 영유아를 돌보는 법
- 영유아 상해보험 신고 전화 및 보고서 기록하는 법
- 비상연락망 및 응급처치 동의서 기록하는 법

〈표 9-2〉 부모 동의 및 조사서 5세(만 3세)

○○어린이집에서는 영유아보육법 및 시행규칙, 보육사업안내 등에 따라 아래의 내용에 대하여 보호자의 동의를 받아 진행하고자 합니다. 아래 내용 확인 후 빠짐없이 체크, 서명해 주시기 바랍니다.

1. 원아 기본 정보

<table>
<tr><td rowspan="3">원아</td><td>성 명</td><td colspan="2"></td><td>반 명</td><td></td></tr>
<tr><td>성 별</td><td colspan="2">남(　　) 여(　　)</td><td>생년월일</td><td></td></tr>
<tr><td>주 소</td><td colspan="4"></td></tr>
<tr><td rowspan="5">보호자</td><td rowspan="5">보호자</td><td>원아와의 관계</td><td colspan="2">성 명</td><td>연락처</td></tr>
<tr><td>부</td><td colspan="2"></td><td></td></tr>
<tr><td>모</td><td colspan="2"></td><td></td></tr>
<tr><td></td><td colspan="2"></td><td></td></tr>
<tr><td></td><td colspan="2"></td><td></td></tr>
</table>

※ 보호자 정보 : 응급상황 시 부모와 연락되지 않을 경우 가능한 연락처를 기재합니다.

2. 응급처치 및 귀가동의

구분	처리 내용
응급처치	1. 응급상황 발생 시 위의 부모님에게 가장 먼저 연락합니다. 2. 부모님과 신속하게 연락되지 않을 경우에는 위 보호자 정보란의 부모님이 정해주신 보호자 연락처로 연락드립니다. 3. 필요시 119구조대에 연락하여 (　　　　　　병원)이나 부모님이 지정한 (　　　　　　병원)으로 긴급 수송할 것입니다. 4. 원아의 기질적인 장애(지병)로 인한 문제나 경기로 인한 사고 시에는 부모가 책임을 질 것을 동의합니다.
귀가동의	1. 위 원아의 귀가 시 위의 보호자에게 인도하여 주십시오. 2. 정해진 보호자 외 다른 사람에게 인계할 경우 사전에 반드시 연락하겠습니다. 3. 원아는 반드시 성인보호자(14세 이상)와 귀가하겠습니다. 4. 부모가 희망하는 경우일지라도 원아를 보호자 없이 귀가시키지 않습니다. 5. 학원으로 귀가하는 경우에는 학원귀가의뢰서를 작성하고 어린이집에 미리 제출하겠습니다.

3. 식품 알레르기 조사

식품 알레르기 여부 : 있음 ☐ 없음 ☐

* 식품 알레르기가 있는 경우에만 아래 서식을 작성하여 주시기 바랍니다.

알레르기 유발 식품	알레르기 증상	대체가능 식품	기타 특이사항

※ 알레르기를 유발하는 대표적인 식품 (예) 난류, 우유, 메밀, 땅콩, 대두, 밀, 고등어, 게, 새우, 돼지고기, 복숭아, 토마토, 아황산염 등

※ 현재 식품 알레르기 증상이 없으나 이후 증상이 발생할 경우, 즉시 어린이집으로 관련 내용을 알려주시기 바랍니다.

4. 개인정보 활용 동의

「개인정보보호법」에 의거 개인정보의 '수집 · 이용 · 제3자 제공'에 대한 동의 여부는
(1) 개인정보의 수집 및 이용,
(2) 개인정보의 제3자 제공에 각각 동의 여부를 체크하여 주시기 바랍니다.

(1) 개인정보의 수집 및 이용

수집·이용하려는 개인정보의 항목	개인정보의 수집·이용 목적	개인정보 이용기간 및 보유기간
원아 이름, 주민번호, 혈액형, 건강검진 정보 수집·이용, 부모 이름, 주소, 전화번호, 사진 등	원아의 보육활동, 건강관리, 가정과의 연계 긴급한 상황 시 대처 등	5년간 보관 이후 폐기

동의함 ☐ 동의하지 않음 ☐

(2) 개인정보의 제3자 제공

개인정보를 제공받는 자	제공하는 개인정보의 항목	개인정보를 제공받는 자의 개인정보 이용목적	개인정보를 제공받는 자의 개인정보 이용기간 및 보유기간
CCTV 영상 확인 요청자	CCTV 영상	안전한 교육환경	재원기간

동의함 ☐ 동의하지 않음 ☐

20 년 월 일

부모님 성명 (서명)

출처: 보건복지부(2020).

03 영유아 사고의 예방 및 처리

1) 영유아 사고의 예방

영유아의 사고를 예방하기 위해서는 다음과 같은 사항을 필수적으로 유념해야 한다.

- 영유아, 교사, 학부모가 안전의 필요성 및 중요성을 알고 안전교육을 체계적, 지속적으로 실시한다.
- 사례 중심의 토의 방식으로 안전교육을 실시한다.
- 시설, 설비를 정기적으로 철저히 점검하고 계속적인 보살핌을 받아야 한다.
- 영유아교육기관에서는 교사가 시설 각 부분의 점검을 각자 분담하여 책임을 지고 정기적으로 점검하며 그 결과를 기록으로 남긴다.
- 사고가 예상되는 장소, 시설은 즉시 개선하거나 개선될 때까지 안전표지판을 설치하여 접근을 막아야 한다.

2) 영유아 사고의 처리

영유아교육기관에서 영유아가 사고를 당하게 되면 응급조치를 취해야 한다. 학기 초에 부모님께 받았던 서류(동의서 및 비상연락망)를 참고하여 1차로 부모님께 연락을 하고, 연락이 안 될 경우 부모님이 원하는 병원으로 이송하는 것이 차후 문제 해결에 좋다. 상황이 위급하여 큰 병원으로 가야 할 것으로 판단되면 119 구급대에 연락하여 종합병원으로 가도록 한다(곽은복, 2008).

〈표 9-3〉 즉시 병원이나 응급실로 가야 하는 경우

증상	증상의 종류
열 날 때	• 3개월 이하의 영아가 열이 날 때 • 매우 아파 보이고 점점 심해진다고 판단될 때 • 의식이 없거나 점점 나빠질 때

증 상	증상의 종류
열 날 때	• 다리를 절거나 움직이지 못할 때 • 빠르게 숨을 쉬거나 숨쉬기 힘들어서 잘 먹지 못하거나 놀지 못할 때 • 목이 뻣뻣하거나 경련을 할 때
토할 때	• 반복적으로 심하게 토할 때 • 배가 평소보다 부푼 듯이 보일 때 • 3일 이내에 머리를 다친 적이 있는 경우 • 탈수 현상(소변량이 줄고 혀가 말라 있는 등)이 있는 경우 • 녹색 혹은 피 색깔의 구토를 하는 경우
기타	• 처음으로 경기를 할 때 • 검은 색 변을 보거나 피가 섞인 변을 볼 때 • 머리를 다친 후 의식이 흐리거나 자려고만 할 때

04 영유아의 응급상황을 위한 준비

응급상황을 준비하기 위해서 교사가 알아 두어야 할 준비사항에는 여러 가지가 있다. 응급상황에 기본 상식이나 적절한 도구 활용은 부정적인 결과를 최소화할 수 있다. 응급상황을 위해 알아 두어야 할 기본 준비에는 구급상자에 대한 것, 체온을 재는 법, 투약법 등 다양하다(곽은복, 2008).

1) 응급상황을 위한 준비사항

① 모든 교사는 기도 확보와 심폐소생술 등의 응급처치법과 상해 예방, 감염성 질병 예방에 관해 훈련 받는다.

② 손이 쉽게 닿는 곳에 필요한 물품이 갖추어진 구급상자가 있어야 한다.

③ 영유아의 비상연락망, 응급 시 도움을 요청할 수 있는 기관의 전화번호(응급의료정보센터 1399 등)와 응급절차 과정 목록이 비치되어 있어야 한다(응급절차 과정은 영유아교육기관 벽면에 붙여 둔다).

④ 야외학습을 나갈 때 교사는 휴대용 구급상자 및 비상연락망을 준비한다.

⑤ 사고보고서를 준비하여 사고 발생 시 작성한다.

2) 구급상자

① 모든 영유아교육기관에는 들고 다닐 수 있는 상자 형태의 구급상자를 찾기 쉬운 곳에 놓는다(학급별로는 들고 다니기 쉽게 작은 주머니에 최소의 비상약을 지참하여도 된다).

② 구급상자에는 구급약품 이외에도 응급전화번호, 긴급연락처 전화번호, 약품의 사용 요령 등을 제시한다. 또한 약품의 유통기한을 확인하여 구비한다.

③ 물품을 사용할 때는 일회용 장갑을 착용하도록 하고, 물품을 사용한 후에는 새로 구입해야 하며, 유통기간을 반드시 엄수하고 1년에 한번 정도 오래된 것이 없는지를 점검해야 한다.

〈표 9-4〉 구급상자에 갖추어야 할 내용물

의료용 재료	외용제	주의 사항
각종 크기의 붕대, 멸균거즈, 소독솜, 일회용 장갑, 삼각붕대, 탄력붕대, 칼, 가위, 핀셋, 체온계, 반창고, 지혈대, 안대, 일회용 장갑, 얼음 주머니, 일회용 반창고, 마스크, 부목류(골절용)	소독류(과산화수소수, 베타딘, 머큐로크롬 등), 항생제 외용연고, 안약, 근육용 마사지 연고, 진통제, 소화제, 지사제, 해열제, 해독제, 화상용 바셀린 거즈, 생리 식염수, 벌레 물린 데 바르는 연고	영유아교육기관에서의 의약품 사용은 반드시 전문의사의 진료와 처방에 의해 이루어지도록 해야 한다.

3) 체온을 재는 법

영유아의 정상 체온 범위는 넓게 36~37.8℃다. 구강 체온이 37.5℃가 넘으면 영유아가 열이 있는 것이며, 만약 체온이 35℃ 이하라면 저체온증이다. 체온을 재는 법은 간호의 기본이므로 알아 두도록 한다(곽은복, 2008).

(1) 겨드랑이 밑으로 재는 방법

① 체온계의 눈금이 35℃ 이하를 가리키고 있는지 확인한다.

② 겨드랑이 밑의 땀을 닦아내고 한가운데 체온계를 댄다.

③ 체온계를 낀 팔을 반대쪽 팔로 꽉 누른다. 아기는 성인이 안고서 누른다.

④ 표시된 시간보다 더 긴 시간을 잰다(2분 이상).

⑤ 잰 다음, 체온계는 눈금을 35℃ 이하로 떨어트려 놓는다.

(2) 구강으로 재는 법

① 영유아가 먹거나 마신 지 적어도 15분은 지난 후 체온을 재도록 한다. 체온을 재기 전의 음식물 섭취는 입 안의 온도에 영향을 줄 수 있고 체온계를 읽는 데 변화를 주기 때문이다.

② 체온계의 구를 영유아의 혀 아래에 놓는다. 영유아가 체온계를 물지 않고 입을 다물도록 한다.

③ 체온계를 3분 동안 영유아의 혀 아래에 놓아둔다.

④ 혓바닥과 입천장 사이에 체온계의 구를 두어야 정확한 체온을 잴 수 있다.

4) 투약법

약은 의사의 진찰을 받고 투약지시에 따라 먹이도록 한다. 약을 먹인 후에는 영유아의 기본 상태를 관찰하고 구역질, 발진 등의 부작용이 있을 때는 의사와 상담하도록 한다.

약 먹기를 싫어하지 않을까 하는 등의 불안을 성인이 갖고 있으면 영유아는 그 마음을 민감하게 알아차리고 약을 먹지 않으려 한다. 당연히 먹는 것이라는 태도를 보여주어야 하며, 영유아의 경우는 생각할 시간을 주지 말고 빨리 먹여야 한다.

(1) 약의 취급 방법

① 의사에게서 받은 약의 날짜와 약 이름을 적어 둔다.

② 보관 장소는 더운 곳이나 직사광선을 피하고 습기가 적은 곳에, 가루약은 물에 젖지 않게, 물약은 냉장고 속에 보관한다.

③ 투약의 지시대로 시간과 분량을 지킨다.

④ 가정에서 영유아교육기관으로 약을 보낼 때는 투약의뢰서를 함께 보낸다. 부모님께 오리엔테이션, 가정통신문 등을 통해 정보를 나누고, 투약의뢰서를 홈페이지에서 다운로드하여 항상 사용할 수 있도록 알려 주어야 한다. 또한 투약되는 양은 당일에 투약되는 양만 병에 넣어 보내도록 한다.

(2) 가루약 먹이는 방법

영아의 경우는 적은 양의 물로 걸쭉하게 만들어 손가락 끝으로 가루약의 상태를 확인한 후 먹이거나 또는 끓여서 식힌 물로 마시게 하며, 4세 이상이 되면 성인과 같은 방법으로 먹이고 칭찬해 준다.

(3) 물약 먹이는 방법

영유아의 물약은 달고 마시기 쉽게 개발되고 있다. 그래도 먹지 않을 때는 의사와 상담해서 가루약으로 바꾸는 것도 하나의 방법이다.

① 병 밑에 가라앉은 약은 거품이 나지 않게 병을 흔들어 녹인다. 그리고 병에 새겨진 눈금을 눈높이에 두고 정확한 양을 잰다.
② 영유아를 안고 숟가락으로 약을 입에 넣는다.

05 영유아를 위한 응급처치의 종류와 방법

1) 심폐소생술

심폐소생술이란 심장마비가 발생했을 때 인공적으로 혈액을 순환시키고 호흡을 돕는 응급치료법이다. 심폐소생술은 심장이 마비된 상태에서도 혈액을 순환시켜 뇌의 손상을 지연시키고 심장이 마비상태로 부터 회복하는 데 결정적인 도움을 준다(대한심폐소생협회).

현재 예비유아교사 대학양성과정에서는 응급처치와 심폐소생술을 의무교육과정으로 배우고 취업을 하고 있으며, 보통 심폐소생술은 의사나 간호사가 혹은 특별하게 훈련받은 전문 요원들이나 할 수 있다고 생각하기 쉽지만 의학 지식이 많지 않은 일반인도 응급상황에서 전문 의료진이 도착할 때까지 생명을 연장시키는 데 커다란 도움을 줄 수 있다.

(1) 심폐소생술의 목적

심폐소생술은 우리 몸에 가장 기본이 되는 장기인 심장, 뇌, 그리고 그 외의 장기에 산소를 공급하자는 데 목적이 있다. 이 때 가장 중요하게 생각할 것은 시행하는 속도이며, 이것이 심폐소생술의 성공여부를 결정하는 중대한 열쇠이다. 심장마비가 일어난 후에도 우리 몸속의 폐와 혈관 내에는 6분 정도까지는 생명을 유지시킬 수 있는 산소의 여분이 있다. 만약 숨이 먼저 그쳐도 수분 동안은 심장이 뛰게 되어 폐 속의 산소는 계속 이용하게 된다. 그러나 심장이 멈추게 되면 폐와 혈관 속의 여분의 산소가 더 이상 순환될 수가 없으므로 이 때 심폐소생술이 시행되면 거의 대부분 완전 소생의 기회가 높다. 그렇지만 4~6분 이상 혈액순환이 안 되면 뇌에 손상이 올 가능성이 크다. 6분 이상 이러한 상태가 계속되면 뇌의 기능이 완전히 정지되고 생명을 잃게 된다.

이러한 이유에서 유사시에는 바로 심폐소생술을 해야 하는지의 여부를 파악해야 하고, 필요한 경우로 판단되면 즉시 올바른 심폐소생술을 실시하여 환자를 소생시키거나, 혹은 전문 의료진이 도착할 때까지 생명을 연장시켜야 한다.

(2) 심폐소생술의 부위

심장의 위치는 흉골 $\frac{1}{2}$하방과 등뼈(늑골 6~12번) 사이, 흉부의 중앙에서 약간 왼쪽에 있다. 흉부압박을 할 때 이러한 장기가 손상됨이 없이 혈액순환이 잘 되도록 충분한 압박을 주어야 하며 늑골은 약해서 잘 부러질 수 있으니 조심해야 한다.

(3) 심폐소생술의 기본 원칙

① 발바닥을 가볍게 두드리며 움직임을 확인한다.

② 주위 사람에게 도움을 요청한다.

③ 위치 교정

ⓐ 영유아를 평평하고 단단한 곳에 똑바로 눕힌다.

ⓑ 등 밑에 수건을 대서 영유아의 머리와 몸통이 수평이 되게 유지한다.

④ 10초간 호흡을 확인한다.

⑤ 호흡이 없는 경우, 입으로 영유아의 코와 입을 덮은 다음, 풍선에 바람을 불어 넣듯이 영유아의 가슴이 위로 올라오도록 1~15초간 총 2회의 인공호흡을 시행한다.

⑥ 두 번의 인공호흡 후 혈액순환이 이루어지고 있는지를 확인한다(영유아의 움직임이나 상완 동맥에 엄지와 검지를 대고 맥박 여부를 확인한다).

⑦ 혈액순환이 이루어지지 않은 경우, 흉골 끝으로부터 검지 크기 정도의 공간을 남겨두고 한 손의 손바닥을 수직으로 고정시킨 후, 압박을 가해 주되 너무 심한 압력이 가해지지 않도록 주의한다.

⑧ 심장 압박은 1분에 100회의 속도로, 깊이는 3~4㎝ 정도로, 30회 압박한다.

⑨ 호흡과 맥박을 확인한 후, 필요시 반복한다.

1. 기도 열기 - 이물질 여부를 확인

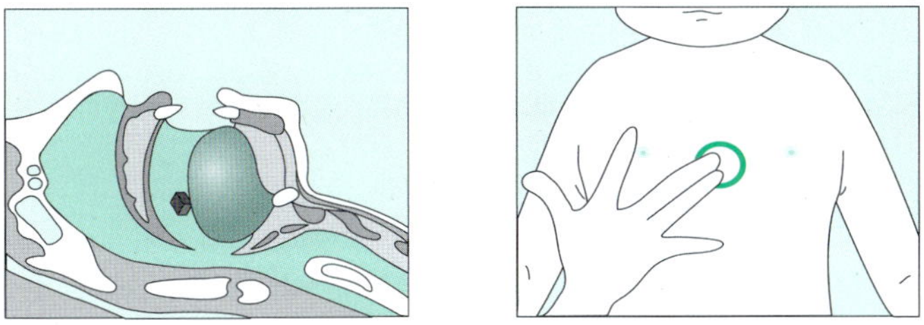

먼저 기도를 개방하여 입안의 이물질 여부를 확인합니다. 이물질이 보이는 경우 손가락으로 주의 깊게 훑어내며, 깊은 곳에 자리한 경우 더 밀어 넣을 수 있으므로 시도하지 않습니다. 흉골 중앙의 바로 아랫부분 혹은 양측 젖꼭지 중간에 손가락 두 개를 놓습니다.

2. 1~2.5cm 깊이로 (흉곽의 $\frac{1}{3}$ 또는 $\frac{1}{2}$) 압력

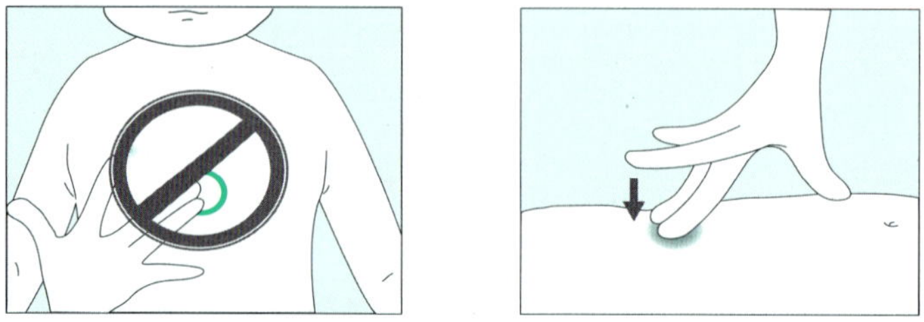

이 때 명치를 누르지 않도록 주의합니다. 연령에 따라서는 한 손으로 가슴압박을 할 수 있습니다. 이후, 가슴을 1~2.5cm 깊이로 30회 압박합니다.

3. 머리는 중립 위치를 유지

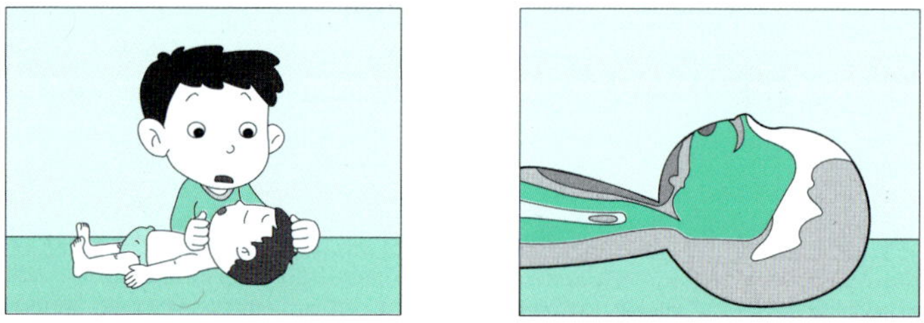

그 다음 이마와 턱에 손을 놓고 목을 약간 젖히며 턱을 들어 올립니다.
영유아는 머리를 심하게 젖힐 경우 오히려 기도가 폐쇄될 위험이 있어 머리를 약간만 뒤로 젖히거나 턱만 살짝 들어 올려 중립위치를 유지하도록 합니다.

4. 30회 압박 후 2회 인공호흡 반복

이후, 입으로 입과 코를 동시에 덮고 가슴이 오르내리도록 천천히 불어 넣습니다.
영유아는 성인에 비해 체구가 작기 때문에 호흡량을 체구에 맞게 조절하며 인공호흡을 실시합니다. 1분에 100회 이상의 속도로 압박해야 하며, 흉부 압박 시 과도한 힘으로 인해 사고가 나지 않도록 주의하여 시행하도록 합니다. 30회의 가슴압박과 2회의 인공호흡을 반복해서 시행하면 됩니다.

〈그림 9-1〉 심폐소생술

2) 현기증이나 쇼크를 일으켰을 때

현기증이란 불안정하고 주변이 돌아가는 것 같은 어지러운 느낌을 말하며, 이러한 증상과 함께 의식이 흐려지고, 호흡과 맥박은 약해지면서 횟수가 증가하며, 심한 갈증을 호소하는 등의 증상이 나타날 때를 쇼크 상태라고 한다. 현기증을 일으키거나 쇼크 상태를 위한 응급처치는 다음과 같다.

(1) 현기증을 일으켰을 때

영유아가 현기증을 일으키면 먼저 맥박과 호흡을 확인한다. 그리고 영유아를 의자에 앉히고 머리를 구부려 무릎 사이에 놓도록 하여 뇌로 가는 피의 양을 증가시켜 산소 공급이 되도록 해주어야 한다. 영유아가 심호흡을 할 수 있도록 해주며 안정되게 한다.

(2) 쇼크를 일으켰을 때

일반적인 쇼크 영유아는 외부에서 주어진 신체적, 정신적인 자극으로 쇼크를 받기가 쉽다. 이 경우의 쇼크는 의학적 쇼크와는 전혀 다른 것으로 얼굴이 창백해지거나 열이 나는 일도 있으나 걱정할 필요는 없다. 하반신을 조금 높이고 모포에 싸서 보온하면 저절로 진정된다.

의학적 쇼크 몸속의 모든 부분이 혈액으로부터 충분한 산소나 영양을 공급받지 못하여 매우 위험한 상태를 말한다. 영유아의 경우 탈수증이나 화상, 외상에 의한 심한 출혈로 일어나는 경우가 많으며, 그 외에 약물에 의한 것, 패혈증 등 세균 감염에 의해서도 일어난다. 얼굴이 창백해지고 입술이 파래진다. 호흡이 빠르고 얕으며 맥박은 약하고 혈압이 내려간다. 피부색이 파랗게 변하고 식은땀을 흘리며 손발은 차가워진다. 그때문에 의식장애도 일어날 수 있다.

① 영유아가 가벼운 쇼크 증세를 보이면 먼저 호흡의 정도와 의식, 맥박을 확인한다.

② 영유아를 평지에 눕힌다. 숨쉬기 편하도록 목이나 가슴, 허리를 죄는 옷을 풀어 준다.

③ 명확한 쇼크의 경우 하반신을 20㎝ 정도 높게 한다. 조심스럽게 영유아의 두 다리를 베개나 의자에 받쳐 올리되 쿠션을 받쳐 준다. 이 때 호흡곤란을

동반한 흉부 손상이나 두부 손상이 있을 경우나, 머리를 다쳐 쇼크를 일으켰을 경우에도 발이 아닌 머리 쪽을 높게 한다.

④ 영유아가 추위에 노출되지 않도록 담요나 코트로 덮어 준다. 음식물은 주지 않으며, 뜨거운 물이나 물주머니로 몸을 직접 덥게 만드는 일이 없게 한다.

⑤ 영유아를 계속 안심시킨다. 말을 걸어서 대답을 들어 본다. 이러한 방법은 영유아의 상태를 알아보는 데 도움이 된다. 병원으로 가는 도중 호흡과 맥박을 수시로 확인해 주어야 한다.

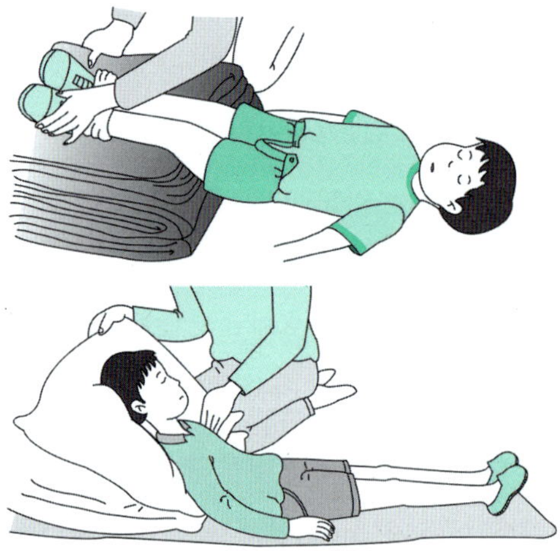

〈그림 9-2〉 쇼크를 일으킨 영유아의 처치

3) 열성경련(발열)

영유아에게 가장 많이 나타나는 증상이며, 감염에 의한 경우가 대부분이지만 일사병, 탈수증에 의해서도 일어난다. 정신적인 피로, 공포, 경풍으로 인해서도 열이 나며, 긴급을 요하는 발열인지, 걱정할 필요가 없는 발열인지를 가리는 일이 중요하다. 열이 나고 기분이 그다지 나빠지지 않으며 식욕도 보통이라면 염려할 필요가 없다. 식욕이 없어도 어떻게든 식음을 한다면 당황할 것은 없다. 물이나 얼음 베개를 하게 하고 상태를 보고서 열이 38℃ 이상일 때는 해열제를 먹일 수도 있다(그러나 가능한 의사의 처방 없이는 해열제를 먹이지 않는 것이 좋다).

열이 나는 것과 관계없이 축 늘어져 기분이 좋지 않고 아무것도 먹지 않거나 호흡이 가빠질 때, 입술과 손톱의 색깔이 검푸르고 안색이 나쁠 때는 곧 의사의 진찰을 받아야 한다. 이 때 고열과 관절통이 계속되면 류머티즘 열일 염려가 있으므로 빨리 전문가의 진찰을 받아야 한다.

① 옷을 벗기고 기저귀만 채운다. 방 안을 춥지 않을 정도로 신선한 공기가 들어오게 한다.
② 물을 끓이거나 세탁물을 실내에 말리거나 가습기를 사용하여 실내의 습도를 높인다.
③ 주위를 정리하여 영유아가 다치지 않게 한다. 찬물에 적신 스펀지나 물수건, 혹은 미지근한 물로 머리에서 다리 쪽으로 몸을 닦아 식혀 준다.
④ 얼음 팩을 마른 수건에 싸서 몸과 팔 사이에 넣어 준다.
⑤ 등이 빨갛게 될 때까지 마사지 하여 준다.
⑥ 해열제를 먹이거나 좌약을 사용한다.
⑦ 영유아의 체온이 내려가면 경련은 멎을 것이다. 한쪽으로 돌려 눕히고, 머리는 젖혀지게 한다. 가벼운 시트로 덮어 주면서 다시 한 번 안심하게 한다. 체온이 다시 오르면 물 스펀지로 다시 식혀 준다.

4) 이물질이 들어갔을 때

(1) 눈에 이물질이 들어갔을 때

영유아들은 모래놀이를 하다가 눈에 모래나 흙이 들어가는 경우가 종종 있다. 또한 가정에서 엄마가 쓰는 향수나 헤어스프레이 등을 눈에 뿌리게 되는 경우도 있다. 먼지, 모래, 향수 또는 다른 이물질이 눈에 들어가게 되면 영유아들은 아주 아파하게 된다. 그리고 잘못하면 시력을 잃을 수 있는 위험도 있으므로 적절한 응급처치를 하면서 병원으로 데리고 가야 하는데, 이때의 응급처치는 다음과 같다(최지영, 2007).

① 눈을 깜빡거려 눈물이 나오게 한다.

② 눈의 표면에 먼지가 붙어 있어 눈을 깜빡거려도 눈물이 나오지 않을 경우 눈꺼풀을 뒤집어서 깨끗한 손수건 등의 부드러운 천으로 묻혀 낸다. 이 때 처치자는 손을 깨끗이 씻고 처치를 시작해야 한다.

③ 모래나 좀 더 큰 이물질이 눈에 들어간 경우 우선 문지르지 않도록 하고 눈의 이물질이 박혀 있지 않고 움직이고 있는지를 살펴보는 것이 중요하다.

④ 이물질이 들어간 쪽의 눈이 아래로 향하도록 머리를 기울인 다음, 물로 이물질을 씻어낼 수 있는데, 눈꺼풀을 크게 벌려 눈의 안쪽에서 바깥쪽으로 약 15분간 물을 흘려 씻어내도록 한다. 이때는 생리 식염수나 정수된 미지근한 온도의 물을 사용하는 것이 좋다. 씻어낸 후 약 15분 동안 가끔 눈을 깜박거려 이물질이 완전히 제거되었는지 확인한다. 안약은 함부로 사용하지 않는다.

⑤ 씻어 낸 후에도 영유아가 불편함이나 통증을 호소하거나, 눈의 흰자위나 검은자가 긁혔거나, 이물질이 흰자위나 검은자위에 박혀 있으면 곧바로 병원에 가야 한다. 이때는 응급조치를 할 수가 없으므로 영유아의 눈을 감게 하고 깨끗한 손수건 등으로 띠를 만들어서 눈을 가리고 눈을 많이 움직이지 못하게 한 후 병원으로 데리고 간다.

(2) 기도에 이물질이 들어갔을 때

기도에 이물질이 들어갔으나 호흡을 할 수 있는 여유가 있으면 본능적으로 기침을 하여 나오게 할 수 있다. 그러나 대부분 기도에 이물질이 들어가 기도를 꽉 막고 있으면 호흡이 곤란하여 얼굴빛이 새파랗게 되고 마침내는 의식을 잃게 된다.

이러한 경우의 응급처치는 다음과 같다(이기숙, 장영희, 정미라, 배소연, 박희숙, 2008).

① 기도에 이물질이 들어간 것 같으나 영유아들이 기침을 하거나, 울거나, 말을 할 수 있고, 호흡 곤란이 심하지 않으면 얼굴을 땅을 향해 엎드리게 하고 곧 병원으로 데리고 간다. 이러한 경우에는 섣불리 응급처치를 시도하기보다는 전문의의 정확한 치료를 받아야 한다.

② 호흡곤란이 심하여 얼굴이 새파랗게 되고 숨을 쉬지 못하게 되면 제일 먼저 큰 소리로 다른 사람의 도움을 구해 119 구조대나 구급차를 부르게 한다. 그 다음 영유아의 입을 벌리게 하여 이물질이 잘 보이고 쉽게 꺼낼 수 있으면 손가락 등으로 빼내 본다. 그러나 이 물질이 깊숙이 들어가 있는 것 같으면 섣불리 손으로 꺼내려 하지 말고 머리와 몸의 상체를 하체보다 낮게 하고, 이물질이 나올 때까지 등을 손바닥으로 세게 친다. 영유아의 몸을 함부로 움직이면 이물질이 더 깊숙이 들어가거나 기도의 일부를 막고 있던 이물질이 완전히 기도를 막을 수도 있으므로 주의해야 한다.

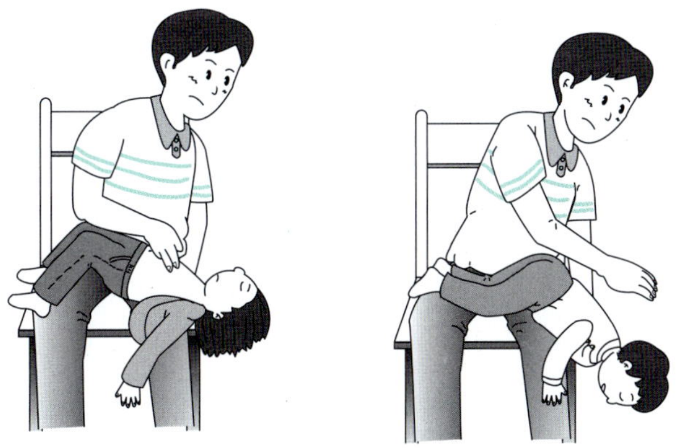

〈그림 9-3〉 이물질을 빼내는 방법

③ 하임리크 방법을 사용할 수도 있다. 즉, 영유아의 뒤에서 허리에 두 팔을 둘러 영유아를 껴안는데, 이 때에 한 손은 엄지손가락 부분이 영유아의 배

꼽과 횡경막 사이의 위장 부분을 누르도록 주먹을 쥐어 대고 다른 한 손은 그 주먹을 덮듯이 꼭 잡는다. 그 다음 껴안은 두 손으로 영유아의 위장을 위로 밀어 올리듯 꾹 누른다. 영유아가 기침을 하거나 숨을 쉴 수 있을 때까지 이 동작을 반복한다.

④ 병원으로 가는 동안 계속 머리와 몸의 상체를 하체보다 낮게 하고 영유아의 등을 쳐주어 이물질이 깊이 넘어가지 않도록 도와준다.

⑤ 구급차를 기다리는 동안 영유아가 의식을 잃으면 영유아를 한쪽으로 눕혀 입을 바닥으로 향하는 회복자세로 눕히고, 만약 호흡을 멈추면 즉시 입을 통한 인공호흡을 실시한다.

〈그림 9-4〉 하임리크 방법으로 이물질 빼내기

(3) 코에 이물질이 들어갔을 때

영유아의 코에 조그만 물체를 넣고 장난을 치다가 잘못되면 콧속으로도 이물질이 들어갈 수가 있다. 콧속의 점막을 손상시키지 않고 핀셋 등으로 이물질을 꺼낼 수 있으면 별 문제가 없다. 그러나 이물질이 기도를 막고 있거나, 빼낼 수가 없는 경우에는 잘못하여 허파로 들어갈 수 있으므로 빨리 이비인후과나 병원의 응급실로 데리고 가야 한다.

(4) 귀에 이물질이 들어갔을 때

영유아들의 귀에 들어갈 수 있는 대표적인 이물질은 작은 장난감 조각이나 구슬 등이다. 이 물질들은 고막 손상, 중이염 등의 질병을 유발하므로 다음과 같이 응급처치를 해야 한다.

① 귀에 들어간 이물질이 작고 부드러운 것이면 핀셋으로 집어내는 것을 시도해 본다.
② 그 다음으로 시도해 볼 수 있는 안전한 방법은 미지근한 물을 귓구멍으로 넣어 세척하는 것이다.
③ 그래도 이물질이 나오지 않으면 곧 병원으로 가야 한다. 핀이나 가늘고 긴 물체로 꺼내려고 하면 외이도나 주이 등을 찌를 수 있고 그 부위가 곪게 될 가능성이 크므로 위험하다.
④ 귀에 곤충이 들어갔을 경우에는 손전등으로 귀를 비추어 나오게 하거나 물을 조금 떨어뜨려 곤충을 죽인 다음 귀를 씻어 내면 된다. 이물질이 나온 후에 영유아가 통증을 호소하면 곧바로 병원으로 데리고 간다.

5) 관절과 근육문제

(1) 골절

골절이란 뼈가 부러지거나 금이 간 상태를 말하며, 단순 골절과 복합 골절이 있다. 단순 골절은 뼈가 부러지거나 금이 간 상태이며, 복합 골절은 부러진 뼈에 의해 다른 신체 조직의 손상을 동반하는 상태로서 넘어짐, 떨어짐, 충돌, 교통사고 및 접촉사고 등이 골절의 원인이며, 골절 상태가 어느 정도냐에 관계없이 부상이 생기면 그 부분에 출혈이나 부종이 생긴다. 그리고 통증이 심해 움직일 수 없게 되고 안색은 창백하다. 이러한 경우의 응급처치는 다음과 같다(임미혜, 조숙경, 지명숙, 채혜선, 2005).

영유아는 성인에 비해 뼈의 형성이 미숙한 상태지만 탄력성이 있어 골절을 입을 경우 뼈의 한쪽은 부서지고 다른 한쪽은 굽는(휘어지는) 골절의 경우가 많다. 또한 뼈 끝에 있는 성장점이 느슨해지거나 부러져 나갈 수도 있다.

① 골절된 부위를 움직이지 않게 하며, 똑바로 하려고 시도하지 않는다.
② 출혈을 멈추게 한다.
③ 튀어나온 뼈는 도로 밀어 넣으려고 하지 않는다.
④ 상처는 함부로 깨끗하게 하려고 하지 않는다.
⑤ 영유아를 따뜻하게 해주고 간호사의 도움을 기다린다.

(2) 탈구

탈구는 관절 부위에 지나친 압력이 가해져 뼈가 본래의 자리를 빠져나와 관절 주위의 조직이 손상을 입게 되는 경우를 말한다. 증상은 탈구된 부분이 부어오르고 그 부위를 움직이기 싫어하며 심한 통증을 호소한다.

탈구된 부위는 힘을 주어 사용하지 않는다. 주변 조직의 혈액 공급이나 인대, 신경, 근육 등에 손상이 가능하기 때문이다. 상처 부위를 움직이지 않도록 부목을 대고 찬찜질을 해주며 병원으로 데리고 가서 전문의의 치료를 받도록 한다.

(3) 염좌(삐었을 때)

염좌는 흔히 삔다고 하는 것으로 관절의 인대가 늘어나거나 찢어지는 것을 말한다. 상한 발로 걷게 되면 부어오르며 아프다. 이러한 경우의 응급처치는 다음과 같다.

① 관절부위가 2~3일 지나도 통증이 있다가 부기가 가라앉지 않을 때에는 의사의 진찰을 받아야 한다.
② 스펀지와 같은 두꺼운 것을 대고 탄력붕대를 감는다.
③ 냉수에 담가 30분 정도 식힌다.
④ 거즈를 대고 탄력붕대를 여러 겹 감아서 고정시킨다.
⑤ 환부를 약간 높게 하여 염증이 가라앉을 때까지 냉찜질을 한다.

(4) 근육경련

갑작스런 오한이나 움직임, 근육 조정이 안 될 때 또는 염분이나 체액의 손실로 인해 근육에 수축이 와서 통증을 갖게 한다. 이 때 근육 수축이 강하게 일어나며 그 반사작용으로 근육 이완 작용에 곤란을 가져오게 하는 원인이 된다. 이러한 경우 손·발 또는 장딴지 근육을 이완시키는 방향으로 잡아당겨서 응급처치 한다.

6) 화상을 입었을 때

화상이란 피부가 뜨거운 열, 액체, 증기, 화학물질, 햇볕, 전기 등에 노출되어 손상을 입는 것을 말한다. 화상은 그 원인이나 손상의 정도에 따라 다음과 같이 분류된다(류경화, 정명순, 지주영, 2008).

〈표 9-5〉 화상의 분류

화상의 분류	증 상
원인에 따른 화상의 분류	• 열에 의한 화상 • 화학약품에 의한 화상 • 전기에 의한 화상
정도에 따른 화상의 분류	• 1도 화상-피부가 화끈거린다. • 2도 화상-빨갛게 붓고 물집이 생긴다. • 3도 화상-피하조직과 신경까지 손상되어 피부가 말라 쪼그라든다.

화상은 원인이나 손상된 정도에 따라 조금씩 다른 방법으로 응급처치 해야 하는데 내용은 다음과 같다.

(1) 열에 의한 화상을 입었을 때

① 우선 상처 부위를 흐르는 냉수에 10~15분 정도(또는 영유아가 참을 수 있을 때까지) 식혀 열기를 빼내야 한다. 만약 상처 부위가 넓으면 욕조에 차가운 물을 받아 잠깐 담그거나 차가운 물에 적신 보푸라기가 일지 않는 깨

끗한 면으로 된 천을 덮어 주어도 된다. 이렇게 하는 이유는 이미 피부에 전해진 열이 더 이상 다른 부위를 손상시키는 것을 막아 주기 위해서이다. 혹시 옷을 입고 있는데 벗겨야 하는 경우 무리해서 떼지 말고 그대로 식힌다.

② 다음 단계로 소독된 거즈나 손수건 등으로 상처 부위를 되도록 넓게 덮어 주거나 감아 준다. 이 때에 주의해야 할 것은 거즈나 손수건이 보푸라기가 일지 않는 매끈한 것이어야 한다는 점이다. 보푸라기가 일면 상처에 붙어 감염을 유발하거나 나중에 떼어내기가 어렵기 때문이다.

③ 상처에는 크림이나 로션 등을 절대로 발라 주어서는 안 되며, 바셀린 등의 연고도 바르지 않는 것이 좋다.

④ 1도 화상이나 상처의 부위가 좁은 2도 화상의 경우, 감염되지 않도록 주의하면 병원에 가지 않고도 치료가 가능하다.

⑤ 2도 화상의 경우, 특히 중요한 것은 절대 물집을 터트리지 말아야 한다는 것이며, 물집이 터진 경우에는 소독된 거즈를 자주 갈아 주어 감염되지 않도록 주의해야 한다.

⑥ 화상이 심하여 의식을 잃은 경우 호흡 여부를 확인하고 기도를 열어 주며, 필요한 경우 인공호흡을 실시한다.

(2) 화학약품에 의한 화상을 입었을 때

화학 약품에 의해 화상을 입은 경우에는 응급처치자가 먼저 고무장갑을 끼거나 두꺼운 타월 등으로 손을 감아 화학 약품에 손상되지 않도록 한 다음, 화상 입은 영유아를 다루어야 한다. 우선 옷을 벗겨야 하는 경우, 가위로 잘라내어 옷을 벗긴 다음 흐르는 차가운 물로 상처부위의 화학약품을 모두 씻어 준다.

다음은 열에 의한 화상의 경우와 같이 응급처치 한다. 이 때에 주의할 것은 화학약품을 씻어낸 물을 적절한 곳에 빨리 버리고, 그 물에 의해 또 다른 화상이 일어나지 않도록 주의해야 한다.

(3) 전기에 의해 화상을 입었을 때

전기에 의한 화상은 감전과 함께 발생한다. 감전이란 전원이나 전류에 의해 노출되었을 때 전기에서 발생하는 열에 의하여 화상을 입거나 전류에 의하여 뇌, 심장, 혈관 등이 손상되는 것을 말한다. 대개 영유아들은 끊어진 전깃줄을 손으로 만지거나 전깃줄을 빨거나, 전원에 핀이나 젓가락, 금속성의 장난감 등을 꽂아 감전이 되는 경우가 종종 있다. 이러한 경우의 응급처치는 다음과 같다.

① 감전물체의 전원을 차단한다. 만약 전원을 찾지 못하거나 전원을 차단하는 것이 불가능할 때에는 응급처치자가 나무 막대기나 플라스틱 물체 등의 절연체를 이용하여 감전된 영유아를 감전 물체에서 분리시킨다.

② 화상의 부위를 찾아내야 한다. 전기에 의한 화상은 손상된 부위가 좁고 깊은 것이 특징이므로 화상을 입은 곳을 유심히 살펴 찾아야 하고, 찾은 경우에는 그 부위의 몸의 반대편까지 살펴보아 화상이 이어져 있는지 확인해야 한다.

③ 화상부위에 대한 처치는 열에 의한 화상의 응급처치와 같으며 다른 처치는 감전되었을 때를 참고한다.

④ 만약 영유아의 의식이 없는 경우에는 영유아가 호흡을 하는지를 먼저 살펴보고 기도를 열어 주며, 필요하다면 인공호흡을 실시한다. 의식은 없으나 호흡은 하고 있다면 먼저 영유아를 한쪽으로 엎어 눕히고 입을 바닥으로 향하게 하는 회복 자세로 눕히고, 기도가 막히지 않도록 한다. 그런 후 화상의 여부를 살펴보아 열에 의한 화상의 경우와 같이 적절한 응급처치를 한 후 병원으로 데리고 간다.

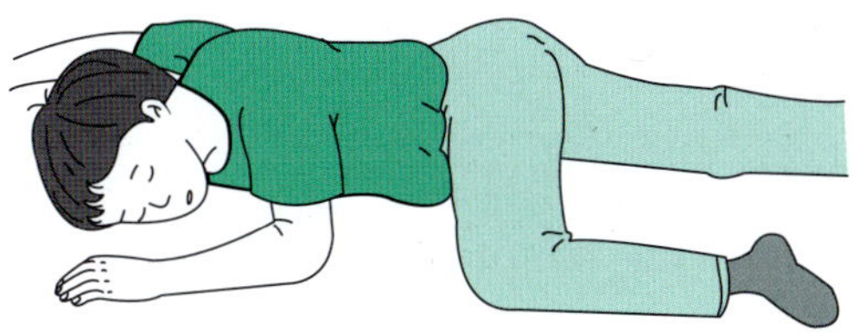

〈그림 9-5〉 회복자세

7) 코피가 날 때

어떤 영유아는 별 뚜렷한 이유 없이 코피를 자주 흘린다. 코 부분의 타박상에 의해 코피가 날 수도 있지만 코를 후비다가 모세혈관을 자극하는 등 사소한 원인에 의하여 코피가 나기도 한다. 영유아의 코피는 콧속의 앞쪽 모세혈관이 터져 생기는 경우가 많다. 코피가 나는 경우의 응급처치는 다음과 같다.

(1) 어떤 충격으로 코피가 나는 경우

① 움직이지 말고 의자에 앉거나 누워서 입으로 숨을 쉬면서 코를 막는다.
② 콧등에 얼음찜질이 효과가 있다(혈액의 응고를 도와준다).
③ 얼음 물수건(항상 수건을 물에 적셔 싸서 냉동고에 상비적으로 넣어 두었다가 응급 시에 관리하게 이용한다)을 뒤통수와 목과 목 바로 아래 등에 대어 주고 손과 발도 얼음물에 담근다.
④ 쑥을 찧은 후 뭉쳐 코피 나는 콧구멍을 막는다.
⑤ 그래도 멎지 않으면, 민간요법에서는 마늘을 짓찧어서 피가 나오는 콧구멍의 반대쪽 발바닥에 붙이고 드레싱 한다.

(2) 아침마다 습관적으로 코피가 나는 경우

콧속에 가는 핏줄이 실처럼 엉켜 있는데, 어떤 충격으로 혈관이 파열되어 출혈이 있을 경우 상처가 난 혈관이 채 아물기도 전에 세수하다가 코에 충격을 주거나, 얼떨결에 코를 심하게 건드렸을 경우, 혹은 아침 운동을 심하게 했을 경우에 출혈이 된다.

이 때 병원에 가서 혈관을 지져 출혈이 되지 못하도록 차단해 주면, 대부분 치료가 되거나 그렇지 못한 경우 계속 출혈이 되는 수가 있다. 이러한 경우의 응급처치는 다음과 같다.

① 아침에 잠자리에서 일어나기 전에 얼음 물수건을 코언저리와 목 뒷잔등에 대어 혈관을 수축시킨다. 약 10분 동안 실시한다.

② 일어나서도 될 수 있으면 가만가만 동작을 하여 호흡으로도 코에 충격을 주지 않도록 한다.

③ 세수는 냉수로 하거나, 얼음 수건으로 코는 건드리지 말고 살살 닦아낸다.

④ 약한 혈관을 튼튼하게 하기 위해서 영양섭취를 한다. 고비타민, 고무기질 식사를 한다. 즉, 매끼 찐 콩가루 2스푼(수북이), 밀 배아 1스푼, 검은 깨 1스푼 등을 당근즙에 타서 먹는다. 이러한 식사를 하면 터지기 쉬운 약한 혈관이 튼튼해지고, 출혈 시 혈액을 응고시켜 주는 칼슘과 비타민 K도 보충이 된다.

⑤ 잠도 일찍 자고 일찍 일어나는 규칙적인 생활을 한다.

8) 부딪혀서 치아가 빠지거나 부러졌을 때

사고에 의해 영구치가 빠졌을 때는 가까운 치과에서 재이식을 하는 것이 가장 좋은 방법이다. 재이식의 결과를 좌우하는 중요한 두 가지 요소는 재이식 까지 걸리는 시간과 재이식까지의 치아 보관 방법이다. 따라서 사고가 발생하면 치아가 빠진 곳에 응급처치와 함께 치아를 바르게 보관하여 재빨리 병원으로 가야 한다. 이 때 응급처치가 바르게 되지 못하면 이후의 치아 성장에 부정적인 영향을 미치게 된다. 이러한 경우의 응급처치는 다음과 같다.

(1) 치아가 빠진 경우

① 치아의 뿌리 부분이 아니라 윗부분을 잡아 들어올린다. 치아의 뿌리 부분을 비비거나 만지지 않도록 하고 떨어져 나간 치아를 물로 헹군다거나 깨끗하게 닦지 않도록 한다.

② 가능하면 빠진 치아를 원래 자리에 끼워 넣는다(유치가 사고로 빠졌을 때는 빠진 치아를 제 위치에 끼워 넣지 않는다).

③ 영유아에게 이를 살며시 닫게 하거나 살균된 거즈, 솜, 휴지 또는 깨끗한 천을 그 치아에 대고 물게 한다.

④ 즉시 치과 의사에게 영유아를 데리고 간다.

⑤ 만일 빠져나온 치아를 원위치에 넣을 수 없다면, 빠진 치아를 차가운 우유나 물에 담아 1시간 이내에 치과 의사에게 보인다.

(2) 치아에 금이 갔거나, 부러졌거나, 또는 조각이 났을 경우

① 미지근한 물로 입을 헹군다.
② 상처 난 치아 주변의 얼굴에 냉찜질을 한다.
③ 즉시 의사에게 보이도록 한다.

9) 연조직의 손상

(1) 찰과상

넘어지거나 충돌, 마찰, 추락 및 접촉 등의 사고에 의해 피부의 표면이 강한 외부의 힘과 마찰하여 벗겨진 상처로서 증상은 외피가 벗겨져 출혈과 통증이 수반된다. 영유아의 경우 머리나 얼굴에 찰과상을 입는 경우가 많으며, 성장할수록 팔과 다리의 찰과상이 많아진다. 이러한 경우의 응급처치는 다음과 같다.

① 더러움이 없고 가벼운 상처라도 세균에 오염되어 있을 가능성이 있으므로 옥시풀이나 머큐로크롬으로 소독하는 것이 좋다.
② 흙이나 모래의 더러움은 곪거나 감염의 원인이 되므로 수돗물로 깨끗하게 씻어야 한다. 필요하면 비누를 사용해 상처를 문지르지 않도록 주의하면서 흐르는 물에 씻는다.
③ 소독된 솜으로 닦아낸다. 멸균 거즈를 대고 반창고를 붙이거나 붕대로 감아 고정시킨다. 물이나 소독약이 없는 옥외에서는 깨끗한 천으로 상처를 보호한다.
※ 탈지면은 상처에 부착되어 있기 어렵기 때문에 상처에 직접 대어 두지 않는 것이 좋으며, 거즈를 교환할 때 벗기기가 어려우면 옥시풀을 적셔 상처 부위에 둔 후 떼면 벗겨진다. 상처에 붙는 것을 방지하려면 망사 거즈를 사용한다.

(2) 열상(베이거나 찢어진 상처)

열상은 날카로운 물체(칼, 유리 등)에 조직이 절개된 직선적인 상처로 피하조직이 다쳐서 출혈이 생긴 것을 말한다. 이러한 경우의 응급처치는 다음과 같다.

① 상처가 가벼운 경우 출혈하고 있는 부분을 직접 청결한 거즈나 천으로 가볍게 압박, 지혈하면 대개의 경우 2~3분이면 지혈된다. 소독약으로 소독한 다음 멸균 거즈를 대고 반창고나 붕대로 고정시킨다.
② 심한 상처나 피가 좀처럼 지혈되지 않을 때는 청결한 거즈를 대고 세게 압박한다. 상처를 압박한 채 심장보다 높게 하여도 출혈이 심할 때는 심장에 가까운 부분의 지혈점도 압박한다. 5분 이상 압박하지 않도록 한다.
③ 상처 부위가 오염되어 있을 때는 물로 씻어 흘려보낸다. 거즈를 대고 붕대를 단단히 감는다. 붕대의 매듭은 상처가 있는 곳을 피하여 묶는다.

(3) 자상(찔린 상처)

자상은 뾰족한 물체(못, 바늘, 면도날, 깨진 병이나 유리조각, 나사, 송곳, 압정, 나무가시 등)에 찔린 좁고 깊은 상처를 말한다. 교실 내에서 떨어진 압정이나 핀을 밟거나 카펫 등에 꽂힌 가시, 교구장, 책상 등에 일어나 있는 가시 등에 찔리는 경우가 있으며, 자상은 겉보기보다 내부의 손상이 큰 특징이 있어 세균감염으로 인한 패혈증이나 파상풍의 위험이 있으므로 신속한 의사의 진단과 치료를 받는다. 이러한 경우의 응급처치는 다음과 같다.

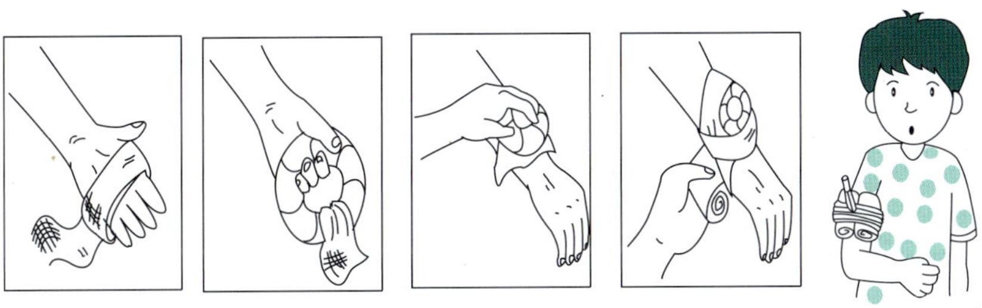

〈그림 9-6〉 자상의 처치

① 가늘게 쪼개진 막대기나 판자, 장미나 선인장 등에 찔린 가시는 족집게로 뽑는다. 가시 끝이 밖으로 나와 있지 않을 때는 주위를 누르든가 구멍 뚫린 동전을 대고 뽑는다. 그래도 빠지지 않을 때는 소독한 바늘로 상처 입구를 넓혀서 족집게로 뽑는다(손톱 사이에 찔린 가시는 손톱을 조금 깊게 깎은 후 제거한다).

② 가시를 뽑은 후 상처 부위를 소독한다. 상처가 클 때는 거즈 반창고를 바른다.

③ 바늘이나 유리 끝이 부러져서 상처 속에 남아 있을 때는 외과 의사의 진찰을 받는다.

④ 이물질이 깊이 박혀 있을 때는 무리하게 빼려고 하지 않는다. 찔린 물건의 주위를 청결한 천으로 덮고 붕대로 고정시키고 외과 의사의 진찰을 받는다. 출혈이 있을 때는 반드시 지혈한다.

⑤ 오래된 못이나 더러운 물건에 찔린 상처는 반드시 의사의 진찰을 받아야 한다. 상처가 작아도 곪거나 감염되는 수가 있으므로 파상풍 예방 조치를 한다.

(4) 타박상(부딪힌 상처)

폐쇄성 손상으로 피부에 둔한 흉기에 의해 외상을 받은 상태를 말한다. 영유아에게 쉽게 일어나는 상처로 멍이 들거나 통증, 종창 등이 일어난다. 주로 넘어지거나, 떨어지거나, 부딪히는 사고에 의해서 발생한다. 또한 대부분의 경우 외피의 피부 손상은 적고 그 아래위 피하 조직, 혈관, 근육, 골막 등에 상처가 난다. 이러한 경우 응급처치는 다음과 같다.

① 가능한 한 빨리 상처 부위를 깨끗이 하고 얼음주머니를 대주면 통증이나 부종이 가라앉는다.

② 상처 부위를 상승시키고 혈액 순환 상태를 자주 점검한다.

③ 통증이나 부종이 심한 곳은 근육이나 뼈까지 상처가 있을 수도 있으므로 정형외과의 진찰을 받는다.

(5) 끼인 상처

현관문이 갑자기 닫히거나 차, 엘리베이터 등의 문과 미끄럼틀에 손가락이 끼이는 수가 있다. 이럴 때는 매우 아프지만 손가락을 움직일 수 있을 정도라면 골절의 염려는 없다. 이러한 경우 응급처치는 다음과 같다.

① 통증을 부드럽게 하고 부종이나 피하 출혈을 지압하기 위해 곧바로 물로 식힌다.

② 출혈이 있을 때는 가볍게 눌러서 지혈하고 소독하며 멸균거즈를 댄다.

③ 이상하게 붓거나 심한 통증이 있으면 골절의 우려가 있으므로 정형외과로 가야 한다.

※ 간혹 남자 성기가 지퍼에 끼이는 경우가 있다. 이때는 얼음주머니를 성기에 대주어 통증을 경감시키고 곧바로 병원으로 간다. 무리해서 지퍼를 올리면 피부에 손상을 가져올 수 있다.

(6) 손톱의 상처

손톱이 길면 부딪치거나 긁혀서 벗겨지는 등 상처가 많이 생기며 통증이 매우 심하다. 이를 예방하기 위해서도 손톱은 단정히 자르는 습관을 기르도록 한다. 너무 깊이 잘라서 손톱 속에 내출혈이 있을 때는 냉수로 차게 식힌다. 이러한 경우 응급처치는 다음과 같다.

① 손톱이 벗겨졌을 때는 그대로 청결한 거즈나 천으로 덮어서 외과 병원으로 간다.

② 손톱 사이에 이물질(크레용, 흙 등)이 들어갔을 때는 손톱을 자르고 반창고를 붙이면 이물질이 붙어서 떨어질 수도 있다. 또는 바늘 끝을 소독하여 이물질을 긁어낸 후 반드시 소독한다.

(7) 교상(물리거나 쏘인 상처)

물려서 구멍이 난 상처(일반적으로 사람이나 고양이가 물었을 경우)는 감염의 위험이 높다. 집 없는 개나 고양이는 광견병과 관련이 있으며, 여우, 박쥐 등도 관련이 있다. 그러나 다람쥐, 햄스터 등의 설치류는 광견병과 관련이 없다. 여러 군데 물렸거나 출혈이 심한 경우, 또는 피부가 절개되었을 때에는 의사에게 진찰을 받는 것이 좋다. 독사에게 물렸거나 독사인지 아닌지 구분할 수 없을 때에는 항사독소가 준비될 수 있도록 미리 병원에 전화를 거는 것이 좋다. 항사독소는 주로 대형 종합병원이나 군병원에 준비되어 있으므로 야영 중에 사고를 당하면 그 지역의 가까운 병원이나 야전병원에 연락을 하는 것도 좋은 방법이다.

① 물린 곳에 피가 많이 날 경우에는 깨끗하고 건조한 천으로 압박해 주고 출혈이 멈추면 비누와 흐르는 물로 깨끗이 씻는다.
② 물린 곳은 정상적인 조직까지 손상시킬 수 있으므로 알코올이나 과산화수소로 소독하지 않는다.
③ 물린 후에는 24~48시간 동안 감염의 증후가 없었는지 관찰하여야 하며, 감염된 것으로 생각되면 즉시 의사에게 진찰을 받도록 한다.
④ 꿀벌에 쏘였을 때에는 벌침을 제거하고 비누와 물로 씻은 후 카라민로션을 두드려 발라 준다.
⑤ 독사에게 물렸을 때 지혈대를 사용하거나 상처 부위를 절개하여 독을 빨아내는 것은 해로운 결과를 더 많이 초래한다. 영유아를 안정시키고 가능한 한 움직임을 줄이도록 하며, 독액의 흐름을 감소시키기 위해서 물린 부위를 심장 보다 낮게 하고 물린 부위에 깨끗하고 차가운 수건이나 깨끗하고 습기가 있는 붕대로 덮어 주고, 즉시 병원으로 후송한다.

10) 머리를 다쳤을 때

영유아들은 넘어지거나, 부딪치거나, 높은 곳에서 떨어지는 등 여러 가지의 상황에서 머리를 다치는 일이 많다. 머리를 다친 영유아가 발생하면 먼저 사고 상황을 판단해 보고 응급처치를 실시해야 한다. 왜냐하면 사고 상황을 보아 심하게 머리를 다쳤을 가능성이 있다고 판단되면 다친 영유아를 절대로 움직이게 해서는 안 되기 때문이다. 일반적으로 머리를 다친 경우의 응급처치 방법은 다음과 같다.

① 머리를 다친 영유아가 다음의 증상을 보일 때는 영유아를 절대로 움직이지 말고, 헬멧, 마우스가드 등을 함부로 벗기거나 빼려고 해서도 안 된다. 이 때 호흡의 여부를 확인한 다음 기도를 열어 주고, 필요한 경우 인공호흡을 실시하며, 가능한 한 빨리 영유아를 가까운 병원의 응급실로 데리고 가야 한다. 이때에는 의식을 잃은 경우의 응급처치법을 참고한다.

〈표 9-6〉 심하게 머리를 다친 영유아의 증상

- 큰 외상이 없는 경우
- 외상은 없더라도 심한 두통을 호소하는 경우
- 심하게 어지러워하는 경우
- 의식을 잃는 경우(잠깐 의식을 잃었다가 깨어나는 경우도 있다).
- 토하는 경우
- 평소에 잘하던 말을 분명하게 못하는 경우
- 몸의 여러 부분을 잘 움직이지 못하는 경우
- 코나 귀에서 담황색의 분비물이 나오는 경우

② 만약 머리를 다친 영유아가 아프다고 하고, 혹이 나거나 작은 상처가 생겼더라도 10~15분 이내에 울음을 그치고 정상적으로 놀기 시작한다면 심각한 문제는 아니라고 볼 수 있다. 따라서 이러한 경우에는 다음과 같이 응급처치해 준다.

ⓐ 멍이 들거나 혹이 난 부위에 찬찜질을 해준다.

ⓑ 작은 상처는 비누와 흐르는 물로 깨끗이 닦아내고 소독된 거즈를 덮어 10분 정도 눌러 지혈한 다음 1회용 반창고를 붙여 준다.

ⓒ 약 1시간 정도 약간 어두운 방(너무 밝은 조명을 피한다)에 누워 휴식하게 한다.

③ 뇌손상의 증상은 사고 후 여러 시간이 지난 이후에 나타날 수도 있으므로

몇 시간 동안은 영유아를 열심히 지켜보아야 한다. 즉, 머리를 다치고 수 시간이 지난 후 다음과 같은 증상이 나타나면 즉시 의사에게 데리고 가서 언제, 어떻게 머리를 다쳤다는 것을 정확하게 이야기해 주고 전문적인 진단을 받아야 한다.

ⓐ 영유아의 행동이 보통 때에 비해 이상한 경우

ⓑ 안색이 창백한 경우

ⓒ 보통 때와 달리 너무 조용한 경우

ⓓ 전혀 먹지 않으려고 하는 경우

11) 급성 식중독

영유아가 무엇을 먹고 난 후 심한 복통을 호소하면서 점액질의 묽은 변을 보며 열이 있고 구토를 동반한다면 식중독을 의심해 보아야 한다. 식중독은 상했거나 오염된 음식을 섭취한 후 6~48시간 이내에 갑자기 발생한다. 영유아의 증상을 살펴보아 구토, 점액질의 설사, 심한 복통과 함께 38~39℃까지 체온이 오르면 먹이는 것을 즉시 중단하고 병원으로 데리고 간다. 영유아가 먹은 음식의 잔여분이 있으면 이를 보존하고 어떤 음식을 먹였는지 의사에게 말해주어 진단을 도와줄 수 있다. 병원에 갈 때까지 소금을 탄 보리차나 전해질 음료를 먹일 수 있다.

12) 경련을 일으킬 때(경기)

경련은 질병의 징조이지 병은 아니며, 영유아에게 경련은 아무런 관계없는 상황에서도 일어날 수 있다. 경련은 몇 초 동안 지속되는 정도가 약한 것에서부터 몇 분 동안 지속되는 심한 경련에 이르기까지 다양하며, 몸 전체에 일어나는 경련과 얼굴, 팔, 다리, 상체 등에 부분적으로 경련을 일으키기도 한다.

경련을 유발하는 가장 일반적인 원인은 인플루엔자와 같은 바이러스 감염에 의한 체온 상승, 뇌막염 등의 뇌의 이상, 혈액 내 화학성분의 변화, 감정적 변화,

알레르기 등이다. 가장 흔한 경련의 유형은 열성 경련으로 생후 6개월부터 8세 사이에 영유아들에게 흔히 생기나, 6개월 이전과 8세 이후에는 거의 생기지 않는다. 열성 경련이 생기면 갑자기 의식을 잃고, 눈을 홉뜨며, 이를 악물고, 입에 거품을 품기도 한다. 호흡 곤란을 일으키며 안색이 창백해지고, 입술이 푸르스름해지면서 팔과 다리 사이에 강직 또는 이완성 경련이 생기어 팔다리를 흔들거나 오므렸다 폈다 한다. 경련은 몸이 뻣뻣하게 굳는 것으로 시작되어 마침내 의식을 잃게 된다. 경련을 일으킬 때 응급처치의 목적은 경련을 멈추게 하는 것이 아니라 영유아가 경련 중에 상처를 입지 않도록 하는 것이다. 경련하는 영유아를 위한 응급처치 방법은 다음과 같다.

① 영유아를 혼자 내버려 두지 말고 함께 있어야 한다.
② 넓은 공간에 영유아를 눕혀 놓고 주변에 있는 물건이 부딪치지 않도록 하며, 위험한 장소가 아닌 이상 영유아를 옮기지 말고 엉덩이를 높게 하고 차가운 물수건을 대고 그 자리에 그대로 둔다.
③ 머리 밑에 베게나 둘둘 말은 이불 등을 놓아 충격에서 머리를 보호하며, 경련 중에는 영유아가 혀를 깨물기 쉬우므로 치아 사이에 수건을 말아 끼운다.
④ 경련을 하는 동안에는 오래 붙잡는다든지 행동을 강제로 억제하지 말아야 하며 마실 것을 주지 않는다.
⑤ 경련이 10분 이상 지속되면 구조대나 응급실에 도움을 요청한다.
⑥ 일반적으로 영유아는 경련을 멈춘 후 수면을 취하게 되며 경련 시 있었던 일에 대하여 기억하지 못한다. 영유아의 부모님에게 알려 원인을 치료하도록 한다.

13) 급체했을 때

소화기관이 튼튼한 사람일지라도 일생에 몇 번은 급체의 경험을 가질 수 있다. 증세는 혈액순환이 안 되어 안색이 창백하고, 어지러우며, 가슴이 답답하다. 때로는 머리가 몹시 아프고 구토를 일으킨다. 손발이 차가워지면서 쓰러지는 경우도 있다. 이러한 경우 민간요법에서는 손끝을 바늘로 찔러서 피를 짜내거나, 급소경혈을 찾아 지압과 안마를 해주고, 한의사는 침과 응급약을 처방하며, 약국에서는 진통제가 섞인 소화제를 처방한다. 이상의 갖가지 좋은 처방을 다 적용해도 낫지 않는 경우, 마지막 방법으로 진통시키는 주사를 맞는 수밖에 없다.

또한 관장을 해주면 아주 시원스럽게 고통을 면할 수가 있다. 약이나 민간요법으로 해결될 수 있는 경우는 평상시 건강하던 사람이 기후 관계로나, 스트레스 또는 잘못된 식사로 관격(대소변을 보지 못하는 것과 구토가 멎지 않는 것이 동시에 나타나는 병증)이 되었을 때이다. 체질적으로 이러한 고통스런 사건이 잘 일어나는 경우는 대부분 장운동이 잘 되지 않아 먹은 음식을 내려 보내지 못하기 때문에 관장으로 대장에 다량(1리터 정도)의 물을 주입하면 장운동이 급히 촉진되면서 대장 속에 차 있는 대변이 배출되고 한줄에 달린 위장도 따라 움직여 위장에 정체된 음식이 따라 내려가게 된다.

급체로 두통과 현기증이 심하고 고통스러울 때 관장을 하는 것은 증세 호전에는 도움이 안 되나 약물의 부작용으로 고생하는 일은 없을 것이다. 근본적인 치료는 식사 때에 영양의 균형을 맞추어 단순하고 싱겁고 부드럽게 잘 씹어 먹으면서 운동을 하는 것이다.

14) 탈수

수분은 영양분을 각 기관에 보내고 신진대사를 원활히 하고 불순물을 몸 밖으로 내보내기 위하여 꼭 필요하다. 탈수증은 섭취한 수분의 양에 비하여 배출량이 많을 때 일어난다. 구토, 설사, 고열로 인하여 체내의 수분을 빼앗기고 보충해 주지 못했을 때, 격렬한 운동으로 땀이 많이 배설했거나 이뇨제 복용에 의하여 오줌을 자주 누었을 때도 탈수증이 나타난다. 탈수는 매우 위험하여 이미 진행된 상태에서는 뇌의 손상과 사망에 이를 수도 있으므로 즉시 응급실로 가야 한다. 탈수증의 증상으로는 다음을 들 수 있다.

① 입과 입술이 마르고 피부가 건조해진다.
② 혼수상태에 빠진다.
③ 저혈압과 근육마비가 일어난다.
④ 오줌이 짙은 노란색이며, 8~12시간 동안 오줌을 누지 않는다.
⑤ 18개월 미만의 영아는 숫구멍이 움푹하게 들어간다.

탈수증이라고 생각될 때는 다음과 같이 대처한다.

① 즉시 물을 먹인다. 보리차나 경구용 전해질 용액을 먹인다. 소량씩 자주 먹게 하며, 우유나 원액 주스를 먹여서는 안 된다. 얼음덩어리를 입에 넣어 주어 녹여 먹도록 하는 것도 한 방법이다.
② 수분이 배설될 때는 미네랄도 함께 빠져나가므로 소금물을 먹게 한다.
③ 열이 높거나 설사나 구토를 한 다음에는 체온을 재고 찬물에 적신 수건으로 온몸을 닦아 주며 수분을 섭취하게 한다.
④ 영아의 경우, 모유는 먹여도 되지만 평소 우유를 먹고 있었다 해도 우유를 먹이지 말고 6시간 정도는 물만 먹게 한다.

15) 독극물을 먹거나 마셨을 때

영유아들은 색이 고운 세제나 알약, 성인이 실수로 음료수 병에 넣어 둔 농약이나 세제 등의 독극물을 잘못 알고 먹는 경우가 있다. 영유아의 주위에 독극물의 병이 빈 채로 놓여 있거나 영유아의 입 주위에 독극물이 묻어 있을 때, 또는 의식을 잃고 쓰러져 있는 영유아의 손에 독극물의 병이나 독극물의 일부분이 쥐어져 있다면 그 영유아가 독극물을 먹은 것으로 추정해 볼 수 있다. 이러한 경우의 응급처치는 다음과 같다.

① 영유아가 독극물을 먹었거나 먹었다고 의심이 되는 상황에서 영유아가 의식이 있을 경우, 제일 먼저 해야 할 일은 어떤 종류의 독극물을 먹었는지 알아내는 일이다. 즉, 영유아로 하여금 무엇을 먹었는지를 의식을 잃기 전

에 말하게 하거나 가리켜 보게 한다.

② 그다음 119구조대나 가까운 병원의 응급실로 전화를 해 영유아가 먹었거나 먹었을 것으로 추정되는 독극물의 종류를 말하고 적절한 응급처치법을 도움 받는다.

③ 영유아들이 먹은 독극물은 크게 표백제, 제초제 등의 부식성 독극물과 일반 독극물로 나눌 수 있다. 부식성 독극물은 강산, 강알칼리, 휘발유 등의 성분을 함유하고 있는 것으로 식도 등 내장기관의 조직을 손상시킨다. 따라서 이러한 종류의 독극물을 먹은 경우 절대로 토하게 해서는 안 되며, 가능한 한 빨리 병원으로 데리고 가야 한다.

④ 일반 독극물을 먹은 것이 확실한 경우에는 우선 전화로 119 구급대나 병원 응급실 독극물 중독치료 담당의사 등의 도움을 얻어 이페칵 시럽이나 소금물 등을 먹여 토하게 한 다음 병원으로 데리고 갈 수 있다.

⑤ 영유아가 독극물을 먹은 것으로 추정은 되나 영유아의 의식이 없을 때에는 119 구급대를 부르거나, 가장 가까운 종합병원의 응급실로 데리고 가야 한다. 병원까지 가는 동안 영유아를 회복자세로 눕히고 호흡의 여부 및 의식을 잃은 상태의 정도 등을 계속적으로 지켜보아야 한다. 필요하면 인공호흡을 실시해야 한다.

⑥ 영유아가 먹었거나 먹었을 것으로 간주되는 독극물의 잔여분을 챙겨 두는 것도 중요한 일이다. 잔여분이 없을 때는 빈 병이라도 챙겨 두면 진단 및 치료 시에 도움이 될 수 있기 때문이다.

제 10 장

영유아 건강교육을 위한 환경 구성

본 장에서는 영유아 건강교육을 위한 환경 구성에 기본이 되는 건강 관련 정책을 검토하고 영유아의 건강생활을 둘러싼 환경 구조에 대해 살펴보았다. 또한 영유아의 건강교육 환경 구성을 위해 고려해야 할 요소에 대해 알아보고 영유아 건강교육을 위한 환경 구성에 대해 소개하였다. 교사는 영유아에게 적절한 건강교육 환경을 제공함으로써 영유아의 건강을 향상시킬 수 있으며 영유아 스스로 건강에 대한 올바른 정보와 생활 방식을 습득할 수 있도록 도와줄 수 있다.

영유아들이 영유아교육기관에서 생활하는 시간이 길어짐에 따라 영유아의 건강을 위한 환경 구성은 교사의 관심과 노력이 요구되는 중요한 부분이 되었다. 교사는 영유아의 건강교육을 위한 다양한 활동을 제공할 뿐만 아니라 영유아들이 안전하게 생활할 수 있는 환경을 제공하기 위하여 다양한 노력을 기울여야 한다. 안전하고 건강한 환경은 영유아의 지적 발달을 자극하고 사회·정서적인 안정감을 제공해 줄 수 있으며, 영유아의 건강교육의 출발점이 된다.

유치원 교육과정의 신체운동·건강생활 영역에서는 유아가 자신의 신체를 긍정적으로 인식하고 생활에 필요한 기초 체력을 기르며, 건강하고 안전한 생활습관을 형성하는 것에 주안점을 두고 건강교육을 강화할 필요가 있음을 강조하였다(교육부, 보건복지부, 2019). 최근 발표된 3~5세 연령별 해설서(교육부, 보건복지부, 2019)에서도 '유아가 다양한 신체활동에 즐겁게 참여하고, 청결과 위생, 즐거운 식사, 적당한 휴식을 통해 건강한 생활습관을 기르며, 일상에서 안전하게 생활하는 방법을 배우고 실천하는 것'을 누리과정의 목표 중 하나로 제시하고 있다. 즉, 유아기가 평생 동안 지속될 기본적인 생활습관이 형성되는 시기임을 강조하면서 누리과정을 통해 건강하고 안전한 생활에 필요한 지식, 기능, 태도를 익힐 수 있는 충분한 기회를 제공할 것을 강조하고 있다.

영유아 건강교육은 영유아를 위한 건강한 교육환경을 구성해 주는 것에서 출발한다. 영유아교육기관은 영유아의 기본적인 건강과 안전을 보장할 수 있는 환경을 갖추고 있어야 하며, 영유아의 발달적 욕구를 고려한 환경을 제공해 주어야 한다. 또한 현대사회의 환경변화로 인하여 심리적인 문제, 정서적 결함, 신체적 어려움을 포함한 여러 가지 위험에 처한 영유아의 수가 점차 늘어나고 있다. 교사는 가난이나 폭력과 같은 심각한 사회적 문제로 인해 영유아가 겪게 되는 고통을 감소시켜 주고 영유아가 타고난 잠재성을 계발할 수 있도록 도와주어야 한다. 또한 심각한 신체적, 심리적 건강문제와 인지적인 문제를 지닌 영유아의 발달적 욕구를 채워 주기 위한 건강·안전·영양에 대한 총체적 접근이 필요하다.

01 영유아 건강교육을 위한 정책

모든 영유아는 건강하게 태어나 건강하게 자라고, 안전한 가정 및 사회생활을 영위할 권리가 있다. 영유아의 권리에 대한 국제협약 제6조에서는 모든 영유아들이 생존권과 보호권을 갖고 있음을 강조하면서 영유아의 보호에 책임 있는 기관 및 시설은 영유아의 안전과 위생에 관한 기준에 따라 영유아의 건강과 안전을 보장해야 함을 규정하고 있다. 이에 따라 해당 정부부처에서는 영유아의 건강을 위한 정책을 마련하고 유치원과 어린이집에 요구되는 법규 및 규정을 제시하고 있다. 영유아 건강과 관련한 정책은 영유아의 건강과 복지를 확신하기 위하여 영유아교육기관을 지원·감독하기 위해 마련된 체계이다. 건강과 관련한 정책은 영유아교육기관에서 신체적 건강이나 정신적 건강에 위험이 발생할 경우, 이를 다룰 수 있도록 교사를 도와주며, 영유아의 건강교육 환경을 향상시키는 데 중요한 역할을 하고 있다.

아동복지법에서는 영유아의 안전·건강 및 복지 증진을 위하여 영유아와 그 보호자 및 가정을 지원하기 위한 정책을 수립·시행하여야 한다고 규정하고 있다(아동복지법 시행령 제4조). 보건복지부 장관은 5년마다 영유아의 양육 및 생활환경, 언어 및 인지발달, 정서적·신체적 건강, 영유아 안전, 영유아 학대 등 영유아의 종합실태를 조사하여 그 결과를 공포하도록 명시해 놓고 있다. 제28조 제1항과 관련하여 별표 3에서는 어린이집 및 유치원의 장은 교통안전, 실종·유괴의 예방과 방지, 감염병 및 약물오남용 예방 등 보건위생관리 교육, 재난대비 안전 및 성폭력 예방교육을 실시해야 할 것을 법규화하여 제시하고 있다. 아동복지법에 제시된 영유아의 안전 관련 교육기준의 구체적인 내용은 〈표 10-1〉에 자세히 제시하였다.

〈표 10-1〉 영유아 안전 관련 교육기준

구분	실시주기 (총시간)	교육내용
성폭력 및 아동학대 예방 교육	6개월에 1회 이상 (연간 8시간 이상)	1. 내 몸의 소중함 2. 내 몸의 정확한 명칭 3. 좋은 느낌과 싫은 느낌 4. 성폭력 예방법과 대처법
실종·유괴의 예방·방지 교육	3개월에 1회 이상 (연간 10시간 이상)	1. 길을 잃을 수 있는 상황 이해하기 2. 미아 및 유괴 발생 시 대처방법 3. 유괴범에 대한 개념 4. 유인·유괴 행동에 대한 이해 및 유괴 예방법
감염병 및 약물의 오용·남용 예방 교육 등 보건위생 관리교육	3개월에 1회 이상 (연간 10시간 이상)	1. 감염병 예방을 위한 개인위생 실천 습관 2. 예방접종의 이해 3. 몸에 해로운 약물 위험성 알기 4. 생활 주변의 해로운 약물·화학제품 그림으로 구별하기 5. 모르면 먼저 어른에게 물어보기 6. 가정용 화학제품 만지거나 먹지 않기 7. 어린이 약도 함부로 많이 먹지 않기
재난대비 안전 교육	6개월에 1회 이상 (연간 6시간 이상)	1. 화재의 원인과 예방법 2. 뜨거운 물건 이해하기 3. 옷에 불이 붙었을 때 대처법 4. 화재 시 대처법 5. 자연재난의 개념과 안전한 행동 알기
교통안전 교육	2개월에 1회 이상 (연간 10시간 이상)	1. 차도, 보도 및 신호등의 의미 알기 2. 안전한 도로횡단법 3. 안전한 통학버스 이용법 4. 날씨와 보행안전 5. 어른과 손잡고 걷기

출처: 아동복지법 시행령 제28조 [별표 6] 〈개정 2018. 3. 6〉

1) 유아교육법 및 관련 규정

유아교육법 제3조에 보호자와 더불어 유아를 건전하게 교육할 국가 및 지방자치단체의 책임을 강조하면서 제17조에는 건강검진 및 급식에 관한 규정을 제시하고 있다. 이에 따르면, 유아에 대한 건강검진을 실시하고, 그 결과 치료가 필요한 유아에게는 보호자와 협의하여 필요한 조치를 하여야 할 것을 강조하고 있다. 또한 해당 유치원의 유아에게 적합한 급식을 제공하여야 함을 규정하고 있다. 특히 건강검진의 실시 시기 및 그 결과의 처리에 관한 사항과 급식 시설·설비기준 등에 관한 사항은 교육부령으로 정하여 이를 준수할 것을 강조하고 있다.

교육부(2015)에서는 「유치원 시설안전관리 매뉴얼」을 제작·보급하여 자구 능력이 부족한 유아들을 수용하고 있는 유치원의 실내·외 환경에서 발생 가능한 안전사고, 화재 등 인위적 재난을 사전에 예방하여 인명피해를 줄이고, 안정적인 교육활동이 이루어지도록 지원하고 있다. 또한 적절한 급식 환경조성을 위해 규모별 시설·설비기준 등을 주된 내용으로 하는 「유아교육법 시행규칙」(법무부, 2013)을 개정하여 제시하고 있다. 유치원 급식에 보편적으로 사용할 수 있는 위생·영양관리기준은 『유치원급식운영관리지침서』(교육부, 2017)를 제작·보급하여 안내하고 있다. 2006년에는 「도로교통법」에 일부 개정하여 제51조, 제52조, 제53조 등에서 유치원을 비롯하여 어린이집 및 기타 학원에서 운행되는 어린이통합버스에 관한 규칙을 명시하였다. 특히 2020년 새로 추가된 어린이 통합버스의 운영자 등에 대한 안전교육 등에 관한 규정을 강화하였다. 2011년에는 어린이 건강증진에 기여하기 위한 목적을 가지고 어린이 식생활안전관리 특별법을 제정하여 어린이들이 올바른 식생활 습관을 갖도록 지도하고 안전하고 영양을 고루 갖춘 식품을 제공하는 데 필요한 규정을 밝히고 있다. 또한 2018년 「식품위생법」을 일부 개정하여 집단급식소에 대한 규정을 구체화하여 제시하였다.

2) 영유아보육법 및 관련 규정

영유아보육법(2011)에서는 제1조에 영유아보육법의 목적을 영유아의 심신을 보호하고 건전하게 교육하여 건강한 사회 구성원으로 육성하는 것을 우선적으로 제시하고 있다. 즉, 영유아보육법에서는 영유아를 건강하고 안전하게 보호·양육하고 영유아의 발달 특성에 맞는 교육을 제공하는 어린이집 및 가정양육 지원에 관한 사회복지서비스를 보육이라고 정의하면서 영유아의 건강과 안전을 강조하고 있다. 제3조 2항에서는 영유아가 안전하고 쾌적한 환경에서 건강하게 성장할 수 있도록 할 것을 보육 이념으로 명시하고 있다. 또한 제4조에서는 모든 국민, 국가와 지방자치단체가 보호자와 함께 영유아를 건전하게 보육할 책임을 명시하고 있다. 특히 영유아보육법 제5장에서는 영유아의 건강·영양 및 안전에 관하여 집중적으로 언급하고 있으며, 제31조에서 33조에 걸쳐 건강관리와 응급조치에서 급식 관리에 이르는 건강·영양 및 안전에 대한 내용을 다루고 있다. 건강검진과 급식 관리 등에 대한 사항은 보건복지부령으로 정하여 이를 준수할 것을 강조하고 있다. 또한 영유아보육법 시행규칙 별표 8에 어린이집 안전관리와 관련하여 시설의 안전점검과 놀이시설물 점검 등을 의무화하고 있다. 영유아에게 질병·사고 또는 재해 등으로 인하여 위급 상태가 발생한 경우 즉시 응급의료기관에 이송하도록 규정하고 있다. 어린이집 상호 간의 협동조직을 통하여 어린이집의 안전사고 예방 및 이로 인한 피해 보상을 위하여 보건복지부장관의 허가를 받아 어린이집 안전공제사업을 할 수 있도록 규정하고 있다.

「국민건강보험법」 제52조, 같은 법 시행령 제25조의 규정 및 「의료급여법」 제14조의 규정에 따른 '영유아건강검진실시기준'을 통하여 영유아의 건강증진을 도모하고 건강한 미래 인적자본으로의 성장을 지원하도록 규정하고 있다. 영유아의 구강건강진단에 관한 구강보건법을 규정하여 건강진단 시 어린이집 원장이 구강진단을 생후 18개월과 5세에 실시하도록 규정하고 있다. 또한 어린이집 원장은 영유아에게 보건복지부령으로 정하는 바에 따라 균형 있고 위생적이며 안전한 급식을 제공할 것을 강조하고 있다.

아동복지법 제9조와 17조에서는 영유아의 건강 및 안전과 영유아전용시설의 설치에 관한 조항을 명시하고 있으며 아동복지법시행령에서 영유아복지시설 및 영유아용품의 안전기준을 제시하고 있다. 특히 실외공간의 경우, 놀이시설, 바닥, 울타리 및 담 등을 점검하여야 함을 강조하고 있다.

3) 기타 관련 자료

교육부와 보건복지부 등에서는 영유아의 건강·안전·영양을 위하여 관리 지침서와 매뉴얼 등 다양한 자료집을 제작하여 보급하고 있으며, 이러한 자료들은 영유아 건강교육환경을 구성하는 데 유용하게 활용될 수 있다(〈표 10-2〉 참조).

〈표 10-2〉 영유아 건강·안전·영양과 관련한 자료

발행 기관(발행 연도)	발행 자료집
교육부(2017)	유치원 급·간식 운영관리 지침서
교육부(2017)	유치원 급식 운영관리 지침서
교육부(2016)	유아 감염병 예방 위기대응 매뉴얼
교육부(2015)	2015 유치원 시설안전관리 매뉴얼
교육부(2015)	유치원 안전점검 체크리스트
교육부(2015)	건강·안전관리 길라잡이
보건복지부(2020)	어린이집 통합 안전점검표(안전분야, 차량분야)
보건복지부(2020)	어린이집 통합 안전점검표(급식분야)
보건복지부(2019)	영유아 건강검진 실시기준
보건복지부(2019)	어린이집용 고농도 미세먼지 대응 매뉴얼
환경부(2011)	보육시설·아동복지시설 실내공기질 관리 매뉴얼
식품의약품안전처(2019)	어린이집·유치원 식중독 예방 관리 매뉴얼(시설운영자용)
어린이집 안전공제회(2019)	어린이집 안전관리백과

02 영유아 건강교육을 위한 환경의 구조

영유아의 건강교육을 위한 환경 구성을 위하여 영유아의 건강·안전·영양과 관련한 총체적인 환경의 구조를 이해하여야 한다. 영유아의 건강·안전·영양을 고려한 총체적 환경은 영유아의 건강뿐만 아니라 영유아의 성장과 전인적인 발달에 중요한 부분을 차지한다. 따라서 총체적 환경의 개념은 영유아교육기관에 다니는 모든 영유아의 건강교육 환경을 이해하기 위해 필수적으로 요구되는 내용이다.

영유아의 건강교육을 위한 총체적 환경은 영유아를 둘러싼 모든 조건이나 상황 그리고 영유아에게 영향을 미치는 물리적, 사회·정서적, 경제적, 문화적 환경을 포함한다. 영유아 건강교육 환경의 구조를 총체적으로 이해하기 위해서는 생태학적 관점에 기초하여 영유아의 건강교육을 둘러싼 복잡한 환경 구조를 구체적으로 살펴보아야 한다(Sayre & Gallagner, 2001). 총체적 관점에서 영유아의 환경을 이해하는 것은 영유아의 건강·안전·영양을 위협하는 여러 가지 요소들을 파악하는 데 도움이 된다. 영유아의 발달에 적합하지 않은 부정적 환경은 영유아의 건강과 안전을 위협할 수 있다. 따라서 영유아의 건강·안전·영양을 고려한 총체적 환경구조는 교사가 영유아의 건강·안전·영양을 위한 환경을 구성하는 데 많은 도움을 줄 수 있다.

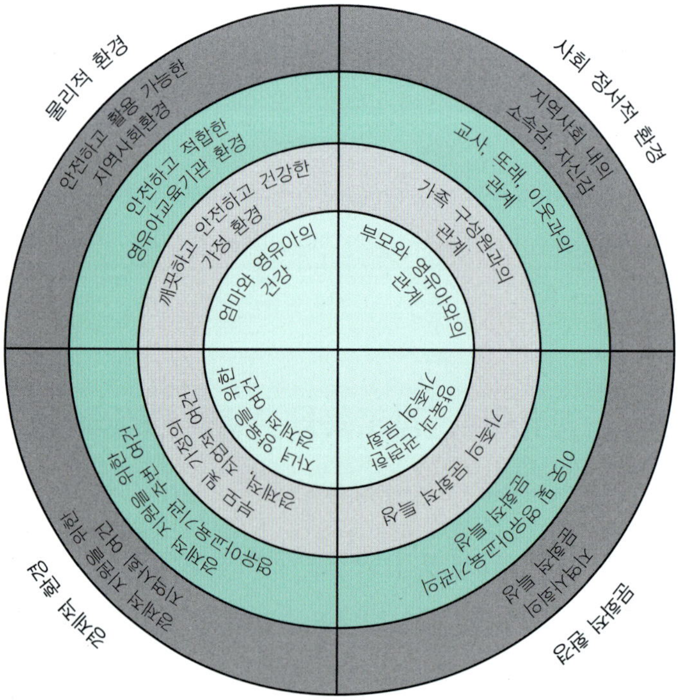

〈그림 10-1〉 영유아 건강교육을 위한 총체적 환경 구조(Sayre & Gallagner, 2001)

1) 물리적 환경

영유아의 건강생활을 위한 물리적 환경은 어머니의 태내에서 시작된다. 임신 중 적절한 지원과 영양을 공급받을 경우, 출산 시 경험하는 여러 가지 문제를 최소화할 수 있으며, 영유아는 출생 후에도 건강한 삶을 이어가게 된다. 그러나 임신 중 산모가 적절한 관리를 받지 못한 경우, 저체중이나 다른 신체적인 문제를 가진 자녀를 출산할 가능성이 높아지며, 이는 이후 영유아의 건강에도 결정적인 영향을 미치게 된다.

물리적 환경을 구성하는 또 다른 요소는 유전이다. 영유아의 체형, 기질, 타고난 질병 등과 유전적인 요인은 영유아의 건강과 영양에 핵심적인 역할을 한다. 적절한 영양 공급과 건강한 생활환경을 통하여 영유아가 타고난 유전적인 건강상의 문제를 최소화할 수 있으며, 경우에 따라서는 이를 제거할 수도 있다.

이와 같이 다양한 물리적 환경을 지닌 영유아가 영유아교육기관에 함께 다니게 된다. 건강한 물리적 환경에서 자라난 영유아를 유해한 환경으로부터 보호하여야 하며 영유아의 건강상태를 유지할 수 있도록 돕는 것이 교사의 중요한 역할이다. 반면 타고난 질병이 있거나 건강하지 못한 물리적 환경에서 자라난 영유아의 경우에 영유아교육기관에서 적절한 보호를 제공할 수 있다면, 영유아의 문제 행동이나 적응에 긍정적인 영향을 미칠 수 있다. 총체적 접근에 기초하여 영유아의 물리적 환경을 이해하는 것은 영유아의 건강·안전·영양에 필요한 환경을 구성하는 데 적절한 정보를 제공해 줄 수 있다.

2) 사회·정서적 환경

영유아의 정신 건강과 행복한 생활을 위한 사회·정서적 환경은 영유아의 건강에 있어 매우 중요한 환경이다. 영유아의 사회·정서적 환경은 어머니와 영유아 간의 관계에서 시작된다. 영유아가 자라남에 따라 영유아의 사회·정서적 환경은 가족, 이웃, 교사, 또래, 지역사회를 포함한 보다 넓은 의미의 사회·정서적 관계로 확장되어 간다. 영유아가 부모와 안정된 애착관계를 형성할 경우, 행복하고 건강한 유아로 자라나게 된다. 그러나 영유아가 부모와 안정된 애착을 형성하지 못할 경우 많은 사회·정서적 문제를 경험할 위험이 커진다.

영유아교육기관에서 교사의 일관성 있는 태도와 정서적인 지원은 영유아의 건강한 발달과 직접적으로 관련이 있다. 교사는 영유아와 적절한 관계를 유지하여야 하며, 영유아를 주의 깊게 관찰하며 영유아의 요구에 매우 민감하게 반응하여야 한다. 교사가 영유아에게 미치는 자신의 역할이 무엇인지를 잘 알고 있을 때, 영유아가 사회·정서적으로 잘 적응할 수 있는 사회·정서적 환경을 적절히 구성할 수 있으며 영유아의 발달을 적절히 지원할 수 있다. 또한 교사는 영유아가 가정환경을 보다 안정되고 건강하게 느낄 수 있도록 각 가정에 필요한 전략을 제공해 주어야 한다.

또래관계는 영유아의 사회적, 정서적 건강과 매우 깊은 관련이 있다. 새로운 환경에 직면하는 능력이나 영유아가 스스로 자존감과 자신감을 갖는 것은 또래와 상호작용하는 방식에 영향을 미치게 된다. 교사는 영유아를 세심하게 관찰함으로써 또래 간 상호작용의 특성을 이해하여야 한다. 영유아의 사회·정서적 건강은 영유아가 지역사회의 일원으로 성장하고 발달해 가는 데 필요한 기본 여건을 마련해 준다. 따라서 교사는 영유아기에 적절한 정서적 개입을 통하여 적응에 어려움을 지닌 영유아에게 보다 안정된 환경을 제공해 주기 위해 지속적인 노력을 기울여야 한다.

3) 경제적 환경

영유아를 둘러싼 경제적 환경은 가정의 경제적 여건을 비롯하여 부모의 직장, 이웃사회, 지역사회 및 국가의 경제적 환경을 포함한다. 가정경제의 어려움은 영유아의 건강 및 영양과 매우 직접적이고 밀접한 관련을 지니고 있다. 뿐만 아니라 가정경제는 영유아의 정서나 행동에도 영향을 미친다. 경제적 결핍은 부적절한 영양공급으로 이어지며, 적절한 진료나 치료를 지연시키거나 부모의 적절한 관심을 제한하게 된다.

경제적 환경은 유아교육 및 보육 환경의 질에도 영향을 미친다. 영유아교육기관의 환경이 열악한 경우, 영유아에게 적절한 예방적 보호를 제공하지 못하게 되거나 적절한 성장과 건강한 발달에 필요한 여건을 충분히 제공하지 못하게 된다. 뿐만 아니라 경제적 어려움은 유해한 환경으로부터 영유아를 보호하는 데 많은 장애가 된다.

4) 문화적 환경

문화적 환경은 가족, 이웃, 지역사회의 신념과 양육방식을 포함한다. 식습관이나 생활방식 등과 같은 문화적 환경이 영유아의 건강에 미치는 영향은 매우 강력하다. 특히 가정의 문화적 환경은 영유아의 건강에 있어 매우 중요한 부분을 차지한다. 예를 들면, 출산 후 자녀에 대한 건강관리나 수유 및 이유 방식에 있어서 문화적 차이가 존재하며 이는 궁극적으로 영유아의 건강에 결정적인 영향을 미치게 된다. 가족구성원의 건강에 대한 태도도 가족 문화에 의해 특징지어진다. 교사는 각 가정의 문화적 특성을 이해하고 존중하여야 하며, 각 가정에서 자녀를 양육하는 방식이나 교육방식에 대해 민감하게 반응하여야 한다. 가정의 문화적 특성이 영유아의 건강에 부정적인 영향을 미칠 가능성이 있는 경우, 문화적 가치와 더불어 영유아의 법적인 권리를 고려하여야 한다.

최근 다문화가정의 증가와 함께 다양한 문화적 전통과 가치를 지닌 가족 구성원들 간에 가정 내 문화적 갈등이 존재하며 이러한 갈등이 지역사회의 갈등으로 확산되기도 한다. 뿐만 아니라 문화적 환경과 경제적 환경으로 인해 발생하는 어려움은 대부분 동시에 발생하며 이는 영유아의 건강과 안전을 해치는 사회적인 문제가 되기도 한다. 문화적 어려움과 경제적 어려움이 동시에 존재하는 저소득층 다문화가정의 영유아는 사회적, 정서적, 행동적 문제와 더불어 인지적 문제를 지닐 가능성도 높으므로 특별한 관심이 요구된다.

교사는 각 학급의 영유아가 지닌 가족문화의 다양성을 인정하고 이해할 필요가 있다. 다양한 문화에 대해 개방적인 교사의 태도는 다양한 문화적 환경에서 자라난 영유아 및 이들 부모의 건강과 안전에 대한 적절한 정보를 주고받을 수 있도록 도와준다. 개별 영유아의 문화적 다양성을 이해할 때, 교사는 영유아의 건강이나 영양 상태에 대해 보다 더 잘 이해할 수 있으며 영유아의 건강·안전·영양을 위해 적절히 대응할 수 있다.

03 영유아 건강교육의 환경 구성을 위해 고려할 요소

교사는 영유아가 자신의 무한한 가능성을 가지고 성장할 수 있도록 건강한 주변 환경을 구성하고 이를 관리하여야 하며, 영유아의 상해 방지를 위하여 안전한 환경을 유지해 주어야 한다. 영유아의 발달에 적절하고 안전하며 영유아에게 보호적이고 예방적인 환경을 제공해 주는 것은 영유아 건강교육의 필수적 요소이다. 이를 위해 교사는 무엇보다도 영유아의 건강교육을 위한 환경 구성에 요구되는 주요 요소들을 파악할 필요가 있다. 교사는 영유아의 특성, 가정환경 특성, 영유아교육기관의 환경 특성, 그리고 영유아와 기관을 둘러싸고 있는 지역사회 특성 등을 고려하여 영유아 건강교육의 환경을 구성하여야 한다. 영유아 건강교육을 위한 교육과정은 이러한 환경적 요소를 고려하여 계획되고 운영되어야 한다.

1) 영유아의 특성

영유아의 건강교육 환경을 구성하는 데 가장 중요한 것은 영유아의 특성이다. 무엇보다도 영유아의 연령에 따른 발달적 특성을 고려하여야 한다.

Olds(2001)는 영유아의 발달적 요구에 적합한 환경을 영유아의 움직임을 촉진하는 환경, 영유아에게 심리적인 안정을 주는 환경, 자신의 유능감을 발현할 수 있는 환경, 그리고 스스로 통제하고 조절할 수 있는 환경으로 나누어 설명하였다. 영유아의 건강한 발달을 위한 환경은 영유아 스스로 자유롭게 움직이면서 안전하게 자신의 능력과 한계를 탐색하고 심리적인 안정감을 주는 환경 속에서 자연스러운 상호작용을 이끌어 낼 수 있는 환경이어야 한다. 또한 영유아 스스로 자신의 유능감과 자기통제 능력을 점검할 수 있도록 사물을 적절히 배치하여 영유아 스스로 탐색하고 실험하고 조절할 수 있는 기회를 제공해 주는 환경구조 속에서 영유아의 자발적 활동을 촉진할 수 있어야 한다.

(1) 신생아기 영아의 특성

신생아기는 소근육보다는 대근육이 발달하는 시기이기 때문에 교사는 영아의 안전사고를 줄이기 위해 다양한 보호 장치나 예방책을 마련하여야 한다. 운동능력의 발달과 더불어 안전사고의 위험이 점차 증가하게 되므로 이 시기 영아에게 있어서 안전장치의 필요성이 강조된다. 특히 이 시기는 감각운동기에 해당하는 시기로 영아는 감각기관을 통해 주변세계와 상호작용한다. 따라서 이 시기 영아는 눈에 띄는 모든 물체를 집어서 입으로 가져가므로 유해한 물품이나 약물들은 영아의 손이 닿지 않는 곳에 보관하고 각별한 주의를 기울여 환경을 구성하여야 한다.

(2) 걸음마기 영아의 특성

걸음마기 영아의 경우 이동이 용이해짐으로 인해 이전 발달단계에서의 예방 및 방지책이 더 이상 적절하지 않게 된다. 또한 조작적 능력이 발달하고 감각운동능력이 발달하게 됨에 따라 더 많은 안전사고에 대비할 필요가 있다. 이 시기는 운동능력의 발달은 급속히 이루어지나 인지능력의 발달은 아직 제한적이기 때문에 안전사고의 위험성이 매우 높으므로 가까이서 영아를 보호하고 관리할 필요가 있으며 교사의 지속적인 관심이 필요하다. 따라서 걸음마기 영아의 발달에 적절한 안전장치는 필수적이며, 특히 모든 유해 물질은 영아의 손이 닿지 않는 곳에 적절히 관리·보관하여야 한다.

(3) 유아기의 특성

유아기는 대근육과 소근육의 발달이 완성되는 시기이며, 대부분의 신체적 과제를 적절히 수행할 수 있게 된다. 이 시기 유아의 인지능력은 전조작기의 단계로 사고과정에 있어 여러 가지 제한성이 나타나게 된다. 이러한 제한성으로 인해 유아는 자신의 관점에서 주변 환경을 인식하게 되며 이로 인해 주변 환경에 존재하는 많은 위험요소를 인식하지 못한다. 예를 들면, 유아들은 자기가 좋아하는 만화나 이야기 속의 등장인물이 그랬던 것처럼 놀이터의 정글짐 꼭대기에서 뛰어내리려고 시도할 것이다. 이와 같이 유아는 자신의 행동이 초래할 결과에 대해 적절히 사고할 수 있는 능력을 가지고 있지 못하기 때문에 유아기는 안전사고의 위험이 가장 큰 시기이다.

그러나 유아기는 건강교육의 내용이 가장 잘 흡수될 수 있는 시기이기도 하다. 적절한 건강교육이 실시될 경우, 유아는 자신의 주변에서 발생할 수 있는 안전사고의 위험 가능성을 이해할 수 있을 뿐만 아니라 자신의 행동을 적절히 통제하고 수정하려는 노력을 기울일 수 있다. 따라서 이 시기는 다양한 활동을 통한 건강교육이 효과적으로 이루어질 수 있는 시기이다. 이전 발달단계에서 요구되어졌던 안전장치와 같은 기구의 필요성은 감소하게 되나 유아기에도 여전히 교사의 관리·감독이 절실히 요구된다.

2) 가정환경 특성

영유아의 가정환경 또한 영유아의 안전교육을 위한 중요한 환경이다. 만약 영유아의 가정환경이 신체적, 심리적으로 안전하지 못하다면, 영유아교육기관 내에서의 생활이나 교사와의 관계에서도 같은 어려움을 겪게 된다. 안전한 가정환경에서 자유롭고 안전한 탐색을 통하여 주변 환경에 친숙해지게 된 영유아는 영유아교육기관에서도 자유롭고 안전하게 환경을 탐색할 수 있다. 교사는 영유아에게 영유아교육기관 내 주변 환경에 관련한 안전 규칙과 행동 수칙을 가르침으로써 안전하고 자유로운 탐색을 경험할 수 있도록 지원하여야 한다.

신체적, 심리적으로 안전하지 못한 환경에서 자라난 영유아가 영유아교육기관에 참여하게 될 경우, 보다 주의 깊은 배려가 요구된다. 인간의 가장 중요하고 기본적인 욕구는 안전한 의·식·주의 확보에 있다. 이러한 기본적인 욕구가 충족될 때, 신체적, 심리적 안전을 위한 욕구가 충족되어질 수 있다. 경제적으로 어려움을 겪는 가정의 경우, 영유아의 기본적인 욕구를 충족시키기 위한 신체적, 심리적 안전에 많은 주의를 기울이지 못할 수 있다. 이러한 가정에서 자라난 영유아의 경우, 교사가 제공하는 안전에 대한 역할 모델이나 안전을 위한 환경 구성이 매우 중요한 의미를 지니게 된다. 가정환경으로부터 폭력이나 학대를 경험한 영유아의 경우, 영유아의 건강과 안전에 대한 부적절한 경험으로 인해 어려움을 겪을 수도 있다. 안전한 환경에 익숙하지 않은 영유아의 경우, 독립적으로 주변 환경을 탐색하고 독립심과 자발성을 발달시키는 데 어려움을 나타내게 된다. 불안전한 환경에서 자라난 영유아의 경우, 예측가능하고 지원적인 환경을 제공해 줌으로써 안전감과 신뢰감을 발달시키도록 도와주어야 한다.

3) 영유아교육기관의 환경 특성

영유아교육기관은 가정과는 다른 환경적 특성을 지닌다. 영유아교육기관에 대한 국가적 차원의 정책 및 법규는 교사가 기관 내 영유아의 건강·안전·영양을 위한 환경 구성에 필요한 기초를 제공해 준다. 영유아교육기관은 영유아가 영유아교육기관에 머무는 동안 안전하게 교육받고 보호받을 수 있는 영유아전용 공간이어야 한다. 가정어린이집이나 기타 기관과 같이 유아교육 및 보육의 목적이 아닌 다른 목적을 위한 공간이 사용되는 경우, 교사들은 보다 주의 깊게 환경을 구성하여야 한다. 영유아교육기관이 건강교육을 위한 환경을 적절히 유지하기 위해서는 무엇보다 교사의 책임이 강조된다. 영유아 건강교육을 위한 환경은 영유아의 건강, 안전, 영양에 대한 교사의 올바른 인식에서 출발한다.

영유아교육기관의 환경은 영유아가 가장 많은 시간을 보내는 실내 환경과 영유아에게 놀이와 탐험의 기회를 제공하는 실외 환경뿐만 아니라 영유아교육기관이 위치한 건물 및 주변 환경을 포함한다. 필요에 따라서는 영유아의 등·하교 시 보행 환경이나 통학버스 등의 주변 교통 환경을 포함하여 영유아교육기관의 환경 특성을 이해하여야 한다. 따라서 건물 및 주변 환경, 실내·외 환경, 주변 교통 환경을 포함하여 영유아교육기관의 전반적인 환경 특성을 이해하고 이에 적절한 안전 요소를 고려하여 환경을 구성하여야 한다.

4) 지역사회 특성

영유아교육기관 내의 안전만으로 영유아의 안전을 보장할 수 없다. 영유아교육기관의 환경은 제한된 구간이나 실외놀이 공간 또는 주변 공원으로 제한되지 않는다. 영유아 건강교육의 총체적 접근은 영유아교육기관뿐만 아니라 영유아와 영유아교육기관이 속한 지역사회를 고려하여 건강한 환경을 구성할 것을 요구하고 있다. 대도시나 지방 소도시든지 간에 영유아에게 영향을 미칠 수 있는 여러 가지 안전을 위협하는 위험요소들이 존재한다. 교사는 영유아 주변의 안전에 대해 책임감을 갖고 이를 정확히 파악하고 있어야 한다. 어떤 지역은 다른 지역보다 폭력적 환경의 위험이 있고 어떤 지역은 교통문제로 인한 안전문제나 유해물질로 인한 안전문제가 심각하게 부각될 수 있다. 어떤 지역은 이러한 신체적 환경보다 문화적 환경이 영유아의 건강·안전·영양의 주요한 문제로 부각되기도 한다. 지역사회 환경에 대한 올바른 이해는 영유아 건강교육의 출발점이며 영유아 건강에 전제조건이다.

교사는 지역사회의 이러한 위험요소들을 파악하고 이에 적절히 대응할 수 있어야 한다. 또한 영유아에게 이러한 지역사회의 안전과 관련한 문제를 다룸으로써 영유아가 이에 적절히 대처할 수 있는 능력을 길러 주어야 한다. 영유아의 안전은 영유아교육기관 내부에 한정된 것이 아님을 인식하여야 하며, 지역사회 특성을 충분히 파악하고 이를 고려하여 영유아 건강교육환경을 구성하여야 한다.

04 영유아 건강교육을 위한 환경 구성

영유아 건강교육을 위한 환경은 영유아가 주변 환경으로부터 자신의 건강과 안전에 대한 감각을 기르는 데 초점을 두어야 한다. 건강과 안전에 대한 감각은 어떤 유해 환경으로부터 자유로운 상태와 충분한 영양 공급을 통하여 건강한 생활을 유지할 수 있는 상태를 포함한다. 이러한 건강과 안전에 대한 감각은 영유아가 안전한 환경에서 건강하게 발달하고 학습하고 성장할 수 있도록 도와준다.

영유아의 건강교육을 위한 환경은 영유아의 발달적 특성뿐만 아니라 가정과 기관 및 지역사회의 특성을 고려하여 구성되어야 한다. 동시에 모든 영유아를 위한 건강교육 환경은 영유아가 건강하고 안전하게 성장하고 교육받을 수 있는 공간으로 영유아가 생활하는 실내외 공간을 비롯하여 영유아의 놀잇감이나 교재, 교구 및 비품을 포함하며 영유아교육기관에 종사하는 모든 인적 자원을 포함한다.

교육부에서 제시한 「유치원 시설안전관리 매뉴얼」과 어린이집 안전공제회(2019)에서 발간한 「어린이집 안전백과」에서는 자구 능력이 부족한 영유아들을 수용하고 있는 유치원과 어린이집에서 발생 가능한 안전사고, 화재 등 인위적 재난을 사전에 예방하여 안전한 교육활동이 이루어질 수 있도록 구체적인 안전관리 방침을 제시하고 있다. 이러한 자료들은 영유아의 안전교육 환경을 구성하기 위한 기초 자료로 매우 유용하게 활용될 수 있다.

어린이집 안전공제회(2019)에서 발간한 「어린이집 안전백과」에서는 생활안전, 실내·외 보육환경, 소방·재난, 통학차량과 등·하원, 건강·환경, 위생·급식으로 나누어 어린이집 환경 전반에 관한 구체적인 안전관리 방안을 제시하고 있다(〈표 10-3〉 참조).

교육부(2015)에서 발간한 「유치원 시설안전관리 매뉴얼」과 「안전점검체크리스트 시설관리안전 매뉴얼」은 건물 및 주변 환경, 실내 환경, 실외 환경, 교통환경 등으로 나누어 안전한 환경 구성을 위한 구체적인 자료를 제시하고 있다.

여기서는 영유아 건강교육을 위한 영유아교육기관의 환경 구성에 대해 구체적으로 살펴보고자 한다. 영유아의 건강과 안전을 위한 환경은 영유아 건강교육을 위한 환경 구성의 기본적인 조건을 마련해 준다. 영유아 건강교육을 위한 환경 구성을 건물 및 주변 환경, 실내 환경, 실외 환경으로 나누어 살펴보았다.

〈표 10-3〉 어린이집 안전관리백과에 따른 안전관리

안전관리 항목	안전관리 내용	
실내·외 보육환경	실내 환경	현관문 및 출입문, 복도 및 계단, 승강기, 문 및 창문, 보육실, 유희실, 화장실 및 목욕실, 조리실 및 식당, 기타 공간, 미디어 안전
	실외환경	건물 주변, 놀이터 안전 관리
	안전점검 및 수칙	안전 점검, 보육교직원 안전수칙, 영유아 안전수칙
소방·재난	비상사태대비	상시대비활동, 소방안전관리를 통한 대비활동
	소방시설	소화설비, 경보설비, 피난구조설비, 기타설비
	사회재난·자연재난	대응, 사후관리
통학차량과 등·하원	통학차량	통학차량 신고, 통학차량 구조, 통학차량 관리, 통학차량 안전수칙
	등·하원	인계절차 수립, 등·하원 일지, 전체 상황 주시, 인원수 확인
	보행안전 및 안전수칙	교통안전, 보행안전, 영유아 안전수칙 및 예방조치, 차량 사고 시 응급처치 방법
건강·환경·위생·급식	건강관리	영유아 건강관리, 보육교직원 건강관리, 사후관리
	환경관리	실내공기질, 석면, 중금속 및 오염물질
	위생관리	시설물 위생, 영유아 위생, 보육교직원 위생
	급식관리	식간 및 영양, 조리실 종사자의 위생, 식재료 및 조리, 배식, 식수 등

출처: 어린이집 안전공제회(2019). 어린이집 안전관리백과.

1) 건강교육을 위한 건물 및 주변 환경의 구성

영유아 건강교육을 위한 환경구성에 있어서 각 영유아교육기관은 영유아의 건강교육에 적절한 환경이 되도록 각 기관의 환경을 계획하여야 한다. 영유아교육기관은 영유아의 발달적 요구에 적절하여야 하며 동시에 각 가정과 지역사회의 요구에 적절히 대응할 수 있어야 한다. 무엇보다도 영유아교육기관은 영유아의 정서를 존중하는 공간이 되어야 한다. 미국의 NAEYC(2008)에서는 영유아교육기관이 안전한 환경을 구성하기 위해 고려하여야 할 사항들을 다음과 같이 제시하고 있다.

- 영유아가 선호하는 놀이 공간을 제공하여야 한다. 놀이 공간은 영유아의 연령과 집단의 크기에 적절하여야 한다.
- 자유로이 즐길 수 있는 느낌이 형성되어야 한다. 영유아가 가정에 있는 것과 같은 느낌을 갖는 공간이어야 한다.
- 영유아가 하고 있는 일이 허용되고 존중받는 공간이어야 한다. 친숙한 장난감과 재료들이 이용되어야 하며, 영유아의 미술 작품이 주목을 받을 수 있게 전시되어야 한다.
- 기관적응의 중요성을 인정하여야 한다. 편안한 분위기의 가족 중심적인 출입 공간으로 기관에 쉽게 적응하도록 도와주어야 한다.

〈표 10-4〉 유아교육기관의 안전 환경 요건

설계 조건

- 유아의 연령, 발달적 교육적 요구에 적절한 설계
- 유아 1인당 최소 3.25㎡의 활용 가능한 실내 공간

건축물 조건

- 중독성 건축자재나 납 성분이 없는 페인트 사용
- 비인화성 자재의 적절한 사용
- 안전유리를 사용한 문
- 계단, 계단참(계단의 중간에 조금 넓게 만들어 놓은 곳), 난간에 적절한 울타리
- 유아에게 적절한 비상통로

• 불빛으로 명확하게 표시된 출구
• 안전 덮개를 씌운 전기콘센트
• 적절한 조도, 안전 강화 유리로 된 전구와 형광등

출처: NAEYC(2007).

(1) 건물 및 주변 환경

영유아 건강교육을 위한 환경은 영유아교육기관이 위치한 건물과 주변 환경의 안전관리에서 출발한다. 학교보건법에 따라 유치원은 유흥주점, 음식점, 가스충전소, 페인트판매점 등 화재발생 위험이 있는 시설은 없는 정화구역으로 설정되어 있으며, 안전, 방음, 환기, 채광, 배수 등이 영유아들에게 적절한 곳에 위치하여야 한다. 영유아교육기관 주변에 설치된 각종 안전 관련 표지판은 영유아가 안전에 대한 일상적인 주의와 관심을 불러일으키는 데 좋은 안전교육 자료로 활용될 수 있다.

(2) 안전한 출입구

영유아교육기관의 출입구는 영유아가 안전하고 편안하게 건물을 출입할 수 있는 공간이어야 한다. 특히 비상시에 안전하고 신속하게 출입할 수 있는 출입구는 매우 중요하다. 건물 출입구는 도로나 주차장의 차량으로 인한 위험이 없는 공간이어야 한다. 통학용 차량이 직접 건물입구까지 연결되도록 하여 주변에 통행하는 차량으로 인한 안전사고의 위험이 없어야 한다. 또한 유치원 내에서 주출입구 등으로 나올 때 출입구 전면에 도로와의 완충공간이 확보되어 있어야 한다. 주출입구에 대한 안내 표식이나 주변도로에 대한 안전 표지판 등을 배치하여 영유아가 영유아교육기관을 출입할 때 접하는 여러 가지 안전사고에 대비하도록 도와준다.

(3) 안전한 주차 공간

영유아의 등·하원 시 교통사고 예방을 위해서는 주변 교통 환경이 영유아가 보행을 하기에 안전한 환경이어야 한다. 특히 영유아교육기관의 건물주변에 위치한 주차장은 매우 혼잡한 공간으로 영유아에게 매우 위험한 공간이 될 수 있으므로 영유아의 등하원 시 많은 주의가 요구되는 곳이다. 또한 영유아교육기관 건물 주변의 주차장에는 비상시 응급차나 소방차를 위한 공간이 확보되어 있어야 한다. 영유아교육기관의 입지 여건, 소방차 접근 등의 활동 여건과 기타 안전상의 여건을 갖추고 있는지를 점검하여 안전한 건물 및 주변 환경을 제공해 주어야 한다. 주차공간에 대한 각종 교통 표지판과 안내문은 영유아에게 교통안전에 대한 관심과 이해를 돕기 위하여 눈에 띄기 쉬운 곳에 배치해 주어야 한다.

(4) 통학버스

통학버스를 운행할 경우에는 도로교통법 제52조와 53조에 따라 반드시 어린이 통학버스로 등록된 차량으로 운행하여야 하며, 어린이 통학버스 운전사 및 운행자의 의무를 준수하여야 한다. 통학버스 안전관리, 운전자 및 통학버스 안전담당자, 주변 교통 환경 등을 항상 점검하고 어린이 통학버스에 대한 그림 자료나 안내 자료 등을 통학버스 내부와 외부에 적절히 배치하여 영유아가 통학버스를 이용하면서 안전한 교통 환경을 경험할 수 있도록 도와주어야 한다. 통학버스에는 각종 안전장비를 적절히 구비하고 등하교시간에 안전교육을 생활화하도록 안내할 수 있는 환경을 갖추어야 한다.

2) 건강교육을 위한 실내 환경의 구성

건강교육을 위한 실내 환경은 명확한 목적과 목표 하에 계획·구성되어야 한다. 환경을 계획할 때에는 건강교육과 관련한 주된 활동과 연결하여 각 공간을 구성해 주어야 한다. 특히 건강교육은 일과활동과 매우 연관이 깊으며, 매일 매일의 생활 속에서 반복적이고 일관성 있게 실천 될 수 있도록 영유아의 하루 일과를 적절히 유지할 수 있도록 구성되어야 한다. 등원과 하원, 손 씻기, 간식시간과 식사시간, 화장실 사용과 같이 건강교육과 관련한 일과 활동이 적절히 이루어질 수 있도록 교실환경을 배치해 주어야 한다. 뿐만 아니라 다양한 활동 공간에서도 건강교육활동이 지속적으로 운영될 수 있도록 교실환경을 구성해 주어야 한다. 예를 들면, 컴퓨터 영역에 적절한 컴퓨터 사용법이나 자세 등에 대한 안내문을 게시하거나 읽기 영역에는 책읽기에 적절한 공간 구성을 제공해 주는 것은 건강교육의 목표를 달성하는 데 도움이 된다.

영유아의 건강교육 환경은 영유아에게 건강, 안전, 영양에 관한 간단하고 기본적인 원리를 자연스럽게 이해시키면서 여러 가지 건강과 관련한 경험을 즐길 수 있는 공간이 되도록 구성하여야 한다. 영유아 건강교육을 위한 실내 환경 구성을 영유아의 활동 영역별로 나누어 살펴보도록 하자.

(1) 블록(쌓기)놀이 영역의 환경 구성

블록놀이 영역은 영유아가 안전하게 놀이할 수 있도록 단단한 재질의 바닥재를 사용한 공간이어야 한다. 또한 여러 명의 영유아가 블록 쌓기 놀이를 할 수 있기에 충분한 공간이어야 한다. 블록의 종류는 조립할 수 있는 블록, 단위 블록, 공간 블록, 종이벽돌 블록 등 다양한 블록을 제공해 주고 영유아가 쉽게 접근할 수 있는 선반에 비치하여야 한다. 블록과 더불어 소형사람, 소형 자동차, 교통안전 표지판 등 다양한 블록놀이 소품을 제공하여 영유아가 다양한 건강과 안전과 관련한 놀이 활동이 적절히 이루어질 수 있도록 준비해 준다.

(2) 역할놀이 영역의 환경 구성

역할놀이 영역은 영유아가 건강, 안정, 영양과 관련한 다양한 활동이 이루어질 수 있어 건강교육을 위해 매우 중요한 영역이다. 가게놀이, 소꿉놀이, 운전놀이, 병원놀이 등 여러 가지 역할 놀이에 사용될 수 있는 가구를 배치하고 필요한 소품을 제공해 주어야 한다. 역할놀이에 필요한 의상이나 소품 등은 영유아들이 쉽게 물건을 꺼내고 정리할 수 있도록 적절한 서랍장이나 바구니에 담아 보관해 둔다. 또한 다양한 역할 놀이가 이루어 질 수 있도록 쉽게 옮길 수 있는 이동식 칸막이나 가구 등을 제공해 주는 것이 좋다. 특히 소꿉놀이 영역에는 다양한 식재료 소품을 제공하여 영유아들이 음식물이나 음식물을 준비하는 요리 과정 및 요리 도구를 친숙하게 접할 수 있도록 준비해 준다.

(3) 언어 영역의 환경 구성

언어 영역은 영유아의 건강교육을 위해 가장 기본적 환경이다. 영유아가 쉽게 책을 꺼내 읽고 꽂을 수 있는 책꽂이, 편안히 앉아서 책을 읽을 수 있는 편안한 안락의자, 글쓰기 활동을 하거나 독서활동에 불편함이 없는 책상과 의자가 제공되어야 한다. 건강·안전·영양과 관련한 동화책을 준비하여 건강교육과 관련한 다양한 어휘를 접할 수 있는 기회를 제공하는 것이 필요하다. 건강교육과 관련한 동시자료, 그림 자료, 손인형, 동시판, 포스터 등을 제공하고 영유아가 건강·안전·영양과 관련한 용어에 친숙해질 수 있도록 다양한 게시물을 준비해 준다.

이야기 나누기 활동 영역에서는 건강한 생활습관과 하루 일과 계획하기, 안전하고 질서 있는 생활 계획하기, 식사 계획하기, 간식 준비하기, 음식물의 성분에 대해 조사하기, 다양한 음식물에 대해 소개하기 등과 같은 활동을 진행할 수 있다. 건강·안전·영양에 관한 이야기책이나 신문, 잡지 등을 활용하여 영유아가 건강교육과 관련한 주제에 관심을 가지고 건강교육에 필요한 언어적 자극을 경험할 수 있는 환경을 마련해 주어야 한다.

(4) 감각놀이를 위한 환경 구성

영유아의 감각적 자극을 제공하고 소근육 발달을 자극하는 환경을 마련해 줌으로써 건강교육에 대한 보다 다양한 경험을 하도록 도와줄 수 있다. 특히 감각놀이 영역에서는 손으로 만지고 느끼며, 손과 손가락을 움직이는 기회를 통하여 안전에 대한 감각을 기르는 경험을 제공할 수 있다. 예를 들어, 다양한 음식물의 모양, 색깔, 조직 등을 탐색할 수 있는 환경은 영유아의 시각, 후각, 청각, 미각, 촉각 등의 감각기관을 자극하는 좋은 기회가 될 수 있다. 다양하게 조리된 음식물을 감상하거나 음식물의 맛과 향을 구분하는 능력을 기르고 음식물의 색과 색의 혼합 및 조화를 경험하며, 다양한 음식물을 씹고 삼킬 때 느껴지는 음식물의 독특한 질감을 탐색할 수 있는 기회를 제공해 줄 수 있다.

(5) 탐구활동을 위한 환경 구성

탐구활동 영역에는 영유아가 쉽게 접근할 수 있는 재료상자를 비치해 주어 건강에 대한 다양한 탐색을 할 수 있도록 도와주어야 한다. 수·조작 영역에 건강과 관련한 게임도구나 퍼즐 등을 준비해 주어 건강에 관련한 정보를 영유아가 이해하기 쉬운 방식으로 전달해 줄 수 있다. 또한 건강교육에 관한 탐구 자료를 전시할 수 있는 공간을 확보하고 진행 중인 탐구과제를 저장할 수 있는 공간을 마련해 주어야 한다. 신체 구조를 탐색하고 건강한 몸을 유지하기 위해 필요한 방법에 대해 적절히 이해할 수 있는 다양한 탐색활동이 이루어질 수 있도록 환경을 구성해 주어야 한다. 예를 들면, 다양한 음식물의 특성을 구분하고 변별하는 능력을 기르는 활동이나 각 식재료를 크기, 색깔, 모양, 종류에 따라 분류하는 활동 등을 통하여 음식물의 다양한 특성을 이해하고 경험하는 기회를 제공해 줄 수 있다.

특히 요리활동은 영유아가 순서대로 요리하는 과정을 진행하는 것을 배우며, 식재료의 무게나 양을 측정하거나 수세기 혹은 시간을 측정하는 것과 같은 수학적 탐색을 도와주는 매우 유익한 활동이다. 요리를 통해 형태의 변화를 경험할 수 있도록 다양한 환경적 경험을 제공해 준다. 두 가지 이상의 재료를 섞고, 열을 가하여 조리하고, 음식물을 식히고 하는 과정을 통해 과학적 탐구 활동이 이루어지도록 한다. 이러한 요리활동은 영유아의 인지적 자극을 제공함과 더불어 음식물에 대한 친숙감을 형성하여 음식물을 자연스럽게 수용할 수 있는 태도를 기르도록 도와준다.

(6) 대집단 활동을 위한 환경 구성

영양교육 활동은 대그룹과 소그룹 활동으로 다양하게 진행할 수 있다. 대집단 활동을 할 수 있는 편안한 카펫이나 깔개가 마련된 공간에서 대그룹으로 모여 앉을 수 있는 넓은 공간을 마련해 주어야 한다. 건강에 대한 서로의 생각과 역할을 나누는 활동이나 건강과 관련한 흥미로운 주제에 대한 이야기 나누기 활동을 경험할 수 있도록 구성한다.

(7) 조형활동을 위한 환경 구성

조형활동을 위한 환경은 그리기, 만들기, 점토 놀이 등을 할 수 있는 공간으로 구성된다. 조형활동 영역은 그리기 활동을 위한 이젤이나 작업대, 그리고 작품을 건조할 수 있는 건조대를 설치할 수 있는 공간을 포함하여 구성한다. 물감이나 점토를 다루기에 적절한 작업대와 활동 후 정리하고 씻을 수 있는 세면대 등이 함께 배치된 공간도 필요하다. 조형 활동을 위한 공간은 청소하기 쉬운 견고한 바닥재로 환경을 구성해 주어 영유아가 조형 활동을 마음껏 할 수 있는 환경이 되어야 한다.

음식물의 모양을 오려놓은 종이류나 안전표지판 등을 제공하여 건강교육과 관한 조형 활동이 이루어지도록 도와주어야 한다. 다양한 두께의 종이류와 색종이나 포장지, 잡지 등을 준비해 주고 크레파스, 색연필, 사인펜, 매직펜, 연필 등을 준비해 준다. 풀, 접착제, 투명테이프, 스테이플러 등을 미리 준비해 두면 안전한 환경 속에서 조형물을 적절히 꾸미거나 안내 책자를 만들 수 있도록 도와줄 수 있다. 그 밖에 단추, 가위, 칼, 펀치 등과 같이 자를 수 있는 도구와 끈, 줄, 털실, 수수깡, 면봉, 리본, 종이봉투, 부직포 등과 같은 여러 가지 조형 활동 부재료를 비치하여 여러 가지 꾸미기 활동이 이루어질 수 있도록 다양한 자료를 제공해 주는 것이 좋다. 점토놀이를 위해서는 여러 가지 재질의 점토, 밀대, 빗, 막대 등을 제공해 줄 수 있다.

점토놀이를 위한 영역은 세균이 번식하기 좋은 공간이다. 점토에 영유아의 손이 자주 닿게 되면 적절한 온도와 수분으로 인해 세균이 번식하기에 좋은 조건이 마련된다. 점토가 공기 중에 오랫동안 노출되어 있지 않도록 필요한 분량만큼의 점토를 제공해 주고 필요 시 점토를 새것으로 자주 바꾸어 주는 것이 좋다. 점토를 보관할 때에는 냉장고나 서늘하고 건조한 곳에 반드시 밀봉하여 보관하도록 한다. 점토놀이 영역은 영유아의 건강관리를 위한 교사의 세심한 주의가 요구되는 공간이다. 점토놀이 전후에는 반드시 손을 씻도록 하고 점토를 입으로 가져가지 않도록 지도하여야 한다.

(8) 물놀이 영역의 환경 구성

물놀이 영역은 적절히 관리되지 않을 경우 세균이 번식하기에 가장 좋은 공간이다. 물놀이를 위한 수조에 물의 온도가 올라가게 되면 세균의 빠른 번식을 돕는 수분과 온도를 공급해 주게 된다. 따라서 물놀이 영역은 매일 깨끗이 청소하고 소독해 주어야 한다. 물놀이 수조의 물은 매일 갈아 주고 실내 기온이 올라가면 물을 좀 더 자주 갈아 주어 세균번식을 방지하여야 한다. 물놀이 공간에서 사용되는 놀잇감은 매일 깨끗이 세척하고 소독한 후 잘 말려서 사용하도록 한다. 또한 물놀이 공간에서 놀이를 하기 전에는 반드시 손을 씻는 습관을 기르도록 지도하여야 한다.

(9) 손 씻기 영역의 환경 구성

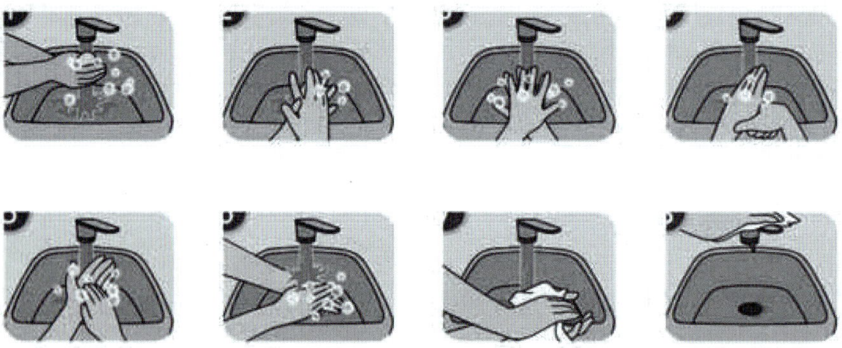

출처: 어린이집안전공제회(2019). 어린이집 안전관리백과.

〈손 씻기 방법〉
• 흐르는 물에 손을 씻는다. • 반드시 비누를 사용한다. 가능하면, 액체비누를 비치하는 것이 좋다. • 올바른 손 씻기 방법에 따라 손가락 사이와 손톱주변을 문지르면서 씻어 준다. • 흐르는 물로 완전히 헹구어 준다. • 타월로 손이 완전히 마르도록 잘 닦아 준다.

〈그림 10-2〉 위생적으로 손을 씻는 방법

손 씻기는 영유아교육기관에서 질병을 예방하고 질병의 확산을 방지하는 가장 기본적이고 중요한 과정이다. 손 씻기가 영유아의 생활습관으로 익숙해지도록 교사 스스로 손 씻기를 습관화하여야 하며, 영유아도 하루 일과 중 손 씻기를 습관화할 수 있도록 한다. 특히 화장실 사용 후에는 반드시 적절한 방식으로 손 씻기를 하도록 영유아의 손 씻기를 위한 적절한 환경을 제공해 주어야 한다. 또한 올바른 손 씻기 방법을 그림 자료와 함께 세면대 앞에 비치해 두도록 한다.

3) 건강교육을 위한 실외 환경의 구성

영유아교육기관의 실외 환경은 영유아에게 놀이와 탐험의 기회를 제공하는 흥미로운 공간이기는 하나 추락이나 충돌과 같은 안전사고가 많이 일어나는 공간이기도 하다. 따라서 영유아를 위한 실외 공간은 안전사고가 발생하지 않고 갈등이 일어나지 않도록 장애물이 없는 넓은 놀이 공간으로 영유아가 자유롭게 탐색하고 이동할 수 있도록 안전하게 구성되어야 한다. 또한 적절하게 관리하여 안전하게 실외 놀이를 즐길 수 있도록 적절한 실외 환경을 구성해 주어야 한다. 교육부(2015)에서는 유치원에서 활용할 수 있도록 시설안전관리 매뉴얼에 실외시설 안전점검표를 〈표 10-5〉와 같이 제시하고 있으며, 보건복지부에서도 급식분야, 안전분야, 차량분야, 월별점검표로 나누어 어린이집 통합안전점검표(보건복지부, 2020)를 제시하고 있다.

실외놀이 공간에서 영유아의 안전을 위해 다음과 같은 사항이 고려되어야 한다(Frost & Woods, 2006).

- 영유아가 실외놀이를 할 때에는 성인의 적절한 지도·감독이 있어야 한다.
- 영유아가 연령에 맞는 놀이기구를 이용하도록 하여야 한다.
- 놀이터의 바닥 재질이 안전한지 확인하여야 한다.
- 놀이시설의 표면이 영유아에게 안전한 재질로 마무리가 되어 있어야 하며, 적절한 관리와 감독이 이루어져야 한다.

〈표 10-5〉 실외시설 안전 점검표

종류	점검사항	그렇다	아니다	비고
놀이시설	1. 모든 놀이기구 및 시설은 낙후되거나 휘어진 곳이 없다.			
	2. 실외 놀이시설물은 안전검사를 필한 제품을 사용하고 있다.			
	3. 실외놀이시설물은 설치검사를 받아 안전하게 고정 및 설치되어 있다.			
	4. 기둥의 고정 및 조임 장치의 조임 상태가 양호하다.			
	5. 기구의 베어링의 윤활유 주입이 잘 되고 있다.			
	6. 유아의 몸이 빠지거나 낄 만한 틈새가 없다.			
	7. 녹슬거나 금이 가거나 페인트칠이 벗겨진 곳이 없다.			
	8. 부서진 부분이나 부패, 돌출부, 거친 면이 없다.			
	9. 연결된 부분에 볼트나 나사가 풀려 있지 않다.			
	10. 실외 놀이시설이 옥상에 설치되어 있는 경우에 추락방지를 위한 견고한 안전망이 설치되어 있다.			
	11. 실외 환경과 놀이시설에 대한 일일안전점검을 실시하고 기록·관리한다.			
	12. 놀이시설물은 정기시설검사를 받고 있다.			
	13. 2년에 4시간씩 안전교육을 받고 있다.			
바닥	1. 유아가 추락할 가능성이 있는 놀이시설물 아래와 주변의 공간(안전지대)은 충격을 흡수할 수 있도록 되어 있다. (30cm 이상의 모래, 우레탄, 고무매트, 나무 조각 등)			
	2. 놀이터는 배수가 잘 되고, 바닥에 쓰레기가 없다.			
	3. 모래가 유실되거나 딱딱하게 굳어 있지 않다.			
실외놀이터환경	1. 실외놀이터는 위험지역으로부터 보호할 수 있는 울타리나 담이 설치되어 있다.			
	2. 실외놀이터에는 차량이 접근할 수 없다.			
	3. 움직임이 많은 영역에 밧줄이나 전선이 늘어져 있지 않다.			
	4. 놀이터 안에는 전기, 고압선, 유독물질, 유리조각, 돌부리 등의 위험물질이 존재하지 않는다.			
	5. 울타리, 의자는 고장 나거나 파손된 곳이 없다.			
	6. 놀이터 표지판은 파손되거나 내용물이 지워진 곳이 없다			

확 인			
점검 결과 판정	○	양호	점검일 매월 4일
	△	담당자가 보수할 수 있다.	
	×	담당자가 보수할 수 없다.	

출처: 교육부(2015). 2015 유치원 시설안전관리 매뉴얼.

제 11 장

영유아 건강과 가정, 지역사회와의 연계

영유아는 신체적, 인지적, 사회·정서적인 모든 영역에서 그들이 지닌 잠재력을 최대한 발휘할 수 있도록 성장할 기본 권리를 갖고 있다. 따라서 국가, 지역사회, 그리고 가정에서는 영유아가 바람직하게 발달할 수 있도록 도와주어야 하는 의무와 책임이 있다. 영유아의 건강도 부모와 지역사회가 함께 유해하지 않는 주변 환경에 대해 충분히 인식하고, 이에 대한 지식을 습득하여 건강한 지역사회 환경조성에 적극 참여해야 한다. 최선의 건강교육은 건강에 대한 가치관 및 태도를 내면화하는 교육이므로 이를 형성하는 최적의 시기인 영유아기에 지역사회와 가정, 그리고 영유아교육기관에서 함께 연계하여 노력해야 한다.

최근 많은 사람들이 삶의 질을 위한 생활환경을 언급할 때 건강이 중요한 개념으로 부각되고 있다. 과거 건강의 개념은 질병이 발생한 후 치료하고 대처하는 의미로 사용되었으나 오늘날에는 질병을 사전에 예방하여 건강한 상태를 유지하려는 예방적 의미가 강조되고 있다. 다시 말하면, 건강한 생활을 유지하려면 질병 발생 후 정상적인 상태로 회복하는 치료의 개념보다는 개인은 건강 관련 지식이나 기술, 태도를 충분히 익히고 내면화하여, 일상생활 속에서 건강 습관을 지속적으로 실천할 수 있는 능력을 키워 나가 예방하는 능력을 기르는 것이 중요하다. 이러한 관점에서 영유아기는 발달특성상 기본 생활습관이 형성되는 결정적 시기이므로 수면, 영양, 휴식, 위생, 안전 등 건강에 대한 기본적 가치관과 태도와 습관을 올바르게 형성할 수 있도록 돕는 일은 매우 중요하다. 이 시기에 형성된 건강 생활습관은 평생의 건강한 삶의 기초가 되며, 국가적으로도 미래사회 구성원의 건강한 삶이 복지사회 구현에 절대적 도움이 된다. 영유아기의 예방적인 개념의 건강을 실현하기 위하여 교사는 가정의 부모와 지역사회와 협력하여 영유아가 건강 관련 가치관, 태도, 기본 생활습관을 올바르게 형성할 수 있도록 도와주어야 한다.

01 영유아건강에서 지역사회의 의미

영유아의 건강은 건강한 미래사회의 원동력이며 건강한 영유아가 건강한 성인으로 성장할 수 있으므로 영유아건강은 국가적으로 관심이 요구되는 중요한 문제이다. 세계보건기구(WHO)에서는 건강을 단지 질병(disease)이나 장애(disability)가 없는 상태가 아니라, 국민이 최선의 개인생활과 사회생활을 할 수 있도록 건강을 향상하기 위해 수행하는 모든 개인적, 집단적, 정책 과정(promotion)을 말하며 이 개념에서 건강은 신체적, 정신적, 사회적, 영적 안녕상태로 정의하고 있다. 따라서 영유아에게 건강이란 발달의 통합적 요소(integral part of development)로 간주된다. 즉, 건강한 삶이란 단지 질병이나 장애가 없는 상태가 아니라 영유아가 신체적인 것은 물론이고 정신적, 사회적으로도 건강한 상태를 포괄하는 개념이다.

건강에 관련된 신념, 가치, 태도, 지식, 기술은 가정에서의 일상 생활습관과 영유아교육기관에서 전인적 성장을 목적으로 한 통합적 교육·보육과정활동에서 형성되므로 가정과 영유아교육기관은 연계하여 건강한 발달이 일어날 수 있도록 영유아 중심적 생활환경을 지원해 주고 의미 있는 활동 기회를 제공해 주어야 한다. 영유아교육기관은 지역사회의 영유아를 교육·보육하면서 지역사회와의 공통된 관심사를 갖고 영유아 부모, 연계된 지역 유관기관들과 함께 영유아건강을 위한 기관으로서 중요한 역할을 담당한다. 영유아의 잠재적 가능성을 충분히 발달시키기 위해서는 전인적으로 성장해야 하며, 이는 다양한 경험이 바탕이 되어야 한다. 영유아교육기관은 지역사회 유관기관과의 다양한 교류를 통하여 영유아가 자신의 주변 환경에 대해 이해하고 적응할 수 있도록 해야 한다. 영유아가 살고 있는 지역사회의 건강 관련 다양한 인적·물적 자원은 체계적인 교육·보육프로그램을 통해 영유아의 건강한 발달을 위한 전문적인 지원체계로서의 역할을 해야 한다. 또한 영유아교육기관은 지역사회로부터 지원만을 받는 것이 아니라 교육·보육에 대한 전문적인 지식과 자원을 지역사회에 지원함으로써 지역발전에 기여해야 한다. 영유아교육기관과 지역사회와의 공동발전을 위해서는 개방적인 태도와 유기적인 협력이 우선되어야 한다. 영유아의 교육·보육은 기관만 하는 것이 아닌 지역사회 협조와 노력이 함께 해야 한다는 사회적 책임의식이 있어야 한다. 따라서 건강하지 못한 영유아를 위한 지역사회의 배려도 사회적 책임으로 인식하여 이를 위한 적절한 제도를 적극 마련해야 한다. 이러한 의미에서 지역사회에서 마련한 건강 관련 정책, 예산, 사업 등은 영유아건강에 영향을 끼치는 중요한 사회 환경이다.

현재 우리나라는 정보화 사회로 들어서면서 급격한 사회변화를 겪고 있다. 이와 같은 사회적 변화는 가족의 구조 및 기능의 변화를 가져왔고 여성의 사회적 진출이 일반화되었으며 사람들로 하여금 복지사회와 환경, 미래사회에 대한 준비 등에 대하여 많은 관심을 불러 일으키게 되었다. 특히 현대사회의 무분별한 경제성장, 인구 증가로 인한 다양한 소비 형태 등은 생활수준의 향상을 가져왔지만 인간 생존의 기반인 생태환경의 급속한 파괴로 이어지고 있다. 따라서 많은 동식물들이 멸종 위기에 놓이게 되었고 환경오염으로 인한 이상기온 현상이 자주 발생하고 있다. 이와 같은 지역사회의 생태계 파괴는 영유아의 미래 삶에 직접적인 영향을 준다. 영유아가 자연과 더불어 할 수 있는 다양한 놀이를 제대로 할 수 없는 것은 물론, 늘어가는 자동차의 주차 공간 확보로 안전한 실외 놀이터마저 사라져가고 있으며 TV와 컴퓨터 게임기에 빠져들어 정적인 생활환경 패턴이 나타나면서 신체적 건강을 위협하고 있다. 또한 지적 성취를 강조하는 학부모에 의하여 영유아는 많은 시간을 학습하는 데 보내고 있어 신체적 활동이 제한되어 있으며 환경오염으로 인한 아토피 등의 알러지 질환과 만성적인 천식, 중금속 오염으로 인한 중독과 같은 새로운 질병이 많아지고 있다. 이러한 상황에서 건강을 위한 지역사회 환경에 대한 관심이 늘어나고 있으므로 건강한 환경조성을 위한 국가적인 관심과 이를 위한 올바른 태도와 가치관을 길러 주는 영유아 교육이 요구된다.

지역사회 건강교육은 지역사회를 구성 요소들 간의 상호의존성에 대한 이해와 함께 건강에 영향을 미치는 환경에 대한 구체적 지식들로 구성하고 이에 대한 올바른 태도를 지니도록 해야 한다. 영유아 대상의 건강교육은 영유아와 부모가 함께 지역사회 환경에 대한 인식과 태도를 형성하고 이에 대한 지식을 습득하는 것이며 지역사회에 적극 참여하는 행동을 기르는 것이다. 영유아교육은 일상생활 활동 중심으로 이루어지므로 어린 시절 경험한 건강 관련 지역사회 환경에 대한 감수성은 이후의 인생에 중요한 영향을 미칠 수 있다. 따라서 영유아가 미래사회를 대비한 녹색 성장을 위한 지역사회 환경을 경험하여 건강한 생활습관 형성을 돕고 이를 내면화하여 건강한 미래사회를 만드는 데 기여해야 한다.

02 영유아건강에서 지역사회의 역할

일반적으로 지역사회란 하나 그 이상의 특성을 함께 공유하는 집단을 말하며 이 집단에서는 일상의 관심을 같이 하고 서로 상부상조하며 공통 관심사에 대하여 연대감을 지니고 있다. 따라서 지역사회는 '일반적으로 제한된 지역에 거주하면서 공동의 의식을 가지고 조직된 관계를 통해 공통의 이익을 추구하며 여러 가지 활동을 분담 수행하는 인간집단'이라고 정의할 수 있다(Nelson, 1960). 따라서 지역적인 근접성, 사회문화적 동질성, 인간관계, 그리고 그 집단으로서의 소속감과 의무감, 자발적인 참여가 지역사회를 구성하는 중요한 요인이 된다. 영유아교육기관과 가정 이외에도 지역사회는 영유아가 직접 참여하는 건강 관련 사회적, 물리적, 심리적 환경을 조성하고 이를 통해 경험하는 구체적 활동은 영유아건강에 직·간접적으로 커다란 영향을 준다는 것이다.

영유아기는 신체적, 정신적으로 성장과 발달이 급속히 진행되는 시기로서 성인기의 건강한 삶의 기초를 이루는 중요한 시기이다. 이 시기의 발달의 미숙함이나 비정상적인 발달은 전인적인 발달을 저해할 뿐만 아니라 건강한 삶을 해친다. 따라서 이 시기의 건강관리는 건강한 사회의 기초가 되므로 국가적으로 중요시 다루어야 하는 문제이다. 그러나 급속한 사회 환경적인 변화로 인하여 영유아는 새로운 영양, 질병, 놀이문화 환경에 적응해야 하는 상황에 놓여 있는데 이는 영유아의 건강한 삶을 변화시키고 있으며 발생하는 질병의 행태도 변화시키고 있다. 따라서 지역사회 차원에서 영유아의 건강증진을 위한 환경을 조성하기 위하여 영유아건강의 실태를 파악하고 이에 대한 실제적, 정책적 제도를 마련해야 한다.

현대사회는 급격한 산업화의 결과로 생활수준이 향상되기는 하였으나 가족의 생활양식과 구조가 다양해지고 물질만능주의나 향락주의, 개인주의 등의 풍조가 만연하게 되어 영유아의 건강한 발달을 저해하는 유해환경도 많아지게 되어 지역사회나 주민들의 적극적인 협력 없이 가정과 교육기관만의 역할에는 한계가 있다. 따라서 다양한 생활환경 변화에 직면한 영유아를 위해서는 영유아 및 그 가족을 위한 지역사회의 상부상조 역할과 영유아의 건강한 생활을 위한 사회통제의 역할이 더욱 강조된다. 특히 오늘날 빈곤상황에 놓여 있는 가족이나 질병이나 부모의 결손 등으로 대리양육자를 필요로 하는 가족에게 기본적인 생활을 영위할 수 있도록 하는 가족지원체계가 필요하다. 여성의 사회적 지위 향상과 경제활동 참여로 영유아교육기관을 이용하는 영유아가 급증하게 됨에 따라 체계적인 영유아건강 관리의 필요성이 대두되고 있다. 또한 영유아들이 영유아교육기관에서 보내는 시간이 점차 많아짐에 따라 영유아교육기관은 영유아건강을 담당해야 하는 책임자로서의 역할이 더욱 강조되고 있다. 따라서 영유아교육기관과 더불어 영유아건강 관련 지역사회 유관기관을 알아보면 다음과 같다.

(1) 어린이급식관리지원센터(http://ccfsm.foodnara.go.kr)

식품의약품안전처에서는 어린이 식생활안전관리 특별법 제21조에 근거하여 100인 미만의 소규모 어린이 급식소에 영양 측면에서 적절하고 균형 잡힌 간식 및 점심 식단을 보급하여 성장기 영유아의 건강증진을 도모하고 있다. 또한 대상자에 따른 방문교육과 집합교육을 통하여 어린이 영양 위생관리 능력을 향상시켜 안전한 급식이 이루어지도록 지원하고 있다. 본 센터는 영유아대상 영양교육, 영양정보제공, 시설별 맞춤 영양, 위생안전, 식단 컨설팅, 시설관계자 교육 지원, 순회 방문지도, 체험교실 등을 주요사업으로 실시하고 있다.

(2) 육아종합지원센터(http://central.childcare.go.kr)

보건복지부에서는 영유아보육법 제7조 및 동법시행령 제12조에 근거하여 영유아 보육에 대한 제반 정보제공 및 상담을 통하여 일반주민에게 보육에 대한 편의를 도모하고 어린이집과의 연계체제를 구축하여 어린이집 운영의 효율성 제고를 위하여 운영하고 있다. 본 센터에서는 영유아 건강을 위한 정보로 육아상식, 건강발달, 영유아를 위한 발달체크(K-CDR II), 식단 및 조리법, 영양정보, 나들이 정보 등을 제공하고 있으며, 보육컨설팅, 교직원 상담 및 교육 등 어린이집 지원 기능과 부모에 대한 상담 및 교육, 일시보육 서비스 등 가정양육지원 기증의 지역 내 One-stop육아지원서비스를 제공하고 있다.

(3) 질병관리본부 예방접종 도우미(http://nip.cdc.go.kr)

질병관리본부에서는 예방접종 관련 정보 지원을 위하여 운영하고 있으며, 아이의 예방접종 관리 및 지정 의료기관과 보건소 조회, 감염병 의학정보 확인 및 예방법 등을 안내받을 수 있다.

영유아교육기관이 가정과 지역사회와 연계하여 영유아 건강관리를 위해 다루어져야 하는 내용은 다음과 같다.

(1) 성장발달검진

각 시·군·구의 보건소에서 건강한 성장발달을 위해 생후 4개월에서 71개월까지 실시하는 무료 영유아 건강검진은 연령에 따른 적절한 성장발달 건강평가를 통하여 정상적 성장발달을 하고 있는지 평가하고 질병을 조기 발견하며 연령별 적절한 건강정보를 제공함으로써 영유아가 신체적, 정신적, 사회적으로 건강한 성인으로 자랄 수 있도록 돕는 데 그 목적이 있다.

(2) 성장발달촉진

영유아 건강검진에서 평가하는 항목으로 성장발달 정도를 평가하는 것이 주요사업으로 이루어지고 있으며, 드림스타트 중 영유아 교육중재 프로그램, 책 읽어 주기, 북스타트, 학습지 바우처 사업 등과 영유아 기본 학습능력 개발 지원 연구 사업 등이 부분적으로 이루어지고 있다. 또한 연령에 맞는 놀이 인성 및 인지 발달, 사회성 발달, 신체 발달을 위한 프로그램 개발 및 보급, 다문화 어린이를 위한 언어발달 지원 사업 등이 수행되고 있다.

(3) 예방접종

국가필수예방접종 보장범위 확대사업 추진 기반 강화, 예방접종 대상감염병 관리 감시 및 연구기반 강화, 감염병(홍역, 폴리오, 유행성 이하선염, B형 간염)

발생 및 유해의 최소화, 국가 예방접종 사업 시행 및 기반강화(영유아 예방접종률 향상), 예방접종 실시기준 및 안전관리, 예방접종 등록사업 및 시스템 구축, 예방접종에 대한 교육, 홍보 등이다.

(4) 안전사고예방

어린이집 종합안전망 구축을 위한 어린이집안전공제회, 아동안전지킴이 순찰활동 지원사업, 서울시 안전도시 만들기, 세이프키즈(비영리 구제아동안전기구) 활동, 어린이 안전교육관(한국 어린이안전재단), 어린이 경찰청, 놀이터 안전센터(한국생활안전연합) 등의 사업들이 이루어지고 있다. 이외에 국가 주도의 생활안전지침 수립과 안전한 환경구축, 생활안전실천 운동 등이 필요하다.

(5) 아동학대 예방 및 관리

보건복지부에서는 아동학대 예방대책 및 조기발견 체계 구축, 아동보호전문기관인 아동권리보장원(http://www.korea1391.go.kr)을 운영하며 아동학대 관련 정보와 교육 및 홍보자료 등을 제공하기 위해 '아이지킴콜112' 앱을 운영하고 있다. 교사는 현재 법적으로 아동학대 신고 의무자로 지정되어 있으므로 아동학대에 관심을 가져야 한다.

(6) 영유아교육기관 건강관리

기관 영유아의 취학 전과 후 매년 1회 이상 건강검진이 이루어지고 있으며 부모님들에게 미리 안내하여 빠트리지 않고 건강검진 결과통보서를 기관에 제출할 수 있도록 하고 있으며 건강검진실시 기준 제6조 제4항 및 [별표4]의 영유아 건강검진 실시기준에 따라 「건강검진기본법」 제14조에 의해 영유아검진기관으로 지정된 의료기관(보건소, 의원, 병원, 종합병원) 등에 방문하여 검진을 받아야 한다(같은 법에 의거 2010년 3월 22일부터 영유아의 경우 출장검진 불가).

(7) 양육기술 향상 및 양육지원

부모교육 훈련프로그램, 찾아가는 부모교육, 공동육아를 위한 아버지 교육 활성화 사업 등이 진행되고 있고, 희망스타트 중 가족지원통합사업(학대예방,

안전 등 통합서비스 제공), 보육의 사각지대를 위한 아이돌보미 사업, 위스타트 마을 사업 등이 민관협동으로 수행되고 있다. 최근 저출산 사회에서 양육의 어려움을 최소화하기 위한 복지사업의 확대 실시가 절실히 요구된다.

(8) 건강주치의 제도

지역사회 보건소 및 의료기관의 재능기부를 활용하여 질환 조기 발견, 질병 예방교육, 예방접종 및 정기 건강검진 등을 통해 기관 영유아의 건강증진을 도모함을 목적으로 기관과의 협약체결 지원하여 서비스를 제공한다.

(9) 알레르기

식약의약품안전처에서는 소아알레르기, 식품알레르기, 아나필락시스, 아토피, 천식 등에 대한 교육으로 응급조치 요령에 대한 대처법 등을 안내한다.

(10) 난치성 질환

보건복지부의 희귀난치성 질환자 의료비 지원 사업을 통하여 난치성 질환 관리 지원 사업을 진행하고 있다.

(11) 비만

영유아를 대상으로 한 구체적인 비만 관련 사업이 아직은 미비한 상태이다. 그러나 최근 초등학교에서 비만예방사업으로 비만과 흡연 등을 예방하고 체력증진 프로그램을 운영할 건강증진센터 설치가 진행되고 있다.

(12) 정신건강

영유아 정신건강 조기검진 및 상담서비스가 일부 시행되고 있지만 정서행동장애 등과 관련된 유아기 정신건강문제의 사업계획 등 적극적인 대처가 요구된다.

(13) 영아급사증후군

영아급사증후군 감시시스템 개발 및 구축 사업이 진행 중이나 정확한 통계파악이 우선적으로 시행될 필요가 있다.

(14) 영양균형

안전하고 건강한 균형 잡힌 식생활을 위하여 어린이 급식관리지원센터를 운영하면서 영양정보 제공 및 순회 방문 지도, 대상별 교육, 체험교실, 식생활 정보 등의 사업을 진행하고 있으며, 취약계층 영양지원 프로그램(임산부 및 영유아 보충영양관리 사업)의 드림스타트 사업 등이 진행되고 있다.

(15) 개인위생

영유아 건강검진 중 구강검진, 미취학 영유아의 구강질환 예방사업, 대국민 구강보건사업 교육·홍보, 수돗물 불소 첨가사업 등의 구강위생 중심의 사업들이 진행되고 있다.

(16) 신체운동

전체 영유아를 위한 신체 활동 운동 프로그램 개발 및 보급 사업이 있으며, 표준보육과정(누리과정) 영역에 신체운동·건강 영역을 포함하여 영유아의 전인 발달을 위하여 중요한 영역으로 구성하였다.

(17) 장애아동 지원 및 관리

장애아동 지원 5개년 계획부터 장애영유아 재활치료 바우처 외에 보건복지부에서 마련한 장애아 가족 양육지원서비스에는 장애아동 수당, 장애아 가족 양육지원, 발달장애인 부모 상담지원, 장애인 연금이 있으며 그 밖에 장애에 대한 문화개선 사업 등이 진행되고 있다.

(18) 취약가정 영유아

저소득층 영유아를 위한 드림스타트 프로그램과 요보호영유아를 위한 영유아 놀이치료실 운영 및 지역 영유아센터 운영, 다문화가정 양육지원 사업, 취약가정을 위한 아이돌보미 서비스 제공 등이 건강가정지원센터에서 수행되고 있다.

03 영유아건강에서 영유아교육기관의 역할

최근 영유아교육기관을 이용하는 영유아의 수가 급증하고 있어 체계적인 영유아 건강관리의 필요성이 대두되고 있으며, 영유아교육기관은 영유아건강을 담당해야 하는 책임자로서의 역할이 더욱 요구되고 있다. 질적으로 수준 높은 영유아의 건강관리는 영유아의 최적의 성장발달을 위해서 건강한 생활습관을 형성하고, 질병 및 사고를 예방하고, 영유아의 문제를 조기에 발견하고 이를 중재하는 일이다. 이는 교사의 영유아건강관리 역량을 강화함으로써 가능하며 이를 위한 교육이 실시되어야 한다. 어린이집에서 수행되고 있는 영유아 건강관리 프로그램 내용을 분석한 결과 다음 〈표 11-1〉과 같으며 체계적인 모형으로 도식화한 것이 〈그림 11-1〉이다.

〈표 11-1〉 어린이집의 영유아건강 관리 프로그램

영 역	프로그램 내용
건강검진 / 성장 발달	– 건강검진 매년 1회 이상 실시 (보호자가 별도로 실시하여 결과통보서를 어린이집에 제출) • 문진과 진찰 • 신체계측 • 발달평가 및 상담 • 건강교육 • 구강 검진 – 검진기관은 「건강검진기본법」 제14조에 의해 영유아검진기관으로 지정된 의료기관(보건소, 의원, 병원, 종합병원) 등에 방문 – 검사항목은 신체계측, 시력검사, 청력검사, 구강검사 등 영유아의 발달단계에 따라 필요한 항목을 검사 – 건강진단 실시 관련 증빙서류 비치하고 생활기록부에 기록하여 관리
건강생활 실천	– 건강관리 계획표 • 연령별 건강관리 • 일일 건강일지 – 약물 안전 • 위험한 약물의 올바른 취급방법과 주의할 점 • 올바른 약물 복용법 – 위생관리 및 손 씻기 • 각 교실 및 화장실, 침구, 놀잇감 등을 정기적으로 소독하고 관리 • 음용수 및 동물관리 • 보육교사/영유아가 손을 씻어야 할 때

영 역	프로그램 내용
	– 건강한 치아 지키는 방법 • 올바른 양치법 • 식사 후 양치질하기 • 불소 도포 – 영유아에 대하여 매년 정기적으로 예방접종통합관리시스템을 활용하여 영유아의 예방접종에 관한 사실을 확인
질병관리	– 위생 • 피부, 머리, 손톱, 발톱 검사하기 • 방역, 소독 • 조리실 위생 점검표 • 자외선 컵 소독기 • 자외선 칫솔 소독기 • 보육실 청소 및 놀잇감 세척 • 이불 세탁 및 소독 • 화장실 위생 점검 – 개인용 침구 사용 – 투약 지침 사항 준수 • 투약의뢰서 • 투약보고서 – 수영 시 발생할 수 있는 질병 예방 – 식중독 예방 • 급식 위생관리 체크리스트 – 휴원을 요하는 질병에 대한 안내 – 영유아에게 자주 발생하는 감염성 질환 – 감염병 확산 방지를 위한 조치사항 – 건강보고서 – 환아 관리지침 – 감염병이 발생한 경우(의심 증상) 즉시 시·군·구청장에게 보고하고, 관할 보건소에 신고
안전사고 및 재해	– 어린이집 내 영유아를 수시로 확인 – 어린이집 내 'CCTV 등' 설치 운영 가이드라인에 따름 – 어린이집 내 시설, 설비와 놀잇감의 점검(안전과 파손 여부) • 보육실 및 실내 놀잇감 안전점검표 • 보육실 외 실내 시설 설비 안전점검표 • 실외 시설 설비 안전점검표 – 위험한 물건의 보관 – 교통안전 • 차량안전 일일점검표 • 편리한 교통수단과 안전한 이용법 • 버스 안에서 안전벨트 착용 • 버스 타고 내릴 때 차례 지키기 • 횡단보도 안전하게 건너기 – 화재 예방교육 및 소방서 견학 • 119에 전화하기 • 소화기 사용방법 알기 • 불을 끌 수 있는 도구

영 역	프로그램 내용
	- 승강기 안전교육 • 승강기 이용 시 위험한 상황 • 승강기의 올바른 사용방법 • 소방대피훈련 • 소방안전점검표 - 영유아의 보호자에게로의 인계과정에 대한 규칙 - 모든 영유아의 상해보험 가입 - 재난안전 • 홍수(장마) 시 안전한 행동요령 • 지진 발생 시 행동요령
응급상황 대처 및 연계	- 미아 예방교육 • 길을 잃어버렸을 때의 대처방법 - 응급처치 동의서 - 응급처치 비상연락 체계도 - 응급처치법 • 응급처치를 위한 구급약품 비치 현황 • 응급상황 발생 시 대처방법 - 영유아에게 질병·사고 또는 재해 등으로 인하여 위급상태가 발생한 경우 즉시 응급의료기관에 이송
아동학대	- 성 학대 예방 • 내 몸의 소중함 알기 • 위험한 상황과 자신을 보호하기 위한 방법 • 성 학대 예방법과 대처방법 • 낯선 사람에 대한 안전
영양/비만	- 급식기준 • 연령별 필요한 열량과 단백질, 칼슘의 양 • 식재료 구입 • 식단 작성의 기본 방향 - 올바른 식습관 • 먹을 수 있는 식품 알기 • 알맞게 먹고 알맞게 운동하기 • 알아두면 좋은 영양정보 제공 - 성장에 필요한 영양소의 적절한 공급
교사의 질	- 교사 매년 1회 건강검진 실시 - 교사 대상 건강교육 실시

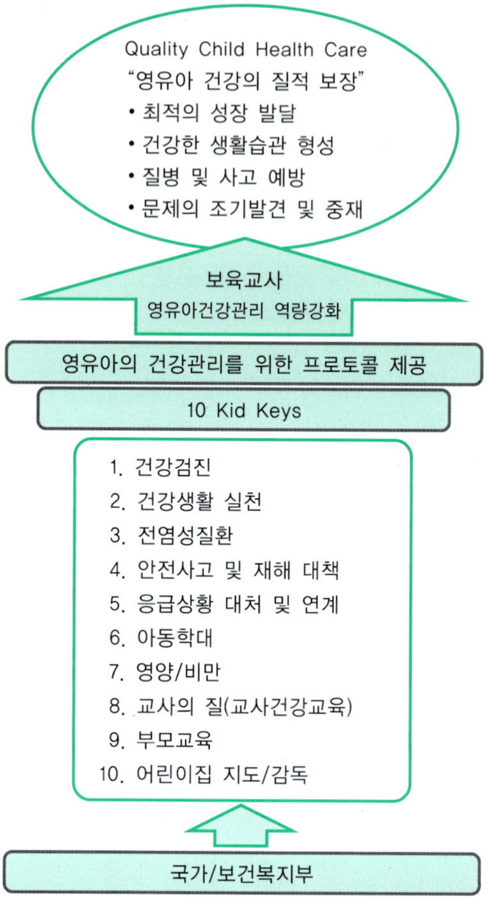

〈그림 11-1〉 어린이집 영유아의 건강관리를 위한 기본개념

지역사회 건강이란 주민의 건강증진을 위한 정책으로 끊임없이 변화하는 사회 환경 여건 속에서 지역 주민의 건강 실태를 조사하고, 이에 영향을 주는 구체적 요인을 파악하여 건강 위협 요인을 제거하며, 주어진 예산 안에서 건강사업을 집행하고 평가하는 일련의 과정을 일컫는다. 이러한 과정을 통하여 지역주민의 건강증진을 유도하고 건강을 유지시켜 주며 수명을 연장시켜서 주민의 삶의 질 향상을 도모하는 것이다. 그러므로 지역사회 건강의 목표는 주민의 건강 향상을 위한 지역사회 전체의 건강이라고 볼 수 있다. 영유아의 건강 증진을 위한 지역사회의 노력은 건강한 환경을 조성하고 관리하며 다양한 질환을 예방하

고 안전한 환경을 조성하는 일이다. 이를 위하여 영유아와 부모에게 건강에 대한 올바른 개념과 지식을 심어 주고 이를 실생활에 적용하도록 돕는 것이 필요하다. 따라서 영유아의 연령에 적합한 건강교육 프로그램을 개발하고 건강교육의 실시를 의무화하는 것이 요구된다. 특히 건강교육 프로그램은 가정과 연계될 때 생활습관으로 형성되어 효과가 나타나므로 부모를 대상으로 한 영유아 건강교육을 실시하는 것이 중요하다.

04 영유아건강에서 부모교육의 역할

영유아가 영유아교육기관과 가정에서 모두 건강하고 안전한 생활을 영위하기 위해서는 기관의 건강 안전 관련 시스템을 갖추고 교사를 교육하는 것뿐만 아니라 부모를 위한 건강 안전 교육프로그램을 활성화하는 것이 필수적이다. 영유아의 사고 중 61%가 가정에서 일어난다는 통계자료가 이의 당위성을 강조한다. 현재 영유아교육기관에서는 부모의 영유아에 대한 발달적 이해와 바람직한 양육태도, 영유아교육기관의 교육방법을 가정과 연계하기 위한 부모교육의 부모참여는 꾸준히 증가하고 있으나 영유아의 건강 안전을 위한 부모의 역할에 대한 교육은 저조하며 직접적인 부모의 참여를 유도하는 교육보다는 알림장, 가정통신문 등의 소극적인 방법을 채택하고 있다.

영유아교육기관에서 건강·안전에 대한 부모교육 프로그램이 미약한 이유는 첫째, 원장의 건강·안전에 대한 부모교육 필요성의 인식 부족 때문이다. 원장은 영유아의 교육에 대한 부모교육의 필요성을 어느 정도 인식하고 있으나 건강·안전·위생에 대해서는 가정과의 연계보다는 영유아교육기관 내의 물리적 환경을 정비하여 기관 내에서의 사고를 방지하는 데 힘쓰고 있었다.

둘째, 부모들의 시간적 여유가 부족하기 때문이다. 어린이집에 등원하고 있는 영유아의 부모 대부분이 맞벌이 부부이므로 퇴근 후 시간을 이용하여 부모교육 프로그램을 진행하기 때문에 시간이 항상 부족하다.

셋째, 부모들의 부모교육 프로그램 참여 기피 현상이다. 부모들의 시간적 여유 부족과 함께 피교육자로서의 대우를 받기 싫어하는 경향이 있어 부모들은 부모교육 프로그램에 참여하기를 기피한다. 건강·안전 관련 부모교육도 마찬가지이다. 그러므로 영유아교육기관 원장의 건강·안전 관련 부모교육에 대한 인식을 변화시키기 위한 교육이 이루어져야 하며 짧은 시간에 효과적으로 부모의 참여를 이끌 수 있는 건강·안전 관련 부모교육 방안을 모색하여야 한다. 영유아교육기관에 재원 중인 영유아가 기관과 가정 모두의 환경에서 건강하고 안전하게 성장하기 위해서는 기관의 건강뿐만 아니라 가정에서의 안전과 건강도 중요한 부분이다. 영유아는 스스로의 안전과 건강을 위한 상황 판단과 자조 기술이 아직 미흡하므로 가정에서의 안전과 건강을 위하여 부모의 도움이 절실히 필요하다. 부모는 영유아의 안전과 건강을 위하여 기본적인 건강·안전 관련 지침을 준수한 양육을 제공해야 하며 영유아가 스스로 안전과 건강을 지킬 수 있도록 학습의 기회를 제공해야 한다. 부모가 이와 같은 자녀양육에서 건강교육자로서의 역할을 바람직하게 하기 위해서는 건강 관련 내용에 대한 지식과 구체적 기술을 제공하는 부모교육이 절실히 필요하다. 그러므로 영유아교육기관에서는 부모가 영유아의 건강·안전을 위해 가정에서 지켜야 할 환경적 지침 보호 지침을 숙지할 수 있도록 장·단기적인 계획을 수립하여 부모교육을 진행하여야 한다.

영유아가 영유아교육기관뿐만 아니라 가정에서도 건강하고 안전하게 성장 발달할 수 있도록 하며 기관의 건강·안전 지침과 가정의 지침이 유기적으로 연계될 수 있도록 한다. 부모교육의 목표는 효율적인 교육방법과 내용을 선정하여 부모가 흥미를 가지고 적극적으로 참여할 수 있도록 유도하며, 다양한 방법을 활용하여 영유아의 건강·안전과 관련하여 바람직한 부모 역할을 수행하도록 하는 것이다. 영유아의 안전에 적합한 가정의 환경을 구성하도록 도움을 주며 빈번히 발생할 수 있는 영유아의 안전사고와 건강 관련 문제에 대해 부모가 적절히 대처할 수 있도록 교육한다. 또한 영유아의 질병과 감염병 관리를 위한 지침을 숙지하도록 하며 부모가 외부 활동 시 안전하게 생활할 수 있는 방법을 이해하고 영유아학대 및 성 범죄를 예방할 수 있는 부모의 역할을 알려 주어야 한다.

부모교육 내용은 건강·안전 관련 내용을 장·단기 목표로 선정하여 1년간 교육이 연계적으로 이루어질 수 있도록 연간교육계획안을 작성한다. 매월 다루게 되는 주제들의 예시는 〈표 11-2〉와 같다. 연간교육계획안은 가정에서 부모와 영유아의 건강관리를 위한 방법뿐만 아니라 외출 시 안전, 즉 실외놀이터 이용 등 교통안전과 외부 시설을 이용할 때의 주의점과 아동학대나 성범죄와 관련된 예방교육 내용도 포함되도록 한다. 교육방법은 기관에 방문하여 강의를 듣는 방법과 인터넷을 활용한 참여 수업 등으로 교육방법을 다양화, 효율화되도록 한다.

부모가 기관을 방문하여 교육에 참여하는 경우에는 부모의 시간적 여유를 필요로 한다. 부모의 부담을 줄이면서 교육의 효과를 높여야 하므로 부모가 퇴근한 후 저녁 시간이나 주말시간대를 이용하여 진행한다. 직접 교육은 강의 토론 내용을 바탕으로 이루어질 수 있으며 교육시간은 90분 정도가 적절하다. 영유아건강 관련 부모교육은 분기별로 1회 정도 이루어지므로 연계성 있는 교육보다는 매 회기 시간 내에 해당되는 주제의 교육 내용을 선정하여 충분히 전달할 수 있도록 계획한다. 부모의 참여율을 높이기 위해 부모가 교육에 참여하는 동안 교사를 배치하여 영유아에게 적절한 놀이 환경과 활동이 주어져야 함은 물론 간단히 저녁 식사를 대신할 수 있는 간식을 준비한다.

부모교육을 위한 교육계획안의 예시는 〈표 11-3〉과 같다.

〈표 11-2〉 영유아건강을 위한 부모교육 연간교육계획안 예시

월	교육주제	세부내용
5	아동학대	• 아동학대의 범주 및 유형 • 아동학대 발생 시 대처방법-발견 및 신고요령
9	성교육	• 기관과 명칭에 대해 정확히 설명하기 • 임신과 출산에 대해 자녀에게 설명하는 방법 • 성과 관련된 문제 발생 시 대처방법 자녀에게 알려 주기
11	안전사고	• 가정에서 주로 발생하는 안전사고 방지

〈표 11-3〉 영유아건강을 위한 부모교육 계획안

행사명	부모교육		
일시 및 장소	년 월 일 요일	장소	강당 또는 보육실
준비물	프로젝트/노트북/마이크/의자/책상/다과/강의자료/설문지		
계획된 내용			

▸ 사전에 준비되어야 할 사항
1. 강의 주제 점검
2. 강사 결정 및 섭외
3. 교육 실행을 위한 교사회의
4. 강당 구성
5. 다과 준비
6. 강의자료
7. 설문지
8. 필기도구

▸ 부모교육 일정
1. 오후 6시 30분~6시 35분
   - 원장 인사말 / 강사 소개 및 강의 내용 소개(담당: 원장)
   - 원장이 교육계획의 이유와 참여에 대한 감사의 인사를 한다.
   - 강사의 간단한 경력 소개와 강의 내용을 소개한다.
2. 6시 35분~7시 15분: 강의 진행(담당: 강사)
   - 강의 주제에 맞춘 내용이 진행되는 데 무리가 없도록 전반을 살핀다.
   - 조명, 스크린 상태를 수시로 점검한다.
3. 7시 15분~7시 25분: 질의 및 응답(담당: 원장 및 강사)
   - 진행된 강의와 관련된 질문을 부모가 할 수 있도록 배려한다.
   - 10분이 지나서 계속 질의가 이루어지면 교육이 끝난 후 개별적으로 강사에게 질문하도록 유도하고 마무리한다.
4. 7시 25분~7시 30분: 마무리(담당: 원장)
   - 강의 내용을 요약하고 마무리 인사를 한다.
   - 설문지 작성을 공지한다.
   - 설문지를 수거한다.

건강 관련 부모교육 프로그램 수행 후 학습결과를 확인하기 위해 교육활동 평가가 이루어져야 한다. 교육활동 평가는 부모교육 프로그램을 수정·보완하는 단계로, 평가과정에서 드러난 참여자들의 욕구와 흥미를 고려해 내용과 방법이 개선될 수 있다. 영유아건강 관련 부모교육을 위한 교육활동 평가는 다음 〈표 11-4〉와 같다.

〈표 11-4〉 영유아건강을 위한 부모교육 교육활동평가

일시	년 월 일 요일
참여인원	○○반 - ○○명 ○○반 - ○○명 ○○반 - ○○명 총 ○○명
진행상황	• 2019년 ○월 ○○일 오후 ○시 ○○분~○시 ○○분까지 부모를 대상으로 영유아 학대의 유형과 대처방법에 대해 ○○○ 강사에 의해 진행함 • 강의 내용은 영유아 학대에는 다양한 유형이 있으며 특히 신체적 학대뿐만 아니라 언어적 학대, 방임, 무시가 포함된다는 것을 강조하고 학대에 대하여 모두가 신고자이며 보호자이어야 한다는 것을 강조함
평가	• 부모의 참여 정도 • 부모의 청강 태도, 강의 후 반응
보완할 점	• 교육의 참여율을 높이기 위한 방법 • 기타 교육의 활성화를 위한 방법

1) 부모교육의 방법

효율적인 건강 관련 부모교육 프로그램을 수행하기 위해 다양한 인적·물적 자원을 활용하고 다양한 기법과 전략을 이용하여 참여하는 부모에게 실제적 도움을 주어야 한다. 영유아교육기관에서 실시할 수 있는 영유아건강 관련 부모교육 유형을 살펴보면 다음과 같다.

(1) 홈페이지 및 알림장 앱 활용

시간적 여유가 없는 부모를 위한 가장 효율적인 방법이 인터넷 등의 전자 매체를 이용하는 것이다. 홈페이지에 건강·안전 관련 정보를 올려놓을 수 있는 페이지를 만들거나 알림장 앱을 활용하여 정보를 발송하는 방법이다. 매달 연계성 있는 내용으로 진행할 수 있으며 가정에서의 영유아건강 관리 내용을 위주로 전달하는 것이 도움이 된다. 홈페이지의 건강·안전 관련 정보란의 방문수나 알림장 앱 수신 확인을 통해 참여율을 파악할 수 있다.

홈페이지 및 알림장 앱 활용을 위한 연간교육계획안과 가정통신문의 예는 다음과 같다.

〈표 11-5〉 홈페이지를 활용한 부모교육 연간계획안

월	교육주제	세부내용
3	환절기 건강 관리법	• 황사/꽃가루로 인한 질병예방 및 대처법
4	피부질환에 대한 기본적인 주의사항	• 사용하는 연고의 종류 및 독성, 바르는 법
5	질병관리, 수족구	• 수족구의 특징 • 수족구의 예방 안내
6	예방접종에 관하여	• 예방접종 시 주의할 점 • 예방접종에 대한 오해들
7	질병관리, 소화기 질병	• 설사 • 변비
8	여름에 걸리기 쉬운 질환	• 땀띠 • 여름철 배탈 • 식중독 및 예방법
9	질병관리, 틱 장애	• 틱의 주요증상 • 틱의 치료방법
10	약물 안전1	• 중독사고 예방법 • 영유아에 대한 올바른 약 사용법
11	약물 안전2	• 약을 보관하는 방법 • 어려운 약 먹이는 방법
12	창상관리	• 집에서 소독하는 방법 • 상처 치료 후 병원에 가야 하는 증상들
1	질병관리, 감염성 질환	• 수두 • 볼거리 • 수족구 • 농가진
2	화상을 입었을 때	• 화상 응급처치법

〈표 11-6〉 알림장 앱의 '수족구병' 가정통신문

병원체	엔테로바이러스, 콕사키바이러스
잠복기	3~7일
특징	발열 및 입안의 물집과 궤양, 손과 발의 수포성 발진
임상 증상	발열, 식욕부진, 인후통으로 시작하여 열이 나기 시작한 1~2일 후 입안에 통증성 피부병변이 혀, 잇몸, 뺨 안쪽에 발생한다. 작고 붉은 반점으로 시작하여 물집이 되고, 궤양으로 발전하기도 한다. 가려움 없는 피부발진이 손바닥과 발바닥에 나타나며 엉덩이와 외음부에 보일 수도 있다. 설사나 구토를 동반하기도 한다.
감염경로	환자의 호흡기 분비물, 대변 및 수포액의 직접 접촉
전염기	대변으로 수주에서 수개월까지도 바이러스가 분비될 수 있고, 호흡기 분비물로는 1~3주까지 전파시킬 수 있다. 감염된 후 약 1주일 동안을 가장 전염력이 높은 시기로 간주한다.
환자 관리	등원 중지: 가장 전염력이 높은 시기(발병 후 1주일간)에 어린이집이나 유치원 혹은 많은 사람이 모인 곳에 가능한 한 가지 않는 것이 병의 유행을 막는 데 도움이 된다.
접촉자 관리	발병하는지 잠복기간 동안 관찰하고, 발병하면 자가 격리(1주일)한다.
예방법	철저한 손 씻기, 기침 예절을 지키고 개인위생을 유지한다. 장난감이나 일상생활 도구 등을 세제를 사용하여 잘 닦는 등 주변 환경에 대한 철저한 관리를 시행하면 전파 차단에 도움이 된다.

출처: 안효섭, 신희영(2016); 보건복지부, 대한소아과학회(2011); 보건복지부, 질병관리본부(2017); 질병관리본부 보도자료(2017. 5. 25).

가정통신문 - 수족구병 예방 안내

최근 수족구병 환자의 발생이 증가하고 있어 주의가 요구되고 있습니다. 특히 집단생활을 하는 특성상 집단 발병할 가능성이 큽니다. 이에 예방법을 안내해 드리오니 가정에서 많은 협조 부탁드립니다.

1) 수족구병은 어떤 병인가요?

콕사키바이러스나 엔테로바이러스에 감염되어 발열 및 입안의 물집과 궤양, 손과 발의 수포성 발진이 나타나는 것을 특징으로 하는 질환입니다. 특히 영유아에서 많이 발생합니다. 대부분의 경우 증상 발생 후 7~10일 이후 자연적으로 회복하는 질병이나, 드물게는 뇌수막염, 뇌염, 마비 증상 등 합병증이 동반될 수 있습니다.

2) 어떻게 전파되나요?

감염된 사람의 호흡기 분비물 또는 대변 등을 통해서 다른 사람에게 전파됩니다.

3) 증상은 무엇인가요?

발열, 식욕부진, 인후통으로 시작하여 열이 나기 시작한 1~2일 후 입안에 통증성 피부병변이 혀, 잇몸, 뺨 안쪽에 발생합니다. 작고 붉은 반점으로 시작하여 물집이 되고, 궤양으로 발전하기도 합니다. 가려움 없는 피부발진이 손바닥과 발바닥에 나타나며 엉덩이와 외음부에 보일 수도 있습니다. 설사나 구토를 동반하기도 합니다.

4) 어떻게 예방하나요?

올바른 손 씻기를 생활화합니다. 즉, 외출 후, 배변 후, 식사 전후, 기저귀 교체 전후에 흐르는 물에 비누로 30초 이상 손을 씻도록 합니다.

옷소매 위쪽이나 휴지로 입과 코를 가리고 기침하는 기침 예절을 준수해야 합니다. 환자의 배설물이 묻은 옷은 철저히 세탁하고, 아이들의 장난감, 놀이기구, 집기 등을 청결하게 소독합니다.

수족구병이 의심되면 바로 병·의원에서 진료를 받으시고, 수족구병으로 진단되면 발병 후 1주일 동안은 등원하면 안 됩니다.

(2) 부모 참여

부모 참여는 일상적인 건강·안전 관련 지침을 부모와 공유하여 부모가 영유아교육기관을 더욱더 신뢰하고 기관이 지키고 있는 규준을 가정에서도 함께 지킬 수 있도록 하는 데 그 목적이 있다. 기관의 하루 일과에 부모가 참여하여 하루 선생님으로서 교사를 도우며 건강·안전 관련 지침의 실행을 체험해 본다. 가장 적극적인 교육방법으로 부모의 시간 할애를 가장 많이 요구한다. 영유아

건강 관련 부모 참여 활동 계획안과 일과활동 계획안은 〈표 11-7〉, 〈표 11-8〉과 같다.

〈표 11-7〉 영유아건강 관련 부모 참여 활동 계획안

목적	• 영유아교육기관의 건강·안전 지침을 경험하고 가정에서도 동일한 지침을 적용하도록 한다.
일시	• 연중 내내 부모가 신청하는 날
장소	• 자녀가 등원하는 학급
활동내용	• 자녀가 등원하는 학급의 하루 일과에 맞추어 교사를 보조하는 역할을 하며 학급 영유아를 돌보는 가운데 건강·안전 지침을 체험한다. • 자녀의 건강·안전을 위해 수행하는 교사 역할을 경험한다.
준비사항	• 일일교사 체험 하루 전날 영유아교육기관의 하루 일과와 건강·안전 관련 지침을 부모에게 전달하여 숙지하도록 한다.

〈표 11-8〉 영유아건강 관련 부모 참여 일과활동 계획안

시 간	주요 일과	도와주실 일
9:00~ 9:40	손 씻기 및 오전간식	• 영유아가 바른 손 씻기와 손 소독을 할 수 있도록 함께 도와 준다. • 핸드 페이퍼를 이용하여 손을 건조하도록 돕는다. • 간식 배식 전에 간식 테이블을 무독성 소독액으로 닦는다. • 간식을 배식할 때는 배식자의 손의 청결, 옷의 청결을 점검하고 위생장갑과 집게를 이용하여 배식한다. • 영유아가 떨어진 음식을 먹지 않도록 지도한다. • 영유아가 간식 도구, 식사 도구를 떨어뜨리면 소독된 새 도구로 교체하여 준다.
9:40~ 9:50	이야기 나누기	• 영유아와 함께 앉아 이야기 듣기 및 힘들어 하는 영유아를 도와준다.
9:50~ 10:50	실외 활동	• 실외활동 전 미리 실외놀이터에 가서 안전체크리스트에 준하여 시설물 안전 점검을 실시한다. • 계획된 활동과 비계획된 활동 모두가 즐겁게 진행되도록 돕는다. • 실외놀이 활동 후 영유아가 바른 손 씻기와 손 소독을 할 수 있도록 돕는다. • 핸드 페이퍼나 개별 수건으로 손을 건조하도록 한다.

시 간	주요 일과	도와주실 일
10:50~ 12:00	오전 자유선택놀이 소그룹 활동	• 영역별 활동에 참여하도록 돕는다. • 중간에 식수를 원하는 영유아는 소독된 컵을 사용하도록 하고 다 쓴 컵은 정리함에 넣도록 도움을 준다. • 놀이 중간에 화장실을 가고자 하는 영유아와 함께 화장실로 가서 배변 후 깨끗한 뒤처리에 도움을 주고 손 씻기와 건조를 할 수 있도록 돕는다.
12:00~ 13:00	손 씻기 점심식사	• 오전 간식시간과 동일하게 도움을 준다.
13:00~ 14:00	교구 세척 계단 점검	• 영유아의 위생을 위한 교구 세척을 진행한다. • 영유아가 계단을 오르내릴 때 미끄럼 방지를 위한 용액 바르기를 실시한다.

영유아의 건강을 위한 부모교육은 다양한 방법으로 이루어질 수 있으며, 부모들의 참여수준도 다양하다. 부모교육 활동은 강연회, 세미나, 워크숍과 같은 전통적인 부모교육뿐만 아니라 영유아가 다니는 기관의 교육활동 관찰 및 참여, 의사결정자로서의 부모참여, 교사 보조자로서의 부모봉사, 부모 및 자녀의 이해를 돕는 부모상담 등 넓은 의미의 부모교육 활동도 진행할 수 있다. 이는 건강 관련 부모교육 활동 수혜자의 특징과 요구에 부합된 내용을 적절한 방법으로 제공할 때 프로그램 효과를 극대화 할 수 있다.

부록

유아흡연예방교육

01 담배의 유해성 및 우리나라 흡연실태

1) 담배의 유해성

담배연기는 약 4,000여 종이 넘는 여러 가지 유해 화학물질로 구성되어 있으며, 이 중 50여 종이나 되는 발암물질이 포함되어 있다(금연길라잡이, 2015). 특히 대표적인 유해물질은 타르와 니코틴, 일산화탄소 세 가지이다.

청소년이나 아동기의 흡연이 건강에 나쁜 이유는 흡연을 조기에 시작할수록 심혈관 질환 및 각종 암 유발 가능성이 높고, 모든 세포가 성장, 발달하는 시기의 흡연은 특히 뇌세포의 성장을 저해할 뿐만 아니라 면역능력을 약화시켜 각종 질병에 걸릴 위험이 높아지게 되기 때문이다. 아울러 부모의 흡연 특히, 엄마의 흡연으로 인해 야기된 영아돌연사증후군(SIDS)이나 조산과 저체중에 의한 합병증 등은 영아에게 매우 심각한 영향을 미치는 것으로 보고되었다.

2) 아동의 주양육자와 배우자의 흡연 실태

성인 흡연율은 감소 추세이나, 남자 현재흡연율은 45.3%로, 특히 아동의 주양육자의 90%를 차지하는 30~40대 절반이 흡연자이다(보건복지부, 2014).

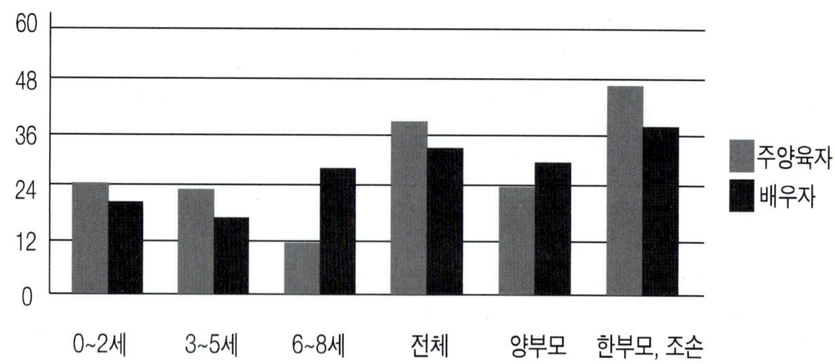

[그림 1] 미취학 아동의 주양육자와 배우자의 가정 실내 흡연율

2013년 아동종합실태조사를 기초로 미취학아동의 주 양육자와 배우자의 가정 실내 흡연율을 도표화하면 [그림 1]과 같이 영유아의 간접흡연 위험이 높음을 알 수 있다. 특히 0~2세의 주양육자는 24.8%, 3~5세는 22.4%, 6~8세는 11.5%로 0~2세 영아의 주양육자 흡연율이 미취학아동 중에서 가장 높게 나타났다.

02 간접흡연의 유형 및 노출 실태

1) 유형

흡연에는 직접 담배 연기를 마시는 직접흡연(1차 흡연)과 타인의 흡연에 의한 간접흡연(2, 3차 흡연)이 있으며, 1992년 미국의 환경보호국에서 간접흡연을 야기하는 환경성 담배연기를 A등급의 발암물질로 분류하였다. 이후 간접흡연이 비흡연자의 건강에 유해함이 밝혀지면서 최근 전 세계적으로 간접흡연의 심각한 위해성에 대한 인식이 확산되었다.

간접흡연 중 2차 흡연이란 흡연자 옆에서 연기를 마시는 것을 의미한다. 이때 노출되는 담배연기는 구성성분인 4,000종 이상의 화학물질 중 250개의 맹독성 화학물질과 50가지 이상의 발암물질을 포함하고 있다. 간접흡연 중 3차 흡연이란 흡연 후 남아있는 오염물질, 가스형태의 재방출 오염물질, 환경에서 다른 물질과 반응해 만들어진 2차 오염물질을 비흡연자가 들이 마시거나 피부를 통해 흡수하게 되는 것을 의미한다.

담배연기는 실내의 다양한 표면에 흡착되는데, 석고보드, 카펫, 소파, 커튼, 벽지, 가구 등에 흡착된다. 특히, 니코틴과 타르는 끈적거리는 특성을 가지고 있어서 실내 표면에 쉽게 흡착되고 이러한 3차 흡연 오염물질은 몇 달이 지나도 남아있게 된다(보건복지부, 국가금연지원센터, 2015).

2) 노출 실태

가정 실내 간접흡연 노출률은 감소추세이나, 영유아의 간접흡연노출 현황은 55.7% 이상이며, 가족 흡연자에 의한 노출은 44.3%로 심각한 상황이다(박애경, 2013). 특히 아버지의 가정 내 흡연이 만 6세 이하 영유아에게 심각한 간접흡연을 유발하며, 이를 피하기 위해 실외에서 흡연하더라도 가족의 간접흡연의 피해는 완전히 배제할 수 없는 것으로 나타났다(금연길라잡이, 2015). 아울러 간접흡연 피해에 대한 부모의 인지도는 97.86%로 매우 높으나, 유아의 피해인지도의 경우, 33.9% 정도만 알고 있으며, 약 66%가 모른다고 응답(박애경, 2013)하여 유아들의 간접흡연 폐해에 대한 지식이 낮음을 알 수 있다. 특히 최근 3차 간접흡연에 대한 위험이 밝혀지고 있지만 대중들의 인지도는 상대적으로 낮은 편이며, 대부분의 영유아는 간접흡연의 위험성에 대해 제대로 알고 있지 못하며, 간접흡연 노출 시 어떻게 행동해야 하는지도 잘 모른다는 발달적 특성을 가진다는 문제점을 가진다(윤충식, 민하영, 2002).

더 나아가 대부분 영유아를 포함한 아동에게 편의점 등에서 담배 진열과 광고가 무방비로 노출되고 있으므로 이에 대한 교육이 시급하다. 한 예로, 2013년 세계보건기구(WHO)는 11~14세 아동 및 청소년이 담배광고가 있는 편의점을 1주일에 최소 2회 방문할 경우 흡연 시작 가능성이 2배 정도 높다고 발표하였으며(내일신문, 2015. 8. 6), Borzekowski와 Cohen(2013)의 연구에 의하면 개발도상국 5~6세 유아의 3분의 2 이상이 적어도 1개의 담배제품을 알고 있었고 유아의 흡연의도에 성별, 연령, 지역, 가족 구성원, 미디어 노출 등이 영향요인으로 밝혀졌다.

03 간접흡연의 피해

간접흡연 피해가 가장 심한 연령층은 3~11세 어린이들로 3차 흡연은 특히 공간이 좁고 밀폐된 흡연자의 자동차에서도 쉽게 찾아볼 수 있어 부모에게 의존하는 유아의 경우 노출 가능성이 더욱 크다.

간접흡연의 피해는 아버지가 흡연자일 경우 어린 자녀일수록 간접흡연의 노출정도가 심해져 아버지가 비흡연자인 가정의 유아에 비해 모발 니코틴 농도가 4배 더 높게 나타났다(국립암센터 뉴스레터, 2009. 12.). 또한 부모에 의해 간접흡연 노출이 잦은 경우 유아가 감기, 기관지염 등에 걸릴 확률은 2배, 중이염, 어린이 백혈병 등 신경계암 발병률은 100배, 유아가 ADHD 증상을 나타낼 위험이 1.2배로 증가하며(김길원, 2014), 영유아의 폐기능 발달 저해나 영아돌연사, 천식 등 신체건강 외에 지능, 집중력, 학습능력 등에도 부정적 영향을 미치는 것으로 밝혀졌다(WHO 보고서, 2014). 또 다른 연구에서는 초등학생을 대상으로 조사한 결과 간접흡연의 영향을 나타내는 소변 내 코티닌 농도가 높을수록 주의력결핍, 과잉행동, 충동성 등의 증상이 심해지고 철자법, 수학계산 등의 학습능력이 저하되는 것으로 밝혀졌다(Cho et al., 2012).

04 흡연예방교육의 필요성

우리나라는 흡연으로 인한 조기 사망, 흡연관련 질병으로 인한 진료비 등 막대한 사회경제적 손실을 입고 있으며, 성인기 이전의 조기 흡연진입의 위험성이 밝혀졌다. 특히 최초 흡연경험 시기는 성인기의 흡연여부와 흡연율의 중요 결정인자와 질병유발인자로 작용하며, 그 시기가 빠를수록 흡연기간이 길고 양도 많아졌다(Borras, Fermandez, Schiaffino, Borrell, & La Vecchia, 2000). 따라서 기본적 가치관 및 태도가 결정되는 유아기부터 흡연예방교육이 시작되어야 하며, 가정 내 흡연자에 노출될수록 미래의 잠재적 흡연자가 될 가능성이 있으므로 성인의 흡연 환경에 대해 수동적으로 수용할 수밖에 없는 영유아에게 특히 흡연과 간접흡연의 유해성을 올바로 인식하고 자신의 건강을 지킬 수 있는 적극적이고 구체적인 흡연예방의 지식과 기술 및 태도를 형성할 필요성이 제기된다. 나아가 가정 및 지역사회의 비흡연 문화형성을 위한 흡연예방교육 또한 적극적으로 이루어질 필요가 있다.

유아 흡연예방교육이 필요한 이유

- 담배는 니코틴의 중독성 때문에 한 번 피우기 시작하면 끊기가 매우 어려우므로 예방교육이 더 중요함
- 흡연시작 연령이 하향화되고 있으므로 흡연에 노출되기 이전인 유아기부터 조기의 흡연차단을 위한 예방교육이 필요함
- 많은 수의 유아가 간접흡연 피해에 노출되어 있으므로, 유아가 간접흡연의 피해로부터 스스로를 보호할 수 있도록 돕는 교육이 필요함
- 대부분의 유아가 담배 진열과 광고에 무방비로 노출되고 있으므로 이후 호기심에 의한 조기의 흡연 진입을 차단하는 교육이 시급함

05 활동의 예

금연 포스터 만들기

흡연예방교육요소	• 흡연과 간접흡연의 유해성 알기 • 간접흡연 노출 피하기 • 흡연자에게 금연 권유하기	누리과정교육요소	• 신체운동·건강: 건강하게 생활하기–질병 예방하기 • 예술경험: 예술적 표현하기–미술활동으로 표현하기
활동목표	• 간접흡연이 무엇인지 알아본다. • 간접흡연으로부터 내 몸을 보호하는 태도를 기른다. • 자신의 생각이나 느낌을 짧은 글과 그림으로 표현해 본다.		
활동자료	• 포스터를 만들 도구(종이, 색연필, 사인펜, 물감, 붓, 물감접시 등)		

▶ 활동내용 및 방법

1) **포스터의 의미에 대해 이야기 나눈다.**

- 포스터를 본 적 있니? 어디에서 보았니?
  (공연하는 것을 알려주기 위해 붙여 놓았다, 마트에서 세일을 알리기 위해 문 앞과 엘리베이터에 붙여 놓았다 등)
- 포스터는 알리고자 하는 내용을 글과 그림으로 표현한 거란다. 사람들이 많이 다니는 곳에 붙여두면 많은 사람들이 포스터를 보게 되지.
- 우리가 어른들이 피우는 담배연기를 맡지 않도록 간접흡연은 싫다는 포스터를 만들어서 붙이면 좋겠다.

2) **포스터 내용과 만드는 방법에 대해 이야기를 나눈다.**

- 포스터에는 어떤 내용들을 넣으면 좋을까?
  (우리는 담배연기가 싫다, 담배연기는 몸에 나쁘다, 담배는 안돼! 등)
- 그림은 어떤 것을 그릴까?
  (금연 표시, 우리가 담배연기 때문에 기침하는 그림, 담배 대신 물을 마시라는 그림 등)
- 우리가 함께 의논한 내용을 글과 그림으로 표현해보자.

3) **함께 그린 내용, 쓴 글씨를 큰 종이에 붙이고 구성하여 포스터를 제작한다.**

4) **포스터가 완성되면 어린이들과 함께 포스터를 게시할 곳을 정한다.**

- 어디에 붙이면 많은 사람들이 볼 수 있을까?
  (유치원이나 어린이집 출입문, 유치원이나 어린이집 근처의 버스정류장, 마트 출입문 입구 등)

5) **관계자들과 협의하여 일정기간 포스터를 게시하고 시간이 지나면 철수한다.**

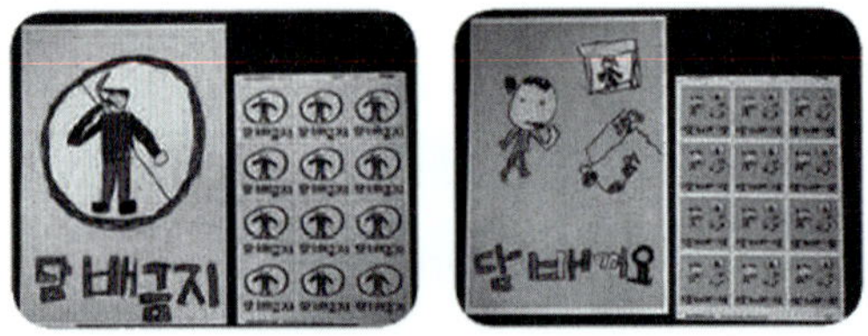

출처: 보건복지부, 국가금연지원센터(2015). 유아흡연예방교육.

금연 타임캡슐 – 미래의 나에게 보내요

흡연 예방 교육 요소	• 흡연과 간접흡연의 유해성 알기 • 금연의 필요성 알기	누리 과정 교육 요소	• 신체운동·건강: 건강하게 생활하기–질병 예방하기 • 예술경험: 예술적 표현하기–미술 활동으로 표현하기
활동 목표	• 흡연이 건강에 미치는 영향을 알고 건강한 생활을 계획한다. • 나의 생각이나 느낌을 그림이나 짧은 글로 표현해 본다.		
활동 자료	• 타임캡슐용 용기, 편지지 혹은 A4용지, 아이쿠 및 번개맨 캐릭터 스티커(네임택, 뱃지 모양), 채색도구, 필기도구		

▶ 활동내용 및 방법

1) **흡연예방에 관한 영상을 보고 난 후 느낌을 이야기 나눈다.**

- 영상을 보고 나니 마음이 어떠니?
- 가장 기억에 남는 것은 무엇이니?
- '나는 앞으로 이렇게 지낼 거에요' 라고 생각하는 점이 있니?

2) **내가 자라서 어른이 되었을 때 흡연에 대해 어떤 생각을 가지고 있을지 생각해 본다.**

- 담배를 피우는 사람들은 어떻게 담배를 피우게 되었을까?
  (친구가 피우라고 해서, 담배를 피우면 멋있어 보이니까, 궁금해서 등)
- 담배를 피우는 사람들은 왜 담배를 계속 피우게 되는 것일까?
  (계속 피우고 싶어서, 중독되었기 때문 등)
- 나는 커서 어른이 되면 담배를 피우게 될까?
- 누군가 나에게 담배를 피우라고 하면 어떻게 하겠니?
  (피우지 않는다고 이야기한다, 담배는 몸에 나쁘다고 말한다, 상대방에게도 피우지 말라고 한다 등)
- 담배를 피우지 않겠다고 생각하는 이유는 무엇이니?
  (담배는 몸에 해롭기 때문, 담배 연기는 다른 사람의 건강도 해치기 때문, 중독되기 때문 등)

3) **미래의 내가 흡연을 하지 않도록 할 수 있는 방법에 대해 생각해 본다.**

- 내가 커서 어른이 되었을 때도 지금의 생각과 같을까?
- 어른이 되었을 때 지금의 생각을 기억하려면 어떻게 하면 좋을까?

4) **타임캡슐을 소개한다.**

- (타임캡슐을 보여주며) 지금의 기록이나 물건을 담아 미래에 열어보려고 만드는 것을 알고 있니?
- 무엇이라 부를까?
  (타임캡슐, 타임캡슐이란 기록이나 물건을 담아서 후세에 온전히 전할 목적으로 고안한 용기로 대개 땅속에 묻어 두기도 하고 '기억상자'라고 부르기도 함)

5) **금연 타임캡슐을 만든다.**

- 타임캡슐의 힘을 빌려 나의 생각을 미래의 나에게 전하면 어떨까?
- 타임캡슐에 무엇을 넣으면 미래의 나에게 도움을 줄 수 있을까?

(흡연을 예방할 수 있을까?, 금연해야 하는 것이 생각날까?)
- 타임캡슐의 겉에는 무엇을 써 놓으면 좋을까?
- 내가 만든 타임캡슐은 어디에 놓아두면 좋을까?

흡연했을 때의 모습을 그린 그림

미래의 나에게 쓴 편지

타임캡슐의 모습

타임캡슐에 넣을 것을 준비하는 모습

〈금연 타임캡슐 만들기〉

① 타임캡슐에 넣을 내용을 구상한다.
(나에게 금연을 권장할 수 있는 내용 고안해 내기)

② 편지지에 채색도구 및 필기도구를 이용하여 그리거나 꾸며 만든다.

③ 네임택 스티커에 만든 날, 여는 날, 이름 등을 써서 준비된 타임캡슐 통에 붙인다.

④ 타임캡슐 통 속에 ②를 넣는다.

출처: 보건복지부, 국가금연지원센터(2015). 유아흡연예방교육.

참고 문헌

강란혜(2008). 아동의 인터넷 중독에 영향을 미치는 부모와의 의사소통 및 아동의 심리적 변인. 한국가족복지학, 13(3), 129-148.

강문희(2000). 유아 생활지도. 교문사.

강문희, 윤애희, 이경희, 정정옥(2008). 유치원, 보육시설 운영관리. 학지사.

고재옥(2002). 유아의 식습관 및 생활환경이 유아의 비만에 미치는 영향. 대구가톨릭대학교 보건과학대학원 석사학위논문.

공만석, 이홍수, 김수남(1994). 모친의 구강 보건에 대한 지식, 태도, 행동과 아동의 구강 보건 형태의 관련성에 관한 연구. 대한구강보건학회지, 18(1), 84-94.

곽은복(2008). 아동안전관리. 학지사.

교육과학기술부(2008). 유치원 교육과정 해설(II). 교육과학기술부.

교육과학기술부(2008). 학생 건강 체력평가제확대시행계획. 서울: 저자.

교육과학기술부, 보건복지부, 육아정책연구소(2012). 3-5세 연령별 누리과정 지원을 위한 시·도(교육)청 강사요원 중앙연수 자료집. 육아정책연구소.

교육부(2001). 총론, 유치원교육활동 지도 자료 1. 대한교과서주식회사.

교육부, 보건복지부(2019). 2019 개정 누리과정 해설서. 세종: 저자.

교육인적자원부(2005). 2004년도 초·중등학생 기초 체력 증진 프로그램. 교육인적자원부.

교육인적자원부(2006a). 안전점검체크리스트 시설관리안전 매뉴얼. 교육인적자원부.

교육인적자원부(2006b). 유치원 시설안전관리 매뉴얼. 교육인적자원부.

교육인적자원부(2007). 유치원 급식 운영관리 지침서. 교육인적자원부.

구재옥(1999). 영유아를 위한 영양교육의 방향 '새천년과 건강한 영유아'. 대한지역사회영양학회지, 4(12), 623-628.

구혜숙(1995). 학교적응과 비학문적 자아개념 및 학업성적간의 관계. 홍익대학교 교육대학원 석사학위논문.

국가복지정보센터(www.e-welfare.go.kr) 건강생활.

국립암센터(2009. 12). 연령 어릴수록 간접흡연 피해 심각. 국립암센터 뉴스레터, 12월호.

국민건강보험공단(http://www.nhic.or.kr/)

근로복지공단 직장보육시설지원센터(http://www.escac.or.kr/)

금연길라잡이(2015). 3차 간접흡연. http://www.nosmokeguide.or.kr

김계자(2007). 영유아 영양 및 건강교육. 동문사.

김길원(2014. 12. 19.). 간접흡연·음주 노출 임신부, 자녀 ADHD 위험 크다. 연합뉴스. http://www.yonhapnews.co.kr에서 검색

김나영, 김성원, 김정희, 석은조, 이순복(2008). 놀이지도. 양서원.
김라 역(2005). 소아과에 가기 전에. 존가우드, 아만다 베넷 지음. 마고북스.
김미경, 김희정, 김영옥, 이진희, 이원철(2001). 서울시내 일부 학령 전 아동들의 비만 유병률과 이에 영향을 주는 요인. 대한지역사회영양학회지, 6(2), 121-129.
김수향, 이용주, 이은진(2008). 유아교육기관 운영관리. 동문사.
김순혜(2001). 아동상담. 학지사.
김신정(1998). 영유아를 위한 어머니의 건강증진 행위. 이화여자대학교 대학원 박사학위논문.
김연옥(2003). 양육자의 유아 치아관리 지식과 실천이 유아의 치아건강에 미치는 연구. 한성대학교 교육대학원 석사학위논문.
김연진, 송주미(2009). 유아건강교육. 동문사.
김영희, 김혜금, 박애경(2009). 수원시 영유아 건강행태 조사. 수원시.
김유미(2009). 뇌발달 접근에서 본 사교육의 문제점. 한국아동학회 창립 30주년 '한국 아동의 삶과 성장환경' 자료집, 87-96.
김은주(2007). 가정과 연계한 요리활동이 유아의 식습관과 편식에 미치는 영향. 중앙대학교 교육대학원 석사학위논문.
김은희(2004). 유치원 점심 급식 운영에 따른 식습관 지도에 관한 연구. 한국교원대학교 대학원 석사학위논문.
김일옥, 최경순(2004). 아동건강과 영양. 양서원.
김일옥, 최경순(2007). 아동건강교육. 양서원.
김일옥, 최경순(2009). 아동건강교육 개정판. 양서원.
김종배, 최유진, 문혁수, 김진범, 김동기, 이흥수, 박덕영(2005). 공중구강보건학. 고문사.
김진호, 이병래(2006). 유아정신건강. 동문사.
김현진(2009). 놀이를 통한 유아비만 예방의 일러스트레이션 표현 연구: 가정 내 유아 접점(Contact point) 매체를 중심으로. 이화여자대학교 디자인대학원 석사학위논문.
김혜경(2001). 자기구강위생관리행위에 관련된 요인 분석 연구. 연세대학교 보건대학원 석사학위논문.
나무위키. https://namu.wiki/w/%EC%A7%88%EB%B3%91 2020년 7월 24일 발췌.
남승연(2004). 식품 알레르기의 진단과 치료. 소아알레르기 및 호흡기 학회지, 14(2), 119-126.
내일신문, 2015. 8. 6
대한소아과학회(1985). 대한소아과학회지. 한국소아표준발육치.
대한소아치과학회. http://www.kapcl.org
대한치과의사학회(2000). 푸코와 치아. 한울.
류경화, 정명순, 지주영(2008). 영유아건강교육의 이론 및 실제. 동문사.
류호성(1999). 류호성의 치아클리닉. 열음사.

문현경, 박송이, 백희영(1999). 영양상태에 따른 학령전 아동의 건강 및 식생활 요인 평가. 한국식품영양과학회지, 28(3), 722-731.

박대근(2004). 유아기 대·소근육 운동 발달의 과정적 특성. 중앙대학교 대학원 박사학위 논문.

박대근(2004). 유아들의 생활경험에 관한 문화기술적 사례 연구. 홀리스틱융합교육연구, 8, 19-43.

박선환, 박숙희, 이주희, 정미경, 김혜숙(2008). 정신건강론. 양서원.

박성연(2006). 아동발달. 교문사.

박성옥, 이영환, 한유미, 곽혜경, 양연숙, 이진숙, 장혜자, 안은숙, 이민경, 김연주(2003). 영유아의 건강과 안전. 창지사.

박애경(2013). 영 · 유아 간접흡연, 피해인지 교육 및 금연교육현황. 한국교육문제연구, 31(4), 141-158.

박은혜, 김혜금, 남궁선혜(2005). 영유아의 안전 및 건강보호 지침서. 서울시.

박응임, 김지신, 김상희(2002). 좋은 부모 행복한 아이. 교문사.

박지희(1987). 가정환경과 정신건강과의 관계 연구. 숙명여자대학교 교육대학원 석사학위논문.

박현서, 안서희(2003). 학령 전 아동의 식습관과 사회적 행동과의 관계. 한국영양학회지, 36(3), 298-305.

범국민손씻기운동본부. http ://www.handwashing.or.kr

법무부(2010a). 영유아보육법. http://likms.assembly.go.kr 2010. 4. 22 출력.

법무부(2010b). 유아교육법. http://likms.assembly.go.kr 2010. 4. 22 출력.

보건복지가족부(2008). 보육시설 평가인증 지침서. 평가인증사무국.

보건복지가족부(2008). 보육시설, 아동시설 등 지역사회 아동기관에서의 아동 건강관리상 문제점 분석 및 개선방안.

보건복지가족부(2009). 2009 보육사업안내.

보건복지가족부(2009). 보육시설 아동의 건강관리를 위한 프로토콜 개발.

보건복지가족부(2010). 2010 보육사업안내. 보건복지가족부.

보건복지부(2001). 영유아 보건생활 교육프로그램.

보건복지부(2006). 2006년 상반기 아동정신건강 선별검사.

보건복지부(2007). 영유아 건강검진 실시기준. 보건복지부 고시 제2007-125호. http://www.mw.go.kr 2010. 4. 22 출력.

보건복지부(2008). 모자보건사업안내. 보건복지부.

보건복지부(2014). 지역사회건강조사. 질병관리본부.

보건복지부(2020). 보육사업지침.

보건복지부, 국가금연지원센터(2015). 유아흡연예방교육.

보건복지부, 한국보건상업진흥원(2002). 국민영양조사보고.

보건복지부. 제4차 어린이집 표준보육과정. 세종: 저자.

사)한국영양학회(2010). 한국인영양섭취기준(http://www.kns.or.kr/)

서울대학교병원. http://www.snuh.org/child/

서울특별시 교육청(2010). 안전관련 자료: 실외시설 안전점검표. http://youa.sen.go.kr/sub/sub04_05.jsp

송인섭(2000). 교육심리학. 양서원.

식품의약품안전청. http://www. kfda. go. kr

신동주(2005). 영유아의 영양, 건강, 안정. 정민사.

신승철(1998). 예쁜 이 튼튼한 이. 단국대학교 출판부.

신영규, 이강우, 최성항(2009). 소아과 119. 가림출판사.

엄미경(2002). 초등학교 컴퓨터게임 이용실태 및 게임중독 정도와 정신건강과의 관계. 한국학교보건학회, 15(1), 21-30.

여성가족부(2007). 0세 보육프로그램 내용(http://www.mogef.go.kr/)

여성가족부(2007). 1세 보육프로그램 내용(http://www.mogef.go.kr/)

여성가족부(2008). 2세 보육프로그램. 육아정책개발센터.

연합뉴스. 2006.12.6.

우남희, 현은자, 이종희(1992). 사설 학원 및 가정 중심의 조기 특기/과외 교육 실태. 제14차 한국아동학회 추계학술대회, 63-82.

윤충식, 민하영(2002). 유아를 위한 간접흡연 예방에 관한 주제 탐구 표현 활동 프로그램 개발. 보건복지부, 대구가톨릭대학교.

이경숙, 박미현, 박진아(2008). 유아의 수면 행동 양상과 성차 및 관련 변인에 관한 연구. 한국심리학회 연차학술발표대회 논문집, 474-475.

이기숙, 김정원, 이현숙, 전선옥(2008). 영유아 교육과정. 공동체.

이기숙, 장영희, 정미라, 배소연, 박희숙(2008). 영유아를 위한 안전교육과 응급처치. 양서원

이기숙, 장영희, 정미라, 홍용희(2002). 가정에서의 유아 조기, 특기교육 현황 및 부모의 인식, 유아교육연구, 22(3), 153-171.

이난희, 정효지, 조성희, 최영선(2001). 영유아 보육시설의 영양교육 프로그램 개발. 대한지역사회영양학회지, 6(2), 234-242.

이명란(2007). 공립유치원 교사의 식습관과 급식지도 및 영양지식. 이화여자대학교 교육대학원 석사학위논문.

이명희, 김정현, 이성희(2002). 영유아를 위한 영양건강교육. 교육과학사.

이미정, 김진선, 송승민, 이사라, 이희선, 임명희, 정정란, 조성연, 주영애, 한세영(2009). 보육학개론. 창지사.

이상언(1999). 우유병 우식증 경험아동의 5년 후 추적 조사 연구. 서울대학교 대학원 석사학위논문.

이순례, 조인숙(2004). 유아의 건강생활과 관련한 일상생활 습관에 대한 연구. 한국유아체육학회지, 5(1), 75-94.

이순형, 이성옥, 민하영, 이영미, 한유진, 장영은, 최나야, 김지현, 김진경, 정현심(2008). 영유아 건강교육. 학지사.

이연숙, 임현숙, 안홍석, 장남수(2003). 생애주기영양학. 교문사.

이영환(1992). '낯선상황'에서 영아의 아버지에 대한 애착에 관한 사례연구. 아동학회지, 13(2), 5-18.

이정숙, 김성재(2009). 유아기 신체건강과 관련한 일상생활습관 실태 연구. 아동학회지, 30(3), 177-196.

이정숙, 안윤영(2001). 아동의 수면장애와 놀이치료. 한국생활과학연구, 19, 21-35.

이종화(2007). 미취학 아동의 구강건강 행위와 어머니의 구강보건 특성과의 관련성. 대구한의대학교 보건대학원 석사학위논문.

이진아(2000). 환경초점2: 아동의 건강과 환경문제. 환경과 생명, 24, 130-141.

이태연, 최명구(2006). 생활 속의 정신 건강. 신정.

이태영, 황영자(2003). 1세아 보육론. 양서원.

이현만, 한성희(1996). 부모의 양육태도가 중학생 우울성향에 미치는 영향. 소아청소년정신의학, 7(2), 167-178.

임미혜, 조숙경, 지명숙, 채혜선(2005). 영유아 건강 및 안전교육. 양서원.

임성삼(2001). 치과질환 바로 알기. 에디터.

임현숙 외 13인(2000). 발달의 관점에서 본 생애주기 영양학. 교문사.

장유경, 정영진, 문현경, 윤진숙, 박혜련(2001). 지역사회 영양학. 신광출판사.

전승규(1979). 어린이의 영양 개선책. 한국영양학회지, 12(2), 29-36.

정나임(2007). 자녀의 식습관 개선을 위한 부모 영양교육의 효과. 중앙대학교 사회개발대학원 석사학위논문.

정미라, 배소연, 이영미(2007). 영유아를 위한 영양 및 건강교육. 양서원.

정영혜(2005). 어머니의 식습관, 식품 이데올로기 및 체형 인식이 유아의 영양상태에 미치는 영향. 계명대학교 대학원 박사학위논문.

정영혜(2005). 어머니의 식습관, 식품이데올로기 및 체형인식이 유아의 영양 상태에 미치는 영향. 계명대학교 교육대학원 박사학위논문.

정정옥, 강문희(1996). 자기조절학습이 정상아와 학습장애아의 학업성취에 미치는 영향. 아동학회지, 17(2), 121-140.

정효지, 이난희, 최영선, 조성희(2000). 영유아 보육시설의 영양관리 시범사업(Ⅰ)(II): 유아의 식생활 현황. 한국영양학회지, 33(8), 890-908.

조결자 외 23인(1998). 가족 중심의 아동간호학. 현문사.

조경자, 이현숙(2004). 유아건강교육. 학지사.

조미숙(2000). 영유아 보육시설 어린이들의 영양, 건강상태. 한국식생활문화학회지, 15(4), 313-323.

조선일보. 2010.1.28.

조선일보. 2010.2.25.

조양자, 서용선, 정승교, 조영임(1998). 아동건강교육. 형설출판사.

조윤득, 김미영(2009). 아동간호학. 공동체.

주간동아. 2009.9.18.

중앙보육정보센터(2008a). 보육시설 급식관리 체크리스트. http://www.educare.or.kr/ 2010. 4. 22 출력.

중앙보육정보센터(2008b). 보육시설 안전관리 매뉴얼. 중앙보육정보센터.

중앙보육정보센터(2008c). 보육시설 안전점검 체크리스트. http://www.educare.or.kr/ 2010. 4. 22 출력.

중앙일보. 2006.6.5.

중앙일보. 2010.1.17.

질병관리본부 http://www.cdc.go.kr/

질병관리본부(2007). 소아·청소년 표준 성장도표 2007.

질병관리본부(2007). 소아비만 후보유전자의 genotype 분석 및 질환지표 상관성분석; 결과보고서.

청충환(2003). 부모의 식습관이 아동의 식습관과 비만에 미치는 영향. 용인대학교 대학원 석사학위논문.

최경숙, 박영아(2005). 아동발달. 창지사.

최민수(2001). 부모와 교사를 위한 영유아 건강과 안전. 학지사.

최민수, 정영희(2006). 아동건강교육. 학지사.

최지영(2007). 아동건강교육. 동문사.

최혜순 외(2013). 영유아안전교육. 서울: 신정.

최후종(2001). 초등학교 어머니의 식생활 태도와 기호도에 관한 연구. 대구가톨릭대학교 보건과학대학원 석사학위논문.

통계청(2020). 2019년 출생·사망통계 잠정 결과.

한경자(2001). 영유아 건강과 보육: 간호 역할. 부모자녀교육학회지, 4(1), 98-102.

한국교육개발원(2000). 유아교육평가모형확립방안 연구.

한국인터넷진흥원(2008). 한국 인터넷 백서.

한국정보문화진흥원 인터넷 중독 예방상담센터 www.iapc.or.kr

홍상욱, 엄경순, 배옥현(2003). 현대가족에서의 청소년의 스트레스와 사회적 지지. 한국가족관계학회지, 8(1), 139-155.

환경부(2008). 보육시설의 실내공기질 유지관리 매뉴얼. 환경부 생활환경과.

황나미(2008). 건강한 생의 출발을 위한 모성 및 영유아 건강증진정책 방향. 보건복지포럼, 141, 5-19.

황윤숙, 김영남, 이성숙, 정재연, 조명숙, 최부근(2005). 유아의 구강보건교육 프로그램 개발. 한국치위생교육학회지, 5(2), 290-298.

황혜정, 김경회, 이혜경, 어주경, 나유미(2003). 아동과 환경. 학지사.

Ainsworth, M. (1979). Infant-mother attachment. *American Psychologist, 34*, 932-937.

Ainsworth, M., & Witting, B. (1969). Attachment and exploratory behavior of one year-olds in a strange situation. In B. M. Foss (ed.), *Determinants of infant behavior*, Vol. 4. London Methuen.

Artikel, G. (1974). *Historisches worterbuch der philosophie*, (Bd. 3), Hrsg. von Joachim ritter, Basel/Stuttgart.

Bellieni, C. V., & Buonocore, G. (2009). Pleasing desires or pleasing wishes? A new approach to health definition. *Ethics & Medicine: An International Journal of Bioethics, 25*(1), 7-10.

Borras, J. M., Fernandez, E., Schiaffino, A., Borrell, C., & La Vecchia, C. (2000). Pattern of smoking initiation in Catalonia, Spain, from 1948 to 1992. *Am J Public Health, 90*, 1459-1462.

Borzek owski, D. L. G., & Cohen, J. E. (2013). International reach of tobacco marketing among young children. *Pediatrics, 132*(4), e825-e831.

Brock, D. W. (2002). The separability of health and well-being. In Murray C. J. L. et al., (eds.), *Summary measures of population health: Concepts, ethics, measurement and applications (pp.115-120)*. Geneva, World Health Organization.

Brown, L. J., & Pollitt, E. (1996). Malnutrition, poverty, and intelltctual development. *Scientific American, 274*(2), 38-43.

Burks, A. W. (1999). Childhood food allergy. *Pediatric Allergy and Immunology, 19*, 297-407.

Calkins, S. D., & Fox, N. A. (1992). The relation among infant temperament, security of attachment, and behavioral inhibition at twenty-four months. *Child Development, 63*, 1456-1472.

Campos, J. (1994, Spring). The new functionalism in emotions. *SRCD Newsletter, 1*(7), 9-11.

Chadesworth, R. (2000). *Understanding child development* (5th ed.). Albany, NY: Delmar.

Cho, S . C., Hong, Y. C., Kim, J. W., Park, S., Park, M. H., Hur, J., Park E. J., Hong, S. B., Lee, J. H., Shin, M. S,, Kim, B. N,, Yoo, H. J., Cho, I. H., Bhang, S. Y., Hahn, S. (2012). Association between urine cotinine levels, continuous performance test variables, and attention deficit hyperactivity disorder and learning disability symptoms in school-aged children. *Psychol Med. 43*(1), 209-19. doi: 10.1017/S0033291712001109

Cornacchia, H.J., Olsen, L. K., & Nickerson, C. J. (1988). *Health in elementary school s* (7th ed.). St. Louis Missouri: Times Mirror/Mosby College Publishing.

Frost, J. L. & Woods, I. C. (2006). Perspectives on play and playgrounds. In D. P. Fromberg & D. Bergen (eds.), *Play from birth to twelve: Contexts, perspectives, and meanings.* NY: Routledge.

Guthrie, H. (1995). *Human nutrition.* St. Louis. MO: Tines Mirror/Mosby.

Kar, S. (1993). Health promotion movement: Implication for strategy and action. The National Conference on Health Promotion.

Kochanska, G. (2001). Emotional development in children with different attachment histories: The first three years. *Child Development, 72*, 474-490.

Lee, K. Y., & Moon, S. J. (1999). *The science of nutrition.* Suhakar, Seoul.

Mahan, L. K., & Escott-Stump, S. (2000). *Krause's food, nutrition, and diet therapy.* loth. WB Saunders.

Main, M., & Solomon, J. (1990). Procedures for identifying infants as disorganized/disoriented during the Ainsworth strange situation. In M. Greenberg, D. Cicchetti & M. Cummings (eds.), *Attachment in the preschool year: Theory, research, and intervention* (pp.121-160). Chicago: University of Chicago press.

Miller, D. F., Telljohann, S. K., & Symons, C. W. (1996). *Health education* (2nd ed.). Madison: WI. Brown & Benchmark Publishers.

NAEYC (2007). *NAEYC early childhood program standards and accreditation criteria: The mark of quality in early childhood education.* Washington DC: NAEYC.

Nelson, L. (1960). *Community structure and change.* N.Y: Macmillan.

Nierman, D. M. (1991). Core temperature measurement in the intensive care unit. *Critical Care Medicine, 19*(6), 818-823.

Pender, N. J., Walker, S. N., Sechist, K. R., & Frank-Stromborg, M. (1990). Predicring health-promoting lifestyle in the workplace. *Nursing Research, 39*(6), 326-332.

Salomon, J. A., Mathers, C.D., Chatterji, S., Sadana, R., Ustun, T.B. Murray, C.J.L. (2003). Quantifying individual levels of health: Definitions, concepts and measurement issues. In C.J.L. Murray & Evans D.B. Evans (eds.), *Health systems performance assessment: Debates, measures and empiricism.* Geneva: World Health Organization, pp.301-318.

Sampson H. A. (1999). Food allergy. Part 2: Diagnosis and management. *The Journal of Allergy and Clinical Immunology, 103*(5), 981-989.

Sampson H. A. (2003). Adverse reactions to foods. In Adkinson, N. F, Bochner, B. S., Yunginger, J. W., Holgate, S. T., Busse, W. W., Simons, F. E. R (eds.), *Middleton's allergy principle and practice* (pp.1619-1643). *St.* Louise: Mosby.

Sayre, N. E., & Gallagner, J. D. (2001). *The young child and the environment: Issues related to health, nutrition, safety, and physical activity.* Boston: Allyn & Bacon.

Sigerist, H. E. (1941). *Medicine and human welfare.* New Haven, Yale University Press.

Signorielli, N., & Lears, M. (1992). Television and children's conceptions of nutrition:

Unhealthy messages. *Health Communication, 4*(4), 245-257.

Tamura, T, Goldenberg, R. L, Hou J, Johnston, K. E, Cliver, S. P, Ramey, S. L., Nelson, K. G. (2002). Cord serum ferritin concentrations and mental and psychomotor development of children at five years of age. *J. Pediatr, 140*(2), 165-170.

Thompson, R. A. (1994). Emotion regulation: A theme in search of define. In N. A. Fox (eds.), The development of emotion regulation. *Monographs of the society for research in Child Development, 59* (2-3 Serial No. 240).

Urbano, M. T. (1992). *Preschool children with special health care needs.* Singular Publishing group Inc.

Van den Boom, D. (1994). The influence of temperament and mothering on attachment and exploration: An experimental manipulation of senstive responsiveness among lower-class mothers with irritable infants. *Child Development, 65*, 1457-1477.

WHO (1948). *Constitution.* Geneva, World Health Organization.

WHO (1984). *Glossary of terms used in health for all series* (N°9). Geneva, World Health Organization.

WHO (1999). 간접흡연과 아동의 건강에 대한 WHO 보고서.

WHO (2000). *The world health report 2000: Health system improving performance.* Geneva, World Health Organization.

WHO (2002). *The World health Report 2002: Reducing risks, promotimg healthy life.* Online available at http://www. who. int/whr/2002/2002. ammex 4.pdf.

저자 소개

문혁준 가톨릭대학교 아동학전공 교수
권희경 건국대학교 유아교육과 교수
김민정 서원대학교 유아교육과 교수
김상희 공주대학교 유아교육과 교수
김정희 총신대학교 유아교육과 교수
김혜금 동남보건대학교 보육학과 교수
김혜연 제주관광대학교 유아교육과 교수
안효진 인천대학교 유아교육과 교수
이경옥 덕성여자대학교 유아교육과 교수
이희선 가천대학교 유아교육학과 교수
최윤희 가톨릭대학교 아동학과 강사

제2판

영유아 건강교육

초 판 1쇄 발행 2016년 8월 3일
초 판 6쇄 발행 2019년 8월 29일
제2판 2쇄 발행 2021년 7월 15일

지 은 이 | 문혁준·권희경·김민정·김상희·김정희·김혜금
김혜연·안효진·이경옥·이희선·최윤희
펴 낸 이 | 김기섭
편 집 인 | 구자성·김민수
펴 낸 곳 | 창지사 www.changjisa.com
08589 서울시 금천구 가산디지털 1로 83 파트너스타워1차 9층
전화 (02) 719-2211~3
팩스 (02) 701-9386
등 록 | 1977년 4월 28일·제1-421호

ISBN 978-89-426-1384-7 (93370)

값 20,000원

「이 도서의 국립중앙도서관 출판예정도서목록(CIP)은 서지정보유통지원시스템 홈페이지(http://seoji.nl.go.kr)와 국가자료공동목록시스템(http://www.nl.go.kr/kolisnet)에서 이용하실 수 있습니다.(CIP제어번호: CIP2020036562)